Klaus J. Groth

DIE DIKTATUR DER
GUTEN

Klaus J. Groth

DIE DIKTATUR DER
GUTEN

Political Correctness

Herbig

© 1996 by F. A. Herbig Verlagsbuchhandlung GmbH, München
Alle Rechte vorbehalten
Umschlaggestaltung: Marianne Hartkopf, München
Umschlagmotiv: Image Bank, München
Satz: Fotosatz Völkl, Puchheim
Gesetzt aus: 12/13,5 Punkt Stempel Garamond, Linotype auf Mac
Druck und Binden: Graphischer Großbetrieb Pößneck GmbH
– Ein Mohn-Betrieb –
Printed in Germany
ISBN 3-7766-1943-0

Inhalt

Vorwort

Die Diktatur hat einen neuen Namen: Political Correctness. Sie kennt keinen Diktator. Nur Diktatoren. Es ist die Herrschaft der Minderheit über die Mehrheit. Die Minderheit der Political Correcten terrorisiert mit ihrem einseitig erklärten Tugendkanon, erstickt in Deutschland die Meinungsfreiheit. Die Einhaltung des Kanons wird unerbittlich im Namen des Guten, der ewigen Gerechtigkeit gefordert. Mit dem allen Diktaturen eigenen Anspruch auf Alleingüte.

Was nicht dieser Gütenorm gerecht wird, was sich nicht fügt und anpaßt, wird diffamiert und ausgegrenzt. Widerspruch wird nicht geduldet, Unpassendes verschwiegen oder schöngelogen. Diktaturen benutzen stets die gleichen Mittel.

Political Correctness hat definierte Ziele. Aber die Zielrichtung kann sich ändern. Political Correctness ist vor allem Methode. Sie bedient sich des von ihr erzeugten schlechten Gewissens, um ihre Forderungen durchzusetzen, um nichtkonforme Ansichten zum Schweigen zu bringen. Ihre Gesinnungsschnüffler lassen abweichende Meinungen nicht zu. Wer ihnen nicht folgt, wird des Vergehens an der Tugend bezichtigt.

So werden auf den Plätzen des Himmlischen Friedens der Political Correctness die Menschenrechte deklamiert und wieder einkassiert. Erst wenn das wahre Gesicht der Diktatoren erkennbar wird, werden auch die Absichten, die Helfer und die Hilfsmittel sichtbar. Im Fall der Political Correctness wird dann deutlich werden, wie eng die Grenze der Meinungsfreiheit in diesem Land inzwischen gezogen wurde, wie alltäglich die Diktatur der Political Correctness geworden ist. Es gibt keinen Bereich, der nicht diesem Diktat unterworfen ist. Dieses Buch will helfen, die Strategien der Political Correctness zu erkennen.

Seit die Diktatur einen Namen hat, ist sie auch auszumachen. Seit sie ansprechbar ist, geraten political correcte Tugenden in Verdacht – und viele erinnern sich einer vergessen geglaubten Moral. Der selbstgerechte Tugendwahn wird zum Gespött und das alte Verlangen nach Treue zum neuen Schlüsselbegriff. Die Unterscheidung zwischen gut und böse wird neu geordnet. Die Zeichen stehen auf Veränderung.

Voraussetzung dazu aber ist die Kenntnis des Gesinnungsterrors der Political Correctness, der dieses Land verändert hat.

Klaus J. Groth

Political Correctness ist die Toleranz der Diktatur

Mogelpackung für Schönredner

Eindeutigkeit ist nicht correct. Nicht political correct. Alles schien einfach:
»Das Kind soll man beim Namen nennen« (altdeutsch).
»Klartext reden« (neudeutsch).
»Eure Rede sei: ja, ja; nein, nein. Was darüber ist, das ist vom Übel (Neues Testament, Matthäus 5, 37). Der Aufforderungen zum deutlichen Bekenntnis des Denkens und zur Eindeutigkeit des Redens gibt es viele. Sie sind Zeichen aus einer vergehenden Welt.

Dies ist die Zeit der Schönlügner, der gegängelten Wahrheit, der eingeforderten Gutmachung an selbsternannten Opfern. Es ist die Zeit der Political Correctness. Sie entzieht dem Verlangen nach Wahrheit die Berechtigung. Sie fördert die Lüge und erhebt Ausflüchte in den Rang der Wahrheit.

Jeder Höhlenbewohner handelt nach dem Prinzip »ein Eingang und viele Ausgänge«. Und zur Reserve noch einen Ausgang mehr. Nicht erwischt zu werden, ist Überlebensstrategie. Die geistigen Höhlenbewohner der Political Correctness bauen ein Tunnelsystem aus Ausflüchten. Fundamentalistisches Wohlmeinen ersetzt Fakten. Die Sprache der Ausflüchte ist die Sprache der gegängelten Zunge.

Political Correctness will die Welt verbessern und ändert dazu die Wörter, nicht die Welt. Die Wörter aus der Mogelpackung der Schönredner entziehen sich der Zuordnung. Eindeutigkeit ist nicht ihre Sache.

11

Darum ist Political Correctness schwer zu fassen. Definitionen gibt es etliche, seit Political Correctness als Kürzel »PC« Karriere macht. Trennscharfe Einordnungen fehlen. Wie sollten die möglich sein bei ständig zerfließenden und sich neu bildenden Formen?

Das Jahrbuch 1992 der Encyclopedia Britannica machte den Versuch, PC in lexikalischer Prägnanz sachlich einzukreisen: »Ein herabsetzender Begriff, mit dem eine lockere Verbindung von Feministinnen, Marxisten, Multikulturellen und Alternativen ihre übereinstimmend linksgerichteten Positionen bezüglich Rasse, Sexualität, Geschlecht, sozialer Klasse, Umwelt und ähnlicher Bereiche vertreten.«

Wertungen gibt es sehr viel mehr als Definitionen. Je schwammiger ein Begriff, desto wohlfeiler die Wertung. Alles ist Meinung, wenig konkret.

Ansichten über Ziele der Political Correctness und die zur Durchsetzung angewandten Methoden:

»PC will in erster Linie Sprache und Verhalten reglementieren, um Minderheiten – ganz gleich welcher Couleur – vor den angeblichen Diskriminierungen durch die Mehrheit zu schützen. Ferner soll diesen Minoritäten ein höherer Status verschafft werden …« (Viola Schenz in einer Studie über PC in den USA.)

»PC benutzt die Sprache der Toleranz und ist doch das Gegenteil davon: Es ist Stammesideologie. Teil also einer Identitätspolitik, die Differenzen in den Rang von ›natürlichen Unterschieden‹ erhebt.« (Cora Stephan in der »Süddeutschen Zeitung«)

»Die ausufernden Bestrebungen so mancher Gruppierungen, die unter dem Mäntelchen der PC Einstellungen als inkorrekt brandmarken, nur weil es nicht ihre eigenen sind, sind als Ausdruck wachsender Intoleranz … zu bewerten.« (Beatrice Wolter in »Das Parlament«)

»Political Correctness ist das Bildungsphilistertum unserer Tage.« (Jan Ross in der »FAZ«)

»Politische Korrektheit ist zur Neusprechfloskel geworden, die in Wahrheit Inkorrektheit bedeutet, eine Liturgie der inhumanen Denk- und Kampfschablonen, des linken Konformitätsdrucks und letztlich der Zensur.« (Mathias Matussek im »Spiegel«)

»Political Correctness ... dient dazu, die gegnerische Diskussionsposition zu diffamieren und den Streit, von dem die politische Kultur lebt, zu unterbinden.« (Brigitte Seebacher-Brandt)

»PC unterscheidet nicht nach wahr und falsch, sondern nach gut und böse. PC kennt weder Humor noch Ironie. PC will nivellieren, einen Einheitsbrei von Menschen mit Einheitsmeinungen schaffen, die sich dann gegenseitig Querdenker nennen.« (Michael Klonovsky in »Focus«)

»Alles, was ein weißer, europäischer, männlicher Historiker oder Zeuge zu sagen hat, muß angezweifelt werden, den Äußerungen einer benachteiligten Person oder Gruppe dagegen ist unverzüglich Glauben zu schenken, selbst wenn es sich um bloße Behauptungen handelt.« (Der amerikanische Kunstkritiker Robert Hughes in seinem Buch »Nachrichten aus dem Jammertal«)

»PC ist nicht eine Umschreibung offensiver Minderheitspolitik, sondern die einer Strategie in diesem Zusammenhang ... PC kämpft nicht für Inhalte, sondern wacht über Formen ... Auf dem Umweg über die Anwendung gewisser allgemein konzedierter Sprach- oder Verhaltensregeln suchen sich Minderheiten den Zugang zu Rechtsinhalten zu sichern, die anders schwerer oder gar nicht zu erlangen wären.« (Der Berliner Literaturprofessor Gert Mattenklott im »Tagesspiegel«)

»Amerikas jüngster Versuch, die Welt zu verbessern, ist bestenfalls ein Beitrag zum Dummbau von Babel.« (»Spiegel«)

Wahr, aber verharmlosend.

Dummheit hat noch niemals die rasche Ausbreitung derselben behindert. Im Gegenteil. Eine gehörige Portion Dummheit im Grundgemenge gehört zwingend dazu, wenn sich ein neuer Unsinn rasch durchsetzen soll. Den

Nachdenkern sind die Vordenker mit leichtem Gepäck stets voraus, samt ihrer Gefolgschaft, gänzlich unbelastet von jeglichem Gepäck gelegentlicher Zweifel.

Sind auch die Urteile über Political Correctness katastrophal, deren wuchernde Ausbreitung stoppt das nicht. Die deutschen Dummbauten sind errichtet.

Meine Rechte, deine Pflichten

Freiheit nimmt man sich per Kreditkarte. Jedenfalls verspricht die Werbung das. Zudem das Recht auf Konsum. Und auf die Erfüllung ständig höher gedrehter Ansprüche sowieso.

Weil alle die gleichen Werbebotschaften empfangen, klappt's bei Bedarf mit dem Nachbarn das eine und das andere Mal. Ansonsten aber läßt man den Nachbarn Nachbarn bleiben. Zu große Nähe ist nicht erwünscht. Konkurrenz überall. Zu viele wollen nehmen, zu wenige wollen geben. Hochgeschraubte Ansprüche sind um so schwieriger zu erfüllen, je mehr die gleiche Befriedigung anstreben, je mehr sich an der Raufe der konformen Wünsche drängen. Das schafft Reibungen, Schulter an Schulter. Platzvorteile sind nur mit angewinkelten Ellenbogen zu verschaffen. Enge Bindungen behindern die Durchsetzung der eigenen Ansprüche. Darum verharren viele lebenslang auf dem frühkindlich eingeübten Ego-Trip: einmal Ich und immer Ich. Wer wendig bleibt, ist von Fall zu Fall im Vorteil. Lose Zweckbündnisse werden der einengenden Partnerschaft vorgezogen, lockere Gelegenheitsallianzen, bedarfsgerecht für das jeweilige egoistische Ziel zusammengestellt. »Weil ich das so will« genügt als Begründung, den Eltern und den auftrotzenden Sprößlingen im Vorschulalter.

Das macht Political Correctness so erfolgreich in dieser Zeit. Sie ist das Instrument der Lobbyisten, die allein bestimmen, was gut und was moralisch ist. Selbstgerechtigkeit deklariert PC als Gerechtigkeit und leitet daraus die Berechtigung der erhobenen Forderungen ab. Nicht als Bitte, sondern als Anspruch. Deshalb höherrangig, weil er allein als moralisch gilt. So löst sich die Gesellschaft auf. Die verpflichtende Bindung der Gemeinschaft von Familie und Nation wurde erfolgreich ausgehebelt. Der Single mit Versorgungsanspruch etablierte sich als Normgröße. Schon ist in Großstädten wie Hamburg, Frankfurt und München jeder zweite Haushalt ein Ein-Personen-Haushalt. Erweitert wird er eher durch einen Kater als durch ein Kind. Die Statistik weist heute in Deutschland 1,4 Kinder pro Frau aus. Und mehr als die Hälfte der Bevölkerung ist der festen Überzeugung, daß es mit der Zahl der Babys weiter abwärts gehen wird.

Dafür wächst das Verlangen nach freier Entfaltung der Persönlichkeit. Jeder zweite gab das bei einer Emnid-Umfrage als den wichtigsten persönlichen Wert an. Kümmerlich hinken andere Werte hinterher, die Demokratie, die nur für sechsundzwanzig Prozent der Befragten besonders wichtig ist, die Toleranz mit dreiundzwanzig Prozent und die Gleichheit mit fünfzehn Prozent. Wie die Entfaltung der persönlichen Freiheit mit ständig neuen Facetten ohne Toleranz gelingen soll, wird nicht gefragt.

Political Correctness bündelt Bewegungen der Intoleranz. Indem sie vorgeben, für größeres gegenseitiges Verständnis einzutreten, sprechen sie jedem das Recht ab, einen anderen Weg als den von ihnen vorgegebenen zu gehen. Intoleranz schneidet die Kanten des Egoismus schärfer. Da mögen Bußprediger an den Feiertagen der Moral den Egoismus noch so sehr beklagen, noch niemals zerfiel die Gesellschaft in eine solche Ansammlung unterschiedlichster Gruppierungen. Je jünger, desto buntscheckiger. Wenn sich das auf die Zukunft übertragen läßt, dann ist Identifikation allenfalls noch in der Gruppe möglich, nicht darüber hinaus, jeweils nach den aktuellen Neigungen und Interessen leicht zu wechseln.

Es bedurfte des Versorgungsstaates, der in allen Lebensumständen die Last der Eigenvorsorge von den Schultern nimmt, um solche solistische Lebensweise zu ermöglichen. Von der Gemeinschaft blieb nur noch die Versichertengemeinschaft. Der Rest zerfällt in Minderheiten. Doch auch in einer Gesellschaft der Individualisten lassen sich Gruppeninteressen leichter durchsetzen als Einzelinteressen. Darum findet die zerbröselte Gesellschaft zu gelegentlichen Gruppen zusammen, deutlich zweckorientiert in wechselnden Zusammensetzungen. Der Egoismus der einzelnen massiert sich zum Egoismus der Gruppe. Damit wächst der Druck, mit dem Ansprüche eingefordert werden.

Doch was sind das für Individualisten, die ihre demonstrativ vorgeführte Eigenwilligkeit aus der Uniformität der jeweiligen Gruppe beziehen? Die punkbunten Irokesenkämme oder die violetten Schlotterhosen, die Kaschmir-Sakkos oder die Doc-Martens-Stiefel, die polierten Glatzen oder das Wämslein aus roh gesponnener Schafwolle?

Plakatierte Gruppenzugehörigkeit kaschiert Schwäche. Je schriller, desto schutzbedürftiger. Anpassung sichert das Überleben der Täuscher.

Political Correctness ist Mimikry der vorgeblichen Opfer. Sie ist vorgetäuschte Hilflosigkeit. Sie gibt sich als schutzbedürftig aus und appelliert so an das Gewissen, um ihr Recht gegen die vermeintliche Übermacht der Mehrheit durchzusetzen. Das sind im Zweifelsfall immer alle anderen. Bedrängt und unterdrückt ist immer nur die eigene Gruppe.

Opfer haben höchsten Anspruch auf Schutz. Das ist ein Grundwert dieser Gesellschaft. Einer der besten. Opfer sind schwach, und Schwache bedürfen der Unterstützung. Political Correctness aber institutionalisiert das Opfer. Danach haben allein Opfer Anrechte, können nur sie aus ihrer Bedrängnis heraus beurteilen, was gut und richtig ist. Nicht der gesellschaftliche Konsens gilt, sondern die durch die Opfer zur Maxime erklärten Werte. Den pc-erklärten Opfern wird das Recht zugestanden, sich jedes Recht zu nehmen. Auch dann, wenn es die Rechte anderer beeinträchtigt. Gerechtfertigt wird das mit unerträglichem Nachholbedarf. Solche Kompensation beinhaltet auch die Berechtigung, andere zu Opfern zu machen. Sie haben es nicht anders verdient.

Wer muß sich in seiner Bedrängnis zur Wehr setzen? Alle diejenigen, die zu einer Minderheit gerechnet werden und damit Opfer sind. Allerdings ist die Anerkennung des entsprechenden Status durch die Political-Correctness-Kommissare zwingende Voraussetzung. Opfer ist nur, wer dazu erklärt wurde. Wer Opfer ist, der ist gut.

Gute Deutsche sind Frauen, Homosexuelle und Umweltschützer.

Den mahnenden Zeigefinger erheben die Political-Correctness-Kommissare in Deutschland im Namen der Ausländer, Kinder, Behinderten und Tiere. Den Widerspruch der noch verbleibenden Restbevölkerung schalten die Political-Correctness-Kommissare mit dem Appell an das permanent schlechte Gewissen aus. In Deutschland dienen dazu das unablässige Erinnern an die Schuld des Nationalsozialismus, an die Diskriminierung der Ausländer und die Sünden an der Umwelt.

In seiner Neigung, eine Sache um ihrer selbst willen zu übertreiben, erweist sich der deutsche PCler als urdeutsch, obgleich er lieber alles andere als das sein möchte. Niemand kann aus seiner Haut, auch wenn er sie gerne multikulti wechseln würde.

Roots

Das schlechte Gewissen wurde in den Vereinigten Staaten von Amerika zum Markenartikel gemacht. Gemäß einer Grundregel des Marketing: Ohne Markenname kein Markenartikel. Erst der Name macht's. Der Name des schlechten Gewissens lautet Political Correctness.

Die Durchsetzung von Ansprüchen aus der schwächeren Position heraus mittels eines Appells an das schlechte Gewissen aber ist keine amerikanische Erfindung. Die Technik beherrscht jedes Kind am Warenständer vor der Ladenkasse. Dort nennt man das Quengeln.

Die PC-Taktik ist jedenfalls sehr viel älter als die begriffliche Bezeichnung. Einige Autoren orten die Anfänge zur Jahrhundertwende in marxistischen Kreisen in den USA. Andere vermuten, mit der Bezeichnung hätten in den sechziger Jahren Anhänger der Neuen Linken linientreue Marxisten verspotten wollen. Und schließlich gibt es noch, als Lesart einer Minderheit, die Auffassung, die Rechten hätten sich damit über die Linken lustig machen wollen. Diffus wie der Begriff ist seine Herkunft.

Falls Political Correctness einmal ironisch gemeint war, ist davon nichts geblieben. Tugendwächter verspotten nicht, sie machen verächtlich. Ironie eignet sich nicht für Massenbewegungen.

Das gute Wort

Ironie wäre allenfalls noch in jenen Sprachschöpfungen zu entdecken, mit denen die Wohlmeinenden die Welt besser reden wollen, als sie ist. Aber sie meinen es ernst, sehr ernst.

Selbst Befürworter der Political Correctness, die ihre fünf Sinne noch geordnet beisammen haben, stolpern gelegentlich über die Wortkonstruktionen, die Studenten und Dozenten amerikanischer Universitäten absondern.

Den »horizontally challenged«, den horizontal Herausgeforderten, kannten wir bisher als Dicken. Entsprechend ist ein »vertically challenged« ein Dünner. Abgesehen davon, daß ein höflicher Mensch einem Häßlichen niemals sagen würde, daß er häßlich ist, wäre dieser political correct als »cosmetically different« zu bezeichnen.

Das sind Albernheiten. Davon gibt es viele. Doch sie

lenken ab. Der Hintergrund solcher verschrobenen Wortakrobatik ist ernst.

Das Sprachdiktat der Political Correcten bringt andere Vokabeln näher. Der Neger von einst häutete sich über den Farbigen und Schwarzen zum »Afro-American« oder »African American«. Einen Indianer schlichtweg als solchen zu bezeichnen, ist absolut unanständig. Selbst der »American Indian« ist kaum zulässig. »Native American« wäre correct, als Unterscheidung zu all denen, die eben nicht zu den Eingeborenen gezählt werden dürfen, sondern nichts als Eindringlinge sind, gleichgültig, wie lange sie schon der gewaltsamen Landnahme durch ihre Vorfahren schuldig sind.

Der Behinderte ist korrekt als »differently abled«, als »anders Befähigter« zu bezeichnen, während der Nichtbehinderte als »cemporarily abled« durch die Welt geht, solange er sich dieses Zustandes erfreut. Für die Sprachübungen der PCler erschließt sich in der Welt der Behinderten eine blumenreiche Spielwiese. Wer »emotionally different« ist, wird in der Gemeinsprache als geisteskrank bezeichnet, wer »orally« oder »vocally challenged« ist, ist durch einen Sprachfehler herausgefordert.

Gruppen am Rande der Gesellschaft erfreuen sich besonderer Sprachpflege. Der Obdachlose (»casual«) wird zum »underhoused« oder »voluntarily undomiciled«.

Nicht einmal eine so unwiderrufliche Angelegenheit wie der Tod setzt der anderswüchsigen Sprache Grenzen. So mahnte das »New England Journal of Medicine«, einen Leichnam als »nonliving person« (»nichtlebende Person«) zu bezeichnen.

Das klingt nach Kabarettnummer und ist doch ernst gemeint. Verschönerungsvereine neigen nicht zu Humor. Dazu ist die Verbesserung der Welt zu ernst. Wörterbücher helfen den Wohlmeinenden, die Pfade durch das Dickicht der grobschlächtigen Vokabeln zu finden, mit denen sich der unverständige Teil der Gesellschaft fortlaufender Diskriminierung schuldig macht.

Bereinigte Sprache

Über Stilblüten der amerikanischen Schönredner kann sich nur amüsieren, wer sie im eigenen Sprachschatz nicht erkennt. Dort gedeihen sie so prächtig, daß die ursprüngliche Bezeichnung teilweise dem Gedächtnis schon abhanden kam.

Karrieren correct frisierter Begriffe verlaufen höchst unterschiedlich. Drei Beispiele dazu:

In der Düsternis unbereinigten Sprachgebrauchs malochten in Deutschland Gastarbeiter, bis sie sich über den ausländischen Arbeitnehmer zum ausländischen Mitbürger hocharbeiteten. Als Begriff eindeutig ein Aufsteiger mit besten PC-Empfehlungen.

Der »Lehrling« ließ seine schöne neue Bezeichnung im bürokratischen Kauderwelsch der Personalabteilungen bald wieder schreddern. Aus dem gestelzten neuen »Auszubildenden« wurde der so häßliche wie handliche Azubi. Der Titel betont zwar auch mehr den Anspruch auf Ausbildung als die Möglichkeit zum Lernen, dennoch wünscht sich auch so mancher Azubi den altertümlichen Lehrling zurück. Das Wort »Azubi« ist eindeutig ein Absteiger.

Die Putzfrau drohte sprachlich bald wieder aus der Balance zu kippen, kaum daß sie sich als Raumpflegerin etabliert hatte. Als Parkettkosmetikerin verballhornt, ging sie zu Boden. So bleibt die Raumpflegerin ein Wort auf der Kippe.

Solche sprachlichen Flegeleien weisen allerdings auf mangelnde PC-Reife hin. Und sind eher die Ausnahme. Die wortwenderischen Weichspüler schäumen mit Heftigkeit auf. Die Mixtur ist immer die gleiche: Ein problematischer oder negativ belasteter Begriff wird so lange gedreht und gewendet, bis er positiv klingt. Da wird aus einem der vielen erfolglosen Weiterbildungslehrgänge für Langzeitarbeitslose eine Qualifizierungsoffensive, aus der für Autos gesperrten City die »fußgängerfreundliche Innenstadt«

(warum nicht gleich »fußläufig«, diese hinreißende Wort-schöpfung hat schließlich auch Karriere gemacht), aus den Armen werden die sozial Schwachen.

Und ein bißchen freundlich darf auch alles sein. So wird aus dem Säufer ein Alkoholabhängiger, aus dem Drogen-abhängigen ein Junkie, aus dem Einbrecher ein Beschaf-fungskrimineller, aus dem Häftling ein Knacki. Nett und umgänglich, nur irgendwie anders herausgefordert. Durch die Gesellschaft, durch wen denn sonst?

Beim Wort nehmen

Die Dinge soll man beim Namen nennen. Bei welchem?

Der Neger ist ein Neger. Und das bleibt er auch.

Der Schwule ist ein Schwuler, und wenn er mit sich ein-verstanden ist und sich nicht ummodeln lassen muß, dann bleibt er's auch.

Die Putzfrau ist eine Putzfrau, und solange sie damit ihr Geld verdient, nennt sie sich auch so.

Das macht den Unterschied. Der Neger darf sich Neger nennen, der Schwule schwul.

Sie verwenden die in Verruf gebrachten Bezeichnungen, weil sie ihnen mit ihrer Eindeutigkeit persönliche Kontur geben. Das unterscheidet die alten Begriffe von den Hät-schelworten, bei denen die Konturen mit rosa Tünche ver-kleistert werden. Mit der Eindeutigkeit verschwinden die Probleme nicht. Im Gegenteil: Die Wortwahl auf die sanfte Tour kaschiert. Jene Afro-Americans in New York, die über sich als Nigger rappen, und jene Schwulen, die sich auch so nennen wollen, spüren sehr deutlich, wie notwen-dig Abgrenzung ist. Anerkennung über verwischte Gren-zen ist nicht Anerkennung, sondern unlautere Gleichma-cherei. Sie mogelt sich am Anderssein vorbei und paßt an, statt zu akzeptieren. Der Bunt aufgebürstete Hahnenkamm eines Punks signalisiert gewollte Abgrenzung. Es gibt ein

Recht, anders sein zu wollen. Grenzen zu ziehen. Es gibt darüber hinaus ein Recht, nicht akzeptiert werden zu wollen. Es muß erlaubt sein, Widerspruch und Provokation als Fundament der Persönlichkeit zu pflegen, ohne daß fortlaufend die sanften Sozialarbeiter durch die bewußt gezogenen Gräben schleichen und sie zuzuschütten versuchen.

Ebenso gibt es aber auch das Recht, Widerspruch und Provokation nicht anerkennen zu müssen, nicht akzeptieren zu wollen.

Fortlaufende Beschönigung durch Political Correctness aquarelliert bis zur Unkenntlichkeit. Sie verwässert die Konturen, verwischt die Linien. Sie schafft weder neue Werte, noch ändert sie die vorhandenen, weil sie aus der Wirklichkeit ein Märchen macht. Fatalerweise mit Glaubenszwang.

Zensor der Sprache

In den Vereinigten Staaten, wo sich Intoleranz als Political Correctness outete, finden ihre Verfechter nichts mehr dabei, feste Regeln für ihre Sprachdiktatur zu fordern. Sie verfolgen jeden unnachsichtig, der sich nicht daran hält. »Speech Codes« zensieren die Sprache, filtern alles heraus, was nach Diskriminierung klingen könnte oder zur Diskriminierung erklärt wurde. Im Blickfeld der hypersensiblen Aufmerksamkeit: Rasse, Hautfarbe, sexuelle Neigung, Behinderung, Religion.

So weit, so abstrakt. Des massiven Schutzes der sprachlichen Tugendwächter bedürfen nach deren Selbstverständnis alle Schwachen, denen fortlaufend mit dem Wort Gewalt angetan wird: Schwarze, Latinos, Indianer, Homosexuelle, Lesbierinnen (und die anderen Frauen auch).

Begründet wird die Sprachzensur mit der steigenden »Hate Crimes« gegen diese unterdrückten Gruppen an den Hochschulen und in der Gesellschaft. Unter Hate Crime werden alle Verbrechen geführt, die mit Rasse, Hautfarbe oder Geschlecht der Opfer in Verbindung zu bringen sind. Unmittelbar oder mittelbar. Eventuell auch nur vermutet oder unterstellt. Die Notwendigkeit sprachlicher Unterdrückung wird mit gestiegenen Zahlen der Hate Crimes belegt; allein im Raum Los Angeles habe sich die Zahl dieser Delikte innerhalb von vier Jahren verdreifacht. Warum die Zahlen ausgerechnet in einer Zeit so hochschnellen, in der PC eine Hochblüte erlebt, ist zu fragen. Nicht jede multikulturelle Prügelei hat etwas mit der Hautfarbe zu tun.

Wenn an der Universität Oregon vierundfünfzig Prozent der homosexuellen oder bisexuellen Studenten angeben, sie seien wegen ihrer Neigung belästigt oder bedroht worden, dann gilt das als schlagender Beweis für Hate Crimes und damit für die Forderung nach Einhaltung des Speech Code. Daß das subjektive Empfinden eines durch erlittene und eingebildete Drangsal gepeinigten Homosexuellen nicht mit den objektiven Tatbeständen übereinstimmen muß, bleibt bei solchen Fragestellungen unberücksichtigt. Das Opfer hat es so empfunden – und das genügt.

Zensoren haben zu allen Zeiten ihren Anspruch auf alleinige Vertretung der Moral auf die gleiche Weise begründet: durch ihren zum Dogma erhobenen Moralbegriff. Mit der Bestätigung durch sich selbst rechtfertigt sich jede Diktatur, jedes System der fortwährenden Überwachung.

Verhaltens- oder Sprachkodizes werden, wie der Amerikaner Robert Hughes feststellt, »in der Regel gar nicht von den Studenten selbst (aufgestellt), sondern sind ihnen von oben aufoktroyiert worden – von Dozenten aus den Zeiten des Baby-Booms, Angehörigen einer rechts wie links gleichermaßen moralisierenden und scheinheiligen Generation«.

Diese Generation machte hüben und drüben keinen Unterschied. In nahezu allen westlichen Industriestaaten ging Ende der 60er Jahre mit den Jugendprotesten die gleiche gärende Hefe auf, jede auf einem anderen Nährboden, aber doch zum Verwechseln ähnlich. In Deutschland erwies sich die Ablehnung von »rechts« als besonders nährstoffreich für die Auflehnung von »links«: Wahrscheinlich wären Rechte nicht weniger moralisierend und scheinheilig gewesen – aber sie kamen gar nicht erst zum Zuge. Auch das ist, wie sich zeigen wird, political correct gemacht.

Intoleranz ist gut

Scheinheilig hin, moralisierend her – aufgestellt ist aufgestellt. Die Befolgung der Vorschriften ist (vor allen) weißen Mannes Pflicht. Wer sich nicht daran hält, wird ermahnt, abgemahnt, angeprangert. Da kennt die Gedankenpolizei der Political Correcten kein Pardon. Vor allem der weiße Mann gilt als der Intolerante – gelegentlich auch nur er alleine. Die Universität von Stanford hat sich einen eigenen Speech Code verordnet. Die Auswirkungen beschreiben Beobachter so: Auf diesem Campus könne nahezu alles über weiße Männer oder religiöse Fundamentalisten gesagt werden, niemals aber nur ein Wort gegen einen Unterdrückten aus der Gruppe der Frauen, Homosexuellen, Behinderten oder Farbigen. Wer nicht für die Schwulen sei, sei »homophob«. Wer nicht für feministische Anliegen kämpfe, sei ein Chauvinist. Die Gläubigen des Speech Code lassen Kritik nicht zu. Warum sollten sie auch? Sie wähnen sich im Besitz der alleinigen Wahrheit und des allein geltenden Anstandes. Darum verweigern sie jedes Recht zum Widerspruch.

Fortschrittliche Prediger der Political Correctness haben keinerlei Probleme mit ihrer doppelten Moral. Sie gilt ihnen im Gegenteil als besonders moralisch. Eine der Wortführerinnen, die Rechtsprofessorin Mari Matsuda, dreht den Spieß ohne Skrupel um. Sie läßt Redefreiheit nur für die klassifizierte Kaste der Unterdrückten zu, den

Rest der Gesellschaft stellt sie unter die Zensur des Speech Code.

Mit anderen Worten: Intoleranz ist gut, vorausgesetzt, sie wird von der richtigen Gruppe ausgeübt.

So läßt sich jede Willkür als Beglückung preisen. Speech Codes wirken auch dort, wo sie nicht ausdrücklich aufgestellt wurden. Die Gedankenpolizei überwacht auch ohne das halbamtliche Wörterbuch.

Auf Dauer bleibt solches Denken nicht ohne Folge. Vom Zeitgeist beflügelt, sind die Auswirkungen bis in die Justiz spürbar. Nach einem Urteil des Supreme Court der Vereinigten Staaten, des Obersten Gerichtshofs, dürfen die amerikanischen Bundesstaaten Gesetze erlassen, die für Hate Crimes eine härtere Strafe zulassen. Das bedeutet: Über das gleiche Delikt kann mit zweierlei Maß geurteilt werden. Ist dem Täter nachzuweisen, er habe sein Opfer aus rassischen oder sexuellen Motiven drangsaliert, das Opfer wegen seiner Abstammung oder seiner Behinderung geschädigt, kann die Strafe höher ausfallen.

In der öffentlichen Diskussion über das Urteil wurde die Frage gestellt, welchen Unterschied es mache, ob eine Bande jugendlicher Schwarzer einer älteren schwarzen Frau die Handtasche raubte oder ob eine Horde weißer Jugendlicher das gleiche täte? Für das Opfer wahrscheinlich keinen. Aber für PC!

Wer einer abgestuften Redefreiheit das Wort redet, der findet auch nichts dabei, nach unterschiedlichem Maß zu strafen.

Das Verlangen nach solchen Gesetzen ist nur das vorläufige Ende alltäglicher Intoleranz. Correctness wird grenzenlos mit ständigem Druck eingefordert, aber nur in Einzelfällen werden die Repressalien sichtbar.

Selten wagt jemand offen zu bekennen, in welchem Maße er unter PC-Druck steht, wie der Bremer Ethnologe Hans Peter Duerr, der dem »Spiegel« anvertraute: »Die Anstandsfraktion hat mich mit Mord und Kastration bedroht.

Die Arbeit als Ethnologe ist zuweilen lebensgefährlich – weniger bei den Kopfjägern im Urwald als an der deutschen Universität.«

PC produziert zwar »Andersbefähigte«, versucht aber Andersdenkende auszugrenzen. Selbstverständlich im Namen der Tugend. Die Rechtfertigung dazu wird so entwickelt: Wer nicht PC-konform denkt, der kann nicht richtig denken. Wer nicht richtig denkt, der denkt nicht gut. Wer nicht gut denkt, macht sich schuldig. Das muß verhindert werden. Zensur und Einschüchterung haben ihren festen Platz im Arsenal der Tugendwächter. Und das ohne Gewissensbisse. Waffen für das Gute sind seit jeher gute Waffen. Tugendtruppen tragen nur tugendhafte Waffen. Begriffe wie »Rassist« und »Sexist« stecken ihnen locker im Köcher. Damit kann jeder erlegt werden.

Die Klugen und die Vorsichtigen begreifen: Anpassung sichert überall das Überdauern, am Arbeitsplatz und in der Gesellschaft. Wer sich nicht anpassen mag, schweigt zumindest. Auch Schweigen fördert die Konformität.

Wie eine schweigende Mehrheit heranwächst, die sich unter dem Diktat der Minderheiten beugt, und wie dadurch wiederum die Position der lautstarken Minderheiten gefestigt wird, beschreibt Elisabeth Noelle-Neumann:

»Wer sieht, daß seine Meinung zunimmt, ist gestärkt, redet öffentlich, läßt die Vorsicht fallen. Wer sieht, daß seine Meinung an Boden verliert, verfällt in Schweigen. Indem die einen laut reden, öffentlich zu sehen sind, wirken sie stärker, als sie wirklich sind, die anderen schwächer, als sie wirklich sind. Es ergibt sich eine optische und akustische Täuschung für die wirklichen Mehrheits-, die wirklichen Stärkeverhältnisse, und so stecken die einen die anderen zum Reden an, die anderen zum Schweigen, bis schließlich die eine Auffassung ganz untergehen kann. Im Begriff Schweigespirale liegt die Bewegung, das sich Ausbreitende, gegen das man nicht ankommen kann. Belohnt wird Konformität, bestraft wird der Verstoß gegen das übereinstimmende Urteil.«

Wer schweigt, stimmt nicht zu. Aber er läßt zu, daß sein Schweigen als Zustimmung gewertet wird. Das ist der Preis für die sichere Seite. Und dorthin möchten alle die, die selbst unsicher sind, die sich fürchten. Die Ängstlichen sind meist in der Mehrheit. Tonlos heulen sie mit den Wölfen.

Führen durch das Wort ...

... das ist der Titel und die Empfehlung eines Buches für Manager. Sprache ist Mittel des Führens und des Herrschens. Wörter lenken, der Inhalt der Begriffe wird über sie aufgebaut oder zerstört, mit der Sprache wird stabilisiert und unterminiert. Wörter können in den Rang eines Schlüsselbegriffs erhöht werden. Ausgestattet mit einem dienstbaren Sinn, können sie zu Schlüsselworten einer Ideologie werden. Über solche Worte sind Massen zu steuern, sind Nichtigkeiten aufzubauschen und Vergehen zu verharmlosen.

Wörter verändern das Bewußtsein. Das ist lange bekannt und keine Erfindung der Political Correcten. Ideologen und Demagogen haben sich dieses Mittels stets besonders schamlos bedient. Mancher Versuch, mit Wörtern neues Bewußtsein zu schaffen, kam allerdings so platt daher, daß er aus der Distanz schon wieder komisch wirkt. Heute wird kaum noch jemandem die wahre Absicht des Wörterbuchs »Entwelschung – Verdeutschungswörterbuch für Amt, Schule, Haus, Leben« verschlossen bleiben. Schon gar nicht, wenn das Erscheinungsjahr 1918 bekannt ist und die ersten Zeilen »Vom Welschen und Entwelschen« lauten:

»Für deutsche Leser, Sprecher und Schreiber ist dieses Buch bestimmt, also für gebildete Deutsche; jedoch nur für solche, die eines guten Willens zur deutschen Sprache sind und nach dem Worte tun wollen: ›Lasset uns von aller Befleckung des Geistes uns reinigen‹ (2. Kor., 7, 1). Der Leser, der dem Welsch deutscher Bücher, Zeitungen, Schriftstücke ratlos gegenübersteht, soll Rat finden, was der welschende deutsche Schreiber gemeint haben mag. Der Sprecher soll sich belehren, wie man die einfachsten Dinge und die schwierigsten menschlichen Begriffe, die nach landläufiger deutscher Meinung nur auf Welsch, das heißt Küchenlateinisch, Apothekengriechisch, Kellnerfranzösisch, Stallknechtenglisch, Leierkastenitalienisch bezeichnet werden dürfen, ebensogut und besser auf deutsch ausdrücken kann, zu leichterem Verständnis, mit besserer Wirkung, nicht erst zu reden von der deutschen Würde.«

Die Entwelschung las sich dann beispielsweise so:

»**Politik** (erst nach Mitte 17. J.); Hl (Halblehnwort, aber noch Halbwelschwort!), durchaus nicht in allen Fällen unentbehrlich: öffentliche Dinge (Fragen, Anliegen, Angelegenheiten, Aufgaben, Leben), Staatsfragen, -angelegenheiten ...

korrekt: richtig, sprach-, gehörig, -ziemend, ziemlich, schicklich, untadelig, tadellos (Modewort mit Modebetonung) ...

Feminismus (neues Modewort): Weiberei, Geweibse, Verweibung, Weiblerei, Weiblingstum, Weiberwirtschaft, -herrschaft ...

Kultur (18. J., in vollem Schwung erst 19. J.; jetzt mißbrauchtes Schwammwort, das jeden entsprechenden deutschen Ausdruck so verdrängt hat, daß es zum Gespött unserer Feinde geworden ist ...)

luxuriös (um 1800, im französischen Französisch nur: wollüstig, geil; Gegenstand giftigen Hohnes der Franzosen, was aber keinen Fremdwörtler stört, denn – es klingt französisch ...)«

Nochmals: Erst die Distanz enthüllt die Komik. Die Komik trat zutage, als die Inbrunst des Zeitgeistes verflogen war, die Motten die wilhelminischen Troddeln zerfressen hatten. Da erst entlarvte die Zeit die Gehässigkeiten.

Dennoch: Auch das war einmal Political Correctness in Reinkultur. Auf wilhelminische Art. In ihren Grundstrukturen nicht anders als heute: aufrichtig blind, überzeugt von der Richtigkeit des Anliegens.

Der Einsatz der Sprache zur Steuerung des Bewußtseins hat in Europa eine lange Tradition. In diesem Jahrhundert hat sich besonders Deutschland hervorgetan. Vom Beginn des zwanzigsten Jahrhunderts bis zu seinem Ausklang. Meist in der Überzeugung, Gutes zu wollen oder gar zu tun.

Der Glaube an das Gute an sich ist noch nichts Gutes. Er macht blind, weil er das Böse und die Ungerechtigkeit leugnet. Wenn das Böse mit schönen Worten zugedeckt wird, verschwindet es nicht. Unentdeckt kann es wachsen, von niemandem bemerkt, schon gar nicht von jenen, die mit Worten die Tarnung liefern. Um so grausamer kann die Wahrheit werden, wenn sie nicht mehr schönzulügen ist.

Der Historiker Michael Stürmer warnt vor der falschen Wirklichkeit der Wörter: »Wo die Alten nicht mehr alt heißen, die Armen nicht mehr arm, die Blinden nicht mehr blind, da beginnt nicht das Paradies, sondern Meinungszwang und Selbsttäuschung, Orthodoxie und Aufpasserei. Was Schein ist und was Wirklichkeit, wer mag da noch unterscheiden?«

Political Correctness kennt nur politische Abweichler

Die uniformen Marshmallows

Sein oder Nichtsein? Kopf oder Adler? Brust oder Keule? Immer diese Entscheidungen.

Links oder rechts? Dem permanenten Zwang zur Entscheidung entgeht nur, wer in der Mitte sitzt. Darum ist das Gedränge dort so groß. Die beliebteste Mitte ist die politische Mitte. Da kann nicht viel passieren. Andererseits passiert dort alles. Aus der Mitte agieren die Praktiker der Volksparteien. Gelegentlich sind noch Rudimente alter Ideologien erkennbar, aber die sind von potemkinscher Pappe, aufrecht gehalten für Wähler. Der eine Politiker verschiebt die Mitte mal ein bißchen nach links, der andere ordnet sie mal ein bißchen weiter rechts ein, und so bleibt alles einigermaßen in der Balance. Am Rand der Mitte rumort es gelegentlich, wenn aufmüpfige Parteifreunde wieder einmal die Mitte ein wenig verlagern wollen, korrigierend nach links oder rechts. Dann sagen sie ziemlich das gleiche und meinen die entgegengesetzte Richtung, auch in einer Partei.

Beispielsweise der allzeit political correcte Heiner Geißler: »Konform, uniform, chloroform. Wo alle dasselbe denken, wird nicht mehr viel gedacht.«

Beispielsweise der aus Überzeugung political incorrecte Peter Gauweiler: »Die meisten (Politiker) sind wie Marshmallows, wachsweich.«

Beiden ist der Beifall so sicher wie der Applaus aus der

Lachkonserve. Politiker, die gegen Politiker motzen, bekommen immer Zustimmung. Weil sie nicht so sind wie die anderen, weil sie die anderen durchschaut haben, weil sie aussprechen, was die Wähler denken, weil sie im immerwährenden Trend liegen. Kurz: Weil diese Kritik immer political correct ist.

Darum müssen Politiker Marshmallows sein, weich, biegsam und mehr Volumen vortäuschen, als dem Gewicht entspräche. Wer konform gehen will, muß wissen, was im Augenblick der Trend verlangt. Dazu gibt es die Meinungsforschung, aus der abzulesen ist, wie gut die Position noch im Trend liegt und wo ein wenig korrigiert werden muß. Zur richtigen Seite der Mitte. Da Politiker mehrheitlich so verfahren, wird aus konform uniform.

Offenbar wird es aber trotz ständiger Verfeinerung der Demoskopie zunehmend schwieriger, stets den political correcten Ton zu treffen. Statt auf die Statistiken der Meinungsforscher zu warten, reichen die agierenden Politiker problematische Entscheidungen gleich an die Basis weiter. Entweder an das Volk oder das Parteivolk. In Bremen durften erst alle wählen und dann die SPD-Mitglieder noch einmal. Sie entschieden, wer Bürgermeister werden und mit wem er regieren sollte. Wenn's schiefgeht, hat die Basis die Verantwortung, wenn's gutgeht, werden andere sich das zurechnen. Auch jene, die mit dem Plebiszit der Entscheidung auswichen. Zur Entscheidung aber sind die Abgeordneten gewählt. Das ist nach der Verfassung ihr Auftrag. Doch zunehmend stehlen sie sich aus der Verantwortung. Diese Entscheidungsschwäche gilt sogar als besonders political correct – oder wie PC in dieser Spielart heißt: basisdemokratisch. Als ob die Basis mit »Ja« oder »Nein« komplexe Probleme lösen könnte.

Theoretisch liegt der Auftrag zur Entscheidung auch deshalb bei den gewählten Vertretern, weil sie die besseren Einblicke haben sollten. Schließlich haben sie den direkten Zugang zu Informationen, die genaueren Kenntnisse über die Hintergründe. Das sollte Voraussetzung bei Entschlüssen sein.

Aber je basisdemokratischer der Alltag angeblich wird, desto schlechter ist diese Basis informiert. Bei den Medien ist Politik nicht im Trend. Sie hat keinen hohen Unterhaltungswert. Ihr Anteil in der Berichterstattung schrumpft unaufhörlich. Die politischen Ressorts kümmern dahin, bis dann von Wahl zu Wahl der Kommentar mit Trauerflor fällig ist, weil wieder einmal weniger Wähler ihrer staatsbürgerlichen Pflicht an der Urne nachkamen.

Es sind die Bürger, die sich verweigern. »Das Fundament der Gesellschaft wählt nicht mehr«, stellt der Politologe Thomas Kleinhenz in seiner Untersuchung über »Die Nichtwähler« fest. »Bei den Westdeutschen gibt es klare Anzeichen von Depolitisierung und Gleichgültigkeit.«

Gleichgültigkeit als Motiv für die Verweigerung: Sechzig Prozent der Nichtwähler erklären, sie seien mit den Verhältnissen zufrieden, zwei Drittel lehnen die Parteien keineswegs ab. Nach den Ergebnissen von Umfragen könnten sich die großen Parteien zurücklehnen. Die Bürger bescheinigen ihnen, zunehmend mit ihnen zufrieden zu sein. Doch die Mitglieder treten trotzdem scharenweise aus, die Wähler machen sich trotzdem nicht auf den Weg.

Vielleicht auch, weil die politischen Marshmallows so unübertrefflich PC sind, daß man sich das Zuhören ersparen kann, weil sowieso davon auszugehen ist, daß jede Äußerung peinlich pc ist. Uniform bis chloroform.

Nach einer britischen Studie beurteilt das Publikum mehr als Zuschauer denn als Zuhörer einen Politiker im Fernsehen. Auf den Inhalt einer Rede oder eines Diskussionsbeitrages kam es nur sieben Prozent der Befragten an. Fünfunddreißig Prozent hingegen beurteilten den Politiker nach dem Klang der Stimme. Für achtundfünfzig Prozent ist die äußere Erscheinung, das Auftreten ausschlaggebend. Ist doch klar: Wer im Doppelreiher kommt, wird nichts für die Armen tun, wer mit dem Fahrrad fährt, mag die Umwelt. Das sind Kriterien, nach denen ein Politiker eingestuft wird. Gewiß auch, mit welcher Überzeugungskraft Verstöße gegen den mittigen Mainstream verurteilt werden. Die besten Betroffenen haben die Sozialdemokraten. Die Grünen empören sich besonders eindrucksvoll. Damit wirken sie entschieden nachdrücklicher als die christdemokratischen Entrüster. Die PDS versetzt alles erst in Erstaunen, und dann ist sie hinreißend beleidigt. Die FDP schließlich macht von allem ein bißchen, und darum wirkt ihre Betroffenheit so verhalten.

Das richtige Maß an Betroffenheit und Empörung zu finden, gehört zu den Grundübungen der Political correctness. Wer das kann, kann viel. Aber nicht genug. Rastlos müssen die Generalsekretäre immer wieder die Frage stellen, wie die Partei es mit der Correctness hält. Durchweg können sie zufrieden sein. Aber auch unter denen, die sich in der Mitte drängen, gibt es deutliche Unterschiede.

Die SPD war schon mal political correcter. Eigentlich ist sie immer noch überdurchschnittlich pc. Ihre Quoten sind vorzüglich, ihre Frauenministerinnen versuchen nach Kräften, Frauen zu fördern, niemand versteht es so vorzüglich wie die SPD, Neid zu wecken und Opfer aufzubauen. Aber all diese Vorzüge bleiben gegenwärtig nahezu unbeachtet. Irgendwie ist die Partei fad geworden. Da wird schon ein peinlicher Politplausch zwischen Oskar Lafontaine und Gregor Gysi zum epochalen Ereignis. Wenn sie einmal ein Thema anders behandelt als die anderen Parteien, dann beginnt sie, wenn andere das Feld wieder verlassen haben, mit der Grundsatzdebatte und skandiert: »Jetzt geht's loohhoooos!«

Die CDU wäre schon deshalb nicht political correct, weil sie die CDU ist. Das ist so nach der PC-Lehre von Tätern und Opfern. Die CDU ist Täter, da kann sie sich noch so aufopferungsvoll in die Zeitströmungen schmiegen. Ihre Abteilung Wertewandel gilt sogar als meinungsbildend, und ihr Umverteilungseifer nimmt sozialdemokratische Dimensionen an, aber: Der Partei bleibt die Anerkennung durch die Political-Correctness-Kommissare verweigert. So wäre denn alles vergeblich? Nein, nicht ganz. Die CDU hat Rita Süssmuth, sie hat Heiner Geißler, und sie wird noch lange guthaben an Richard von Weizsäcker. Das reißt vieles wieder raus.

Die Grünen sind Political Correctness schlechthin. Sie sind nicht an PC zu messen, sondern PC an ihnen. Eine Partei, für die die Diktatur der Minderheit Programm ist, muß nicht gefragt werden, in welchen Punkten sie pc-konform ist. In allen. Wenn das nicht mehr so auffällt, dann liegt das nicht an dem biederen Bauch Joschka Fischers, sondern an den auf correct getrimmten Werten des Publikums.

Die FDP macht eine bemerkenswerte Erfahrung. Obgleich PC-Themen wie doppelte Staatsbürgerschaft und Gleichstellung der nichtehelichen Lebensgemeinschaften auf dem linken Flügel der Partei laut- und bis vor kurzem durchsetzungsstarke Fürsprecher hatten, wurde es ihr durch die Wähler nicht gedankt. Nicht einmal das bißchen freigegebene Haschisch, obgleich das doch nun wirklich segensreich für eine Minderheit ist. Statt dessen votierte die Basis für das political incorrecte Belauschen mutmaßlicher Gangster und nahm dafür billigend den Abschied einer überaus political correcten Führungskraft in Kauf. Im Urteil der unablässigen Mahner ist die Partei höchst (pc-)gefährdet.

Die PDS schließlich hält es mit der Political Correctness so, wie es die Erben der SED gelernt haben: Gut ist, was der Partei nutzt. In der DDR waren Fassaden, die Wände von Sälen und die Geländer von Brücken mit Transparenten und Losungen vollgekleistert. Eine political correcter als die andere. Die DDR war erlebte Diktatur der Minderheit, die vor lauter Wohlmeinen Andersdenkende verfolgte und die Beglückten einsperren mußte, weil sie ihr Glück nicht fassen konnten. Und wenn sie nicht gestorben sind, so glauben sie noch heute daran.

34

Für diejenigen, die nichts gelernt haben, ist die PDS der Hort. Das Parteiprogramm verspricht »sowohl Menschen einen Platz, die der kapitalistischen Gesellschaft Widerstand entgegensetzen wollen und die gegebenen Verhältnisse fundamental ablehnen, als auch jenen, die ihren Widerstand damit verbinden, die gegebenen Verhältnisse positiv zu verändern und schrittweise zu überwinden«. Gleichgültig auf welche Weise, diese Republik muß überwunden werden. Denn man befinde sich auf dem Weg zur »Berliner Republik, und die kann ein völlig anderes Gesicht erhalten, als es sich die Herrschenden wünschen«. Das ist ein Zitat des PDS-Vorsitzenden Lothar Bisky, und das ist DDR-(Volks-)Kammerton. DDR-Nostalgiker mögen das.

Auch wenn die PDS vom Umsturz noch träumt, die Veränderung des Meinungsklimas in der Bundesrepublik ist tiefgehend. Auch ohne PDS.

Der Wandel der Werte

Der Zeitgeist ist so wendig wie ein Tanker: kaum. Träge Massen haben das so an sich. Kursveränderungen sind nur ganz langsam und behutsam einzuleiten. Der Zeitgeist steuert Kurs links. So lange schon, daß es gar nicht mehr auffällt. So lange schon, daß links für die Mitte gehalten wird. So lange schon, daß es Linken langweilig wird, weil fast gar nichts mehr so richtig für Aufregung sorgt.

Die Balance zwischen links und rechts gehe verloren, stellt Elisabeth Noelle-Neumann fest: »Zum ersten Mal ist es möglich, mit den Mitteln der Demoskopie zu beobachten, wie sich ein Meinungsklima verändert. Die erste Phase war wie ein Sturzbach, sie trug sich zwischen 1967 und 1972 zu. Die bürgerlichen Werte Höflichkeit, Sauberkeit, Ordnungsliebe, Fleiß, um nur einige zu nennen, verloren ihre Allgemeinverbindlichkeit, der Vorgang erhielt den Namen ›Wertewandel‹. Er setzte sich die ganzen siebziger und achtziger Jahre hindurch weiter fort. Nicht in jedem Aspekt, aber in vielen.

Anfang der achtziger Jahre kristallisierte er sich in der Partei der Grünen. Von den Grünen wurde der gesellschaftliche Wertekonsens herausgefordert, mit extremen Bekenntnissen zu Normverletzung, in der Politik, in der Ästhetik, bei den Formen des alltäglichen Umgangs – ›rules of conduct‹ –, in der Moral, in der Religion.« Allensbach hat diesen Wandel der Werte dokumentiert. Alles das, was dem einzelnen exemplarisch in Erinnerung ist: wie die Verletzung von Tabus zur Norm, das Unschickliche schick, das Negative positiv wurde.

Die Meinungsforscher begleiteten den Klimawandel von rechts nach links, belegten ihn mit Zahlen, Daten, Grafiken. Seit Mitte der siebziger Jahre wird Bundesbürgern regelmäßig eine Skala vorgelegt mit den Ziffern von null bis hundert. Dabei steht null für »ganz links« und hundert für »ganz rechts«. Bis in die neunziger Jahre hatte niemand Mühe, sich einzuordnen. Dann begann die neue Diskussion über die Inhalte dieser Begriffe. Elisabeth Noelle-Neumann definiert seither so:

»– Links steht für den Wert der Gleichheit, Rechts für Differenzierung, Unterschiede individueller, sozialer, nationaler Art.

Damit ist verbunden der linke Wert des Antiautoritären, der rechte Wert von Autorität, Hierarchie.

– Ein linker Wert ist Nähe, Wärme, Formlosigkeit, ein rechter Wert Distanz, Umgangsformen. Im Deutschen gehört dazu die sprachliche Unterscheidung zwischen Du und Sie.

– Ein linker Wert ist Spontaneität, ein rechter Wert Disziplin.

– Freiheit im linken und rechten Verständnis sind Gegensätze, zunehmend seit der Französischen Revolution Gegensätze geworden: Im linken Verständnis ist Freiheit überwiegend Freiheit von Not, Sicherheit und Geborgenheit, für die der Staat einzustehen hat.

– Freiheit im rechten Verständnis ist gerade umgekehrt Freiheit gegenüber dem staatlichen Zugriff, damit aber auch Risikobereitschaft, Anstrengung, Aktivität, Entwicklung eigener Kräfte.

– Auf wirtschaftlichem Felde folgt daraus der linke Wert von Planung, öffentlicher Kontrolle, als rechter Wert der Schutz der Privatwirtschaft, Wettbewerb, Schutz des Privateigentums als natürliches Recht.

– In linker Sicht ist das Milieu prägend, die Gesellschaft wird für das Befinden des einzelnen verantwortlich gemacht. In rechter Sicht liegt die Verantwortung beim Individuum, das Individuum wird zur Verantwortung gezogen.

– Das Internationale, Kosmopolitische ist ein linker Wert, verbunden der Gleichheit; das Nationale ist ein rechter Wert, verbunden der hohen Bewertung der Differenzierung.

Mit einer solchen Skizze der Lager ›Links‹ und ›Rechts‹ und ihrer Werte-Welten ausgerüstet, läßt sich besser erkennen, was die Links-Verschiebung bedeutet, die in Westdeutschland seit Einschluß der Links-Rechts-Skala zum Einstufen des eigenen politischen Standorts in den Umfragen beobachtet wird. Es wird auch deutlich, warum es entscheidend wichtig für die politische und wirtschaftliche Zukunft Deutschlands sein wird, daß die Balance zwischen beiden rechten und linken Werten gehalten wird.«

So etwas ist schematisch. Das demoskopische Raster muß Trennlinien ziehen, wo ineinander verschwimmende Grenzen die Wirklichkeit sind. Sonst wird kein erkennbares Bild daraus. Die Grenzgänger auszumachen wird zunehmend wichtiger, je mehr der Links-rechts-Gegensatz aufweicht.

Auch die erprobte Aufteilung, nach der links für Gleichheit und rechts für Differenzierung steht, läßt sich mit dieser Eindeutigkeit nicht mehr behaupten, ebensowenig das kosmopolitische Verständnis als vorherrschend links, die Betonung des Nationalen als rechte Eigenschaft. Was unter dem political correcten Stichwort Minderheitenschutz gefordert wird, steht im Gegensatz zu den noch vor kurzem hochgehaltenen Idealen der Gleichheit aller, die in Maos »blauen Ameisen« ihre perverseste Ausdrucksform fand. Der neue Mensch ist nicht mehr der des Kollektivs, der Produktionsgenossenschaft oder der Arbeitsbrigade, der neue Mensch ist Individuum mit Recht auf unantastbare Privatsphäre. Seine Rechte stehen im Zweifelsfall höher als die der Allgemeinheit.

Geblieben ist das Mißtrauen gegen den Staat. Das Feindbild ist jedoch nicht mehr der bürgerlich-kapitalistische – und damit ausbeuterische – Staat, sondern der Staat an sich. Ihre Erfahrungen haben den belehrbaren Teil der Linken gelehrt, daß das Mißtrauen grundsätzlich sein müsse. Der französische Linksintellektuelle Alain Touraine formuliert das so: »Links ist heute, die Individuen und Minderheiten gegen jenen Staat zu verteidigen, der dazu da ist, die Forderungen der Konsumenten-Mehrheit zu befriedigen.« Da sind sie wieder, die Minderheiten, die Entrechteten, die Opfer als das neue Proletariat der Political Correcten, die es gegen die Konsumenten, die gestern Bourgeois hießen, zu verteidigen gilt. Ein solches Mißtrauen gegenüber dem Gemeinwesen kehrt sich ab von dem Verlangen, an ihm teilzuhaben, »mehr Demokratie zu wagen«.

Die Global Players der Wirtschaft vernetzen die Welt nicht unter Absingen der Internationale. Noch einmal Alain Touraine: »Die Idee der Globalisierung gehört heute zum Kernbestand rechten Denkens. Die Linke muß demgegenüber individuelle Freiheit und kulturelle Diversität auf ihre Fahnen schreiben.«

Die gedankliche Kehrtwendung macht das Rechts-links-Schema fragwürdig. Wer es benutzt, läuft Gefahr, daß inzwischen etwas anders gedacht wird, als es ehedem gemeint war. Begriffsverwirrung hat noch niemals für Klarheit gesorgt. So einfach geht es nicht mehr: Rechts ist konservativ und damit beharrend, links ist progressiv, also fortschrittlich. Der bereits zitierte Slogan »Einmal kein Fortschritt, das wäre doch einer« entstammt nicht konservativer Kreativität. Linke haben erkannt, daß gelegentliches Beharren fortschrittlich sein kann. Es waren Konservative, die ein Zukunftsministerium installierten, und Progressive, die mit Beharrlichkeit den Einsatz neuer Techniken blockierten. Es sind die Konservativen, die das Individuum anerkennen, aber gleichzeitig Einordnung in das Gemeinwesen erwarten; es sind landläufig Linke, die das Recht der Minderheit über die Erwartung der Mehrheit stellen.

Die potentiellen Opfer

»Ohne potentiell tödliche Aktionen wird die BRD-Linke hier nicht den Druck auf die Eliten ausüben können, der im Rahmen der internationalen Auseinandersetzungen zwischen dem Imperialismus und den um Befreiung kämpfenden Menschen notwendig ist.« Das ist ein Auszug aus dem Bekennerschreiben, mit dem die »Antiimperialistische Zelle« (AIZ) die Urheberschaft eines Anschlages auf sich bezieht.

Die Kenntnisse über die Gruppe sind gleich Null. Sie gilt als isoliert, seit sie 1995 Attentate gegen den ehemaligen CDU-Abgeordneten Köhler in Wolfsburg und den Abgeordneten Blank in Erkrath bei Düsseldorf bekannte.

Attentate? In Wolfsburg? In Düsseldorf? 1995? Wer danach fragt, stößt auf Unkenntnis. Als sei Alzheimer eine Volkskrankheit aller Generationen. Die Unkenntnis ist nicht verwunderlich. Nur kurz waren die Bombenanschläge in den Medien registriert worden. Der tödliche Ausgang war ja nur einkalkuliert worden. Zur Vollstreckung reichte es nicht.

»Potentielle« Opfer sollten der frühere Staatssekretär im Entwicklungsministerium Volkmar Köhler und der Bundestagsabgeordnete Joseph-Theodor Blank sein. Die Bombe in Köhlers Wohnhaus in Wolfsburg explodierte kurz bevor das »potentielle« Opfer heimkehrte. Die Familie des »potentiellen« Opfers Blank war erst am Tag zuvor aus dem Urlaub zurückgekommen. Der schrille Pfeifton einer Sirene weckte um fünf Uhr dreißig die Frau des Abgeordneten. Vor der Haustür fand sie eine Bombe. Es gelang ihr, Mann und Sohn zu wecken und in den hinteren Teil des Hauses zu flüchten, ehe die Bombe explodierte.

Wie das so schnell in Vergessenheit geraten konnte? Weil es, kaum wahrgenommen, schon abgehakt war. Vielen waren diese beiden Anschläge nicht mehr gegenwärtig, als im September 1995 nach gleichem Muster ein Anschlag auf das Haus des verteidigungspolitischen Sprechers der CDU/CSU-Bundestagsfraktion Paul Breuer in Siegen verübt wurde. Und wieder war es vielen Zeitungen gerade eine einspaltige Meldung wert. Und das Bekennerschreiben der AIZ aus Göttingen wurde kaum mehr zur Kenntnis genommen.

Terror von links ist nicht wie Terror von rechts. »Potentielle« Opfer von links sind nicht wie »potentielle« Opfer von rechts. Die erbärmliche Dummheit rechter Attentäter gilt als gefährlich umstürzlerisch, vernichtend für das Ansehen der Deutschen in der Welt. Der häßliche Deutsche ist ein rechter.

Rechte Gewalt ist schlimm und schändlich, linke Gewalt nur ein bißchen schlimm? Political correct ist das Schämen für die Anschläge vernagelter Jugendlicher, die mit Brandflaschen in der Hand »Sieg Heil« brüllen, weil sie gehört haben, daß dies das Schlimmste sei. Political correct ist, die Attentäter, die mit kenntnisreich gebastelten Bomben den »potentiellen« Opfern gezielt nach dem Leben trachten, als »Wochenend-« oder »Freizeit-Terroristen« zu bezeichnen.

Es gibt keine rechte und keine linke Gewalt. Nur Gewalt. Ob sie von links oder von rechts verübt wird, macht keinen Unterschied. Oder richtiger: sollte keinen Unterschied machen.

Wer sind die Mörder des Wirtschaftspolitikers Heinz Herbert Karry? Wer die des Diplomaten Gerold von Braunmühl? Wer die des Industriellen Karl Heinz Beckurts und seines Fahrers Eckhart Groppler? Wer die des Industriellen Ernst Zimmermann? Wer die des Bankiers Alfred Herrhausen? Wer die des Treuhandchefs Detlev Karsten Rohwedder? Die Antwort ist Schweigen. Die Mörder sind unbekannt. Die Morde geschahen zwischen 1981 und 1991. Wer fragt danach? Haben wir uns an die linke Gewalt bereits so gewöhnt, daß sie integrierter Bestandteil des Alltags ist? Und die Gewalt von rechts erschüttert, weil sie die neue ist? Die niemals wieder erwartete? Ja, da ist der Unterschied, warum das gleiche nicht dasselbe ist, warum die Gewalt rechter Attentäter ungleich schwerer zu ertragen ist. Die linken Gewalttäter machen sich persönlich schuldig, die Schuld der rechten Gewalttäter tragen alle aus der Vergangenheit mit.

»Die Schamverletzungen«, schreibt Botho Strauß in seinem Essay »Anschwellender Bocksgesang«, »die die anarcho-fidele Erst-Jugend um 68 herum beging, ist nun von rechts beerbt worden. Die neuen Jugendlichen tun zunächst nichts anderes als die ihr vorausgegangene Generation – sich großtun, Initiation betreiben durch Tabuzertrümmerung.

Die Verbrechen der Nazis sind jedoch so gewaltig, daß sie nicht durch moralische Scham oder andere bürgerliche Empfindungen zu kompensieren sind. Sie stellen den Deutschen in die Erschütterung und belassen ihn dort, unter dem tremendum; ganz gleich wohin er sein Zittern und Zetern wenden mag, eine über das Menschenmaß hinausgehende Schuld wird nicht von ein, zwei Generationen einfach ›abgearbeitet‹. Es handelt sich um ein Verhängnis in sakraler Dimension des Wortes und nicht einfach um ein Tabu, das denen, die zum Schutz bestimmter zwischenmenschlicher Verkehrsformen oder der Intimsphäre dienen, vergleichbar wäre.

Daher handelt es sich auch bei der Schändung, die Neonazis jetzt begehen, im besonderen ihren antisemitischen Ausschreitungen, keineswegs um militante Akte der Gegenaufklärung.« Darum erschüttert der in die Lübecker Synagoge geworfene Brandsatz ungleich stärker. Darum weigern sich viele, zu hören, ansonsten sei nichts passiert, die Flammen seien bald erloschen. Nicht was, sondern daß es passiert ist, zählt. Schlimmer noch: daß es wieder passiert. Darum bleibt die Erleichterung versagt, wenn sich am Ende herausstellt, es waren keine fanatischen Rechten, die sich zur Synagoge schlichen. Es waren Jungen. Ein bißchen ärmlich, ein bißchen erbärmlich, geistig und moralisch entwurzelt von Kindheit an. Mehr bedauernswert als bösartig. Opfer auch sie. Aber der Status wird ihnen verweigert. Rechts gibt es keine Opfer, nur Täter. Das political correcte Gewissen macht selbst aus einem geistig behinderten Pyromanen noch einen Gesinnungstäter.

Die Folklore der Vermummten

Auf dem äußersten rechten Rand sammeln sich die in jeder Hinsicht zu kurz Gekommenen. Der Verfassungsschutzbericht 1994 gibt Aufschluß über die rechtsextremistischen Rüpel: siebenundfünfzig Prozent jünger als zwanzig Jahre, achtundsiebzig Prozent Hauptschüler, zehn Prozent Realschüler. Zweiundzwanzig Prozent arbeitslos. Zweiundvierzig Prozent aus gestörten Familien.

Das ist der dumpfe Zorn der Dummheit, den die wendigere linke Szene erfolgreich für sich instrumentalisiert. Die Schuld ist rechts verursacht. Die Gefahr kommt von rechts.

Auf fünftausendvierhundert taxiert das Bundesamt für Verfassungsschutz die Zahl der gewaltbereiten Skinheads. Die Zahl der gewaltbereiten Linksextremisten wird mit sechstausendsiebenhundert angegeben, trotzkistische und autonome Gruppen. Die Gewalt kommt nur von rechts?

Ein bißchen linke Randale ist doch keine Gewalt! Die fetzigen Kämpfe um das kleine Stück Hafenstraße mit Elbblick in Hamburg, was macht das schon? Wenn ein Senator öffentlich erklärt:»Der Staat hat das Problem Hafenstraße nicht lösen können«, was macht das schon? Wenn einhundertzwanzig – teilweise maskierte – Autonome aus Hamburg sich mit dem »Schönes Wochenende«-Ticket der Bundesbahn einen Ausflug zum »Chaostag« nach Sylt gönnen und während der Fahrt die anderen Fahrgäste terrorisieren, die Bahnwaggons demolieren und beschmieren, am Ziel Schaufensterscheiben zerschlagen und Autos besprühen, was macht das schon? Ey, ist doch geil, Mann! Wenn die Autonomen in kampferprobter Weise den 1. Mai in Berlin mit einer Straßenschlacht feiern, was ist schon dabei? Der Prenzlauer Berg hat Kreuzberg als Aufmarschgebiet abgelöst. Wenn dabei traditionell ein bißchen Bürgerkrieg gespielt wird und die Polizei am Ende neunundneunzig verletzte Beamte zählt, was ist schon dabei?

Immer finden sich die eilfertigen Beschwichtiger, die Verständnisvollen, die die Erprobung des Bürgerkrieges harmlosreden. Die sich nicht schamrot verfärben bei dem Bekenntnis »Der Staat hat das Problem Hafenstraße nicht lösen können.« Für Hafenstraße können viele andere Namen eingesetzt werden.

Ist Gewalt dann keine Gewalt mehr, wenn sie nicht zur Kenntnis genommen wird? Dann kann auch der regelmäßige Aufmarsch schwarzvermummter Autonomer »zu einer Art folkloristischer Gewohnheit« werden. So jedenfalls bezeichnete die »taz« die Auftritte des »schwarzen Blocks« bei Demonstrationen in Göttingen.

Das Zauberwort, das schwarze Böcke angeblich in Lämmer verwandelt, heißt »Deeskalation«. Ein gefälliges Wort. Der Preis der Sanftmut wird seit Jahren in Göttingen gezahlt. Dort bestimmt die »Autonome Antifa (M)«, wann die Polizei bei Demonstrationen dabei ist. Über die Presse teilen sie mit, wann sie zu demonstrieren beabsichtigen. Eine reguläre Anmeldung kommt für sie nicht in Frage. Wer den Staat fragt, erkennt ihn an. Das nun aber wollen sie auf gar keinen Fall. Im Gegenteil: Das System soll kippen. Mit der Ankündigung der Demonstration wird die Aufforderung an die Polizei verbunden, keine Vorfeldkontrollen zu machen, die Demonstration nicht mit Video zu filmen, am besten gar nicht zu erscheinen. Sollte die Polizei sich nicht daran halten, werde »die ganze Stadt zum Konfrontationsfeld« gemacht. Kern des Demonstrationszuges ist ein »schwarzer Block«, bewaffnet mit Knüppeln, Pflastersteinen und Zwillen. Anfangs marschierten in ihm einhundert vermummte Jugendliche, inzwischen sind es bis zu achthundert.

Als die Staatsanwaltschaft in Celle auf Weisung der Bundesstaatsanwaltschaft ermittelte, stieß sie auf systematische Verstöße gegen das Versammlungsgesetz, das Vermummungsverbot, das Bewaffnungsverbot. Bekannt sind Fälle schwerer Körperverletzungen und von Sachbeschädigung. In siebzehn Fällen meinte die Staatsanwaltschaft ausreichend Material für eine Anklage wegen Bildung einer kriminellen Vereinigung zu haben, scheiterte aber am Oberlandesgericht Celle, das die Anklage nicht zuließ. Das Gericht begründete seine Verweigerung so: Zwar sei die Autonome Antifa (M) eine linksextremistische Bewegung, die sich die Beseitigung des bestehenden Systems zum Ziel gesetzt habe, aber das bedeute keine erhebliche Gefahr für die Öffentlichkeit. Nur ein bißchen gegen das Ordnungs- und Versammlungsrecht werde verstoßen. Ansonsten, befanden die Richter, suchten die Autonomen Bündnispartner im bürgerlichen Lager und erwiesen sich geradezu als Ordnungsfaktor, weil sie versucht hätten, gewaltfrei zu demonstrieren.

Klar, und wenn es mit der Friedlichkeit einmal nicht ganz so klappen sollte, dann liegt es an den »Scheißbullen«, gegen die sich die Mädels und Jungs mit den Tarnkappen wehren müssen.

Das »M« im Namen der »Autonomen Antifa (M)« heißt schlicht Mittwoch. Das ist der Tag, an dem sich die Antifaschisten regelmäßig im Parteibüro der Göttinger Grünen treffen. Der verlogene Antifaschismus macht offenbar auch Gewalttäter zu achtbaren Gesprächspartnern. Wer sich antifaschistisch nennt, wird in jeder Vermummung gesellschaftsfähig.

Die Göttinger Autonomen haben dem Staat einen Teil seines Gewaltmonopols abgetrotzt. In ihrer Szene gelten sie als vorbildlich. Anderswo haben es die Autonomen nur zu Häusern gebracht, mit Bleiberecht auf immer und ewig zu einer Miete von einer Mark im Monat. Und wenn die Polizei wirklich einmal einen Extremisten herausholt, weil ihm vorgeworfen wird, Anleitungen zum Basteln von Bomben verbreitet zu haben, marschieren die zurückgebliebenen Autonomen in offiziell genehmigten Demonstrationen vor den Knast, wieder und wieder.

Das alles rechtsgedreht wäre auch nicht besser. Aber auch nicht vorstellbar. Oder wäre es denkbar, daß sich die Türen der Technischen Universität Berlin für eine Tagung der Wiking-Jugend öffneten? Das wäre es nicht und muß es auch nicht sein. Wieso aber erhalten Autonome die Erlaubnis, dort auf einem – wie sie es nennen – Kongreß über die Frage nachzudenken: »Revolution – täglich oder gar nicht! Was nun?«

Das rechte Trauma macht für links verführbar. Und die Verführten merken nicht, daß sie es in ihrer Bürgerlichkeit selbst sind, die eine autonome Antifa als Faschisten bezeichnet, daß der Kampf ihnen gilt und daß die Rechten nur Vorwand sind. Die unter den Kapuzen der Antifa und die rechten Kahlköpfe marschieren im Zweifelsfall zusammen. Oder wie sonst hätte der niedersächsische Innenminister Glogowski nach den Chaostagen anno 1995 in Hannover überrascht das gewaltbereite Potential der linken und der rechten Szene ausmachen können?

Das bißchen Chaos

Als im heißen Sommer 1995 die Chaostage in Hannover eskalierten und die Stadt in Schrecken versetzten, setzte der Staat auf Deeskalation. Nach den guten Erfahrungen von Göttingen schwor der niedersächsische Innenminister auf diese Taktik aller Menschen, die guten Willens und unerschütterlichen Wohlmeinens sind. Die Unfähigkeit, rechtzeitig zu handeln, verschlimmerte die Folgen.

Erst als die Köpfe blutig, die Rippen gebrochen, die Haut aufgeplatzt, der Supermarkt leergeräumt und die Autos ausgebrannt waren, standen kindlich staunende Politiker vor den Trümmern der Schlacht. Mit solch einem Gewaltpotential habe niemand rechnen können, verblüffte Innenminister Gerhard Glogowski: »Eine derart brisante Mischung aus gewalttätigen Jugendlichen, die teilweise lebensgefährliche Verletzungen von Polizeibeamten in Kauf genommen haben, stellt eine neue Qualität dar, die in dieser Form nicht erwartet worden war.«

Das eben ist auch eine neue Qualität: die bekundete Ahnungslosigkeit. Und die Erwartung, daß Ahnungslosigkeit honoriert wird. Schließlich macht sie so menschlich.

Justizministerin Alm-Merk übertraf den Kollegen dann noch mit dem Verlangen, nun müsse endlich nach den Ursachen der Gewaltbereitschaft der jungen Menschen gefragt werden. Als sei das nicht längst geschehen. Immer wieder und immer noch einmal.

Die so fragen, sollten mit der Ursachenforschung bei sich beginnen. Beispielsweise mit der Frage, welche Folgen es hat, Gewalt harmloszureden. Vom Schönreden wird nichts besser. Auch nicht vom schönhören. Wer sich fortlaufend einredet, die Kids meinen nicht, was sie sagen, gewöhnt sich das Zuhören ab. So gemein, so brutal können die Kids doch nicht sein. Nicht so undankbar gegenüber den Wohlmeinenden.

Wenn Punker zum Chaostag nach Hannover einladen,

dann versprechen sie auf Flugblättern ihren Gästen dieses Programm: »Freitag 17 Uhr: Auftakttreffen mit blutiger Straßenschlacht. Samstag 12 Uhr: Wir starten eine Feuerwalze. Sonntag: Scherbendemo. Wir wollen gemein, brutal, haßerfüllt und rücksichtslos sein.«

Aber das war nicht so gemeint, ey.

Wenn Journalisten zur Zitatensammlung unter die Chaoten gehen, dann kommen sie mit solchen O-Tönen vom Häuserkampf: »Nazis sind alle, die eine Uniform tragen, besonders Polizisten.« Und: »Bisher 150 verletzte Bullen. Das ist doch ein toller Erfolg, ey.« Und: »Denen zeigen wir es einmal richtig. Bei den letzten Chaostagen haben uns die Bullen aufgemischt. Es steht eins zu null. Jetzt sind wir dran, die Bunten. Das bißchen Scheiße, das wir hier machen, ist doch nichts gegen die Scheiße, die der Staat macht.«

Aber das war nicht so gemeint, ey.

»Wichtig ist dabeizusein. Wenn wir da sind, bricht Chaos aus, automatisch.« Und: »Punk ist Provokation, sonst nichts.« Und: »Punks sind gegen die Spießer, die Bonzen und die Faschisten.«

Aber das war nicht so gemeint, ey.

Davon ist eine ganze Menge jugendlicher Großmäuligkeit abzustreichen. Angabe ist besonders modeanfällig. Der Schock der gestylten Primitivität ist kalkuliertes Abnablungstheater. Doch auch wer sich durch solche Aussprüche nicht schocken läßt, wer sie tiefer hängt, weil er von der jugendlichen Gärung weiß, darf sie nicht überhören. Selbst wenn nicht jeder Punk es so brutal meint, wie er seinen Haß ausspuckt, es bleibt genug Aggressivität.

Hinhören hilft mehr als weghören. Doch es ist nicht im Sinne verständnisvoller Political Correctness, den Kids Aggressivität zuzutrauen. Schließlich meinen sie es nicht so.

Die unheilvollen Feindbilder sitzen in den Köpfen fest: »Nazis sind alle, die Uniform tragen.« Vor allem Polizisten. Heimliches Einverständnis mit diesem Satz ist durchaus correct. Er bläst sich auf, wie alle diese Sätze. Der Kern ist Mißtrauen gegen die Obrigkeit. Ist nicht der Schutz des Individuums und der Minderheit vor der Gewalt des Staates als political correcte Aufgabe definiert? Wer ein tief verwurzeltes Mißtrauen gegen die Macht des Staates und sein Gewaltmonopol in sich trägt, bleibt auch dann mißtrauisch, wenn er als Politiker diesen Staat vertritt. Das erst macht die Chaostage möglich, den schwarzen Block der Vermummten in Göttingen und auch den Aufmarsch der verbotenen kommunistischen »Arbeiterpartei Kurdistans« (PKK) mit flatternden Fahnen, begleitet von der Polizei.

Besonders unter linken Politikern, aber durchaus nicht nur unter ihnen, erzeugt das Verlangen nach Teilhabe an der Macht des Staates und die gleichzeitige Ablehnung dieser Macht multiple Persönlichkeiten.

Die stehen auf dem Trümmerfeld, wundern sich blauäugig über den Ausbruch der Gewalt, fragen nach dessen Ursachen. Oder machen, wie grüne Landtagsabgeordnete, angesichts von brennenden Müllcontainern und plündernden Horden »ein kulturelles und Milieu-Ereignis« aus. Nur die Polizei störte. »Sinnlose Kämpfe um eine einzige Barrikade« habe sie geführt, eine »ritualisierte Kampfsituation« provoziert.

Wieder die bekannte Umkehr von Täter und Opfer. Nicht die Extremisten provozieren, die Polizei provoziert im political correcten Urteil des Scherbengerichts. Als setzten die Randalierer nicht genau darauf. Wie die Falle zuschnappt, in der die Extremisten die Polizei haben wollen, beschreibt der ehemalige Polizeipräsident von Bonn, Michael Kniesel, so:

»Die Polizei wird von Störergruppen angegriffen (Steinwürfe, Zwillenbeschuß), was sie nach einer Zeit der Duldung mit der Anwendung unmittelbaren Zwanges in der Menge beantwortet, indem sie die Gewalttätigkeiten beenden und die Störer festnehmen will. Dabei kommt es in der Unüberschaubarkeit der Situation und der Hektik des

Geschehens zwangsläufig dazu, daß auch friedliche Demonstranten in Mitleidenschaft gezogen werden, was auf diese entsprechende traumatisierende Wirkung hat. Hinzu kommt, daß die übrigen Demonstranten sich durch das unmittelbare Erleben des in ihren Augen brutalen Polizeieinsatzes in ihrer ablehnenden Haltung gegen den Staat bestärkt sehen mit der Folge, daß auch sie sich mit den Gewalttätigen solidarisieren.« Das ist keine bei den Chaostagen gemachte Erfahrung. Das ist naheliegend und lange bekannt. Insofern ist es unsinnig, nur äußerlich gefärbte Punker für die beabsichtigte Harmlosigkeit eines bunten Wochenendvergnügens zu zitieren. Wer Barrikaden baut, der will nicht reden. Es war alles nicht so gemeint? Es genügt, wenn einige es anders meinen, dann kommen Chaostage in Fahrt, und die Polizei sitzt in der Falle. Gegriffen werden selten die Rädelsführer, meist die Mitläufer. Die Gewalt kommt nicht aus dem Nichts. Sie ist gewollt. Das buntschopfige Individuum im schlotternden Hemdchen gegen die martialisch ausgerüstete Institution, das Bild macht die Polizei zum Opfer ihres Auftrags.

Den psychologischen Kampf gewinnen am Ende immer die Randalierer. Die Polizei wird so lange der Verlierer sein, solange das Bekenntnis zu ihrem Auftrag allenfalls halbherzig ist; solange sie zwar Ordnung und Recht gewährleisten soll, aber Ordnung und Recht als zweifelhafte Begriffe gelten; solange der Schutz der Minderheit gleichgesetzt wird mit dem Recht, der Mehrheit auf der Nase herumzutanzen; solange ein ausgeraubter Supermarkt und brennende Autos als Versicherungsfall abgehakt werden.

Liegt es an der Polizei, wenn nach einer Untersuchung der Polizei-Führungsakademie in Münster-Hiltrup die Hälfte der jüngeren Bürger angesichts eines Polizisten mit Helm und Schild das Gefühl hat, von ihm gehe Gewalt aus? Oder ist in beschriebener und vielfach erprobter Manier das Bild des Gewalttäters mit Pensionsanspruch aufgebaut worden? In welcher Absicht wohl?

Das ist kein Problem der Polizei. Es ist ein Problem der Gesellschaft und damit ein politisches. Doch die macht correct weiter mit dem Schutz des Individuums vor dem Staat. Und kommt nicht ins Grübeln, wenn ein Opfer sich so erklärt wie ein Punk in Hannover: »Wenn du ständig nur angeschissen wirst, dann hast du halt irgendwann die Schnauze voll. Wenn du so aussiehst wie ich, mit bunten Haaren und so, kriegst du eh keine Lehrstelle. Ich will auch keine. Meine Zukunft heißt: arbeitslos und besoffen.«

Grüne Landtagsabgeordnete in Hannover schlugen vor, in Zukunft gemeinsam mit Sozialarbeitern und Mandatsträgern ein Konzept für die nächsten Chaostage vorzubereiten. Den friedlichen Punkern sollte ein Raum zur Verfügung gestellt werden, in dem sie ungestört Chaos machen können.

Warum denn nicht gleich die Chaostage zur politischen Demonstration deklarieren? Eine politische Demonstration kann sich auf das Grundrecht der Meinungs- und Versammlungsfreiheit berufen. Solche Chaostage blieben dann nicht nur ungestört, sondern stünden unter dem Schutz der Polizei.

Die erforderliche politische Aussage für die Demo dürfte kein Problem bereiten. Die autonomen KumpelInnen haben darin einschlägige Erfahrung. Erfahrungsgemäß sind die Ordnungsämter beim Erteilen der Genehmigung auch keineswegs pingelig. Der legendäre »Dr. Motte«, der die Raver technotisch in Berlin über den Kurfürstendamm tanzen läßt, hat schließlich auch seinen sommerlichen Karneval als politische Demonstration genehmigt bekommen. Mit dem Motto »Friede, Freude, Eierkuchen«. Dem Berliner Innensenator genügte das nicht. Er nörgelte: »Die Erfahrungen der Vorjahresveranstaltungen haben gezeigt, daß es bei dieser Love Parade zu keinerlei gemeinsamen politischen oder öffentlichkeitsrelevanten Aussagen kam.« Der Senator ließ sich auch nicht durch die Erläuterung der Veranstalter erweichen: »Wir demonstrieren für Frieden durch

Abrüstung, Freude durch Tanzen als Mittel der Verständigung und Eierkuchen für die gerechte Verteilung der Lebensmittel.« Eine Verweigerung der Anerkennung als politische Demonstration komme einer Verhöhnung des grundgesetzlich garantierten Demonstrationsrechts gleich. Das war dann political correct. Darum bezahlte der Staat schließlich doch die Absperrungen, die Polizeibegleitung. Darauf haben politische Demonstranten Anspruch. Auch auf die kostenlose Beseitigung des Mülls von einhundertfünfzigtausend Ravern. Friede, Freude, Eierkuchen, Political Correctness.

Angst vor rechts

»Was meinen Sie: Besteht in Deutschland die Gefahr, daß der Nationalsozialismus wiederkehrt, oder besteht diese Gefahr nicht?« So fragte die Mannheimer »Forschungsgruppe Wahlen« im März 1995. Von den Befragten machten zweiundvierzig Prozent ihr Kreuz in der Rubrik »Ja«. Daß fünfundfünfzig Prozent nicht an eine Rückkehr der Braunen glauben, erleichtert nicht. Zweiundvierzig Prozent Zustimmung ist gleichzusetzen mit zweiundvierzig Prozent Sorge. Im ZDF-Politbarometer hat die Angst vor den Rechtsradikalen einen festen Platz unter den sechs wichtigsten Themen eingenommen.

Die Angst ist irreal. Gegenwärtig fehlen alle Voraussetzungen, und es gibt auch keine Anzeichen, daß sich das ändern könnte. Selbstverständlich ist so etwas niemals ausgeschlossen. Aber im überschaubaren Zeitrahmen sicherlich. Das wissen auch alle, die ihren Warnruf vor der nahenden braunen Gefahr ertönen lassen.

Rechts von der Mitte ist der Abgrund. In den fällt alles zusammen, die Extremisten, die Skinheads, die verbotene FAP, die Republikaner, die rechten Konservativen, die bierdunstigen »Sieg Heil«-Gröler und die Nachdenklichen, denen die Nation in den Sinn kommt, wenn sie über die verlorene Bindung der Gemeinschaft grübeln. Unterscheidungen sind nicht political correct und schon gar nicht ratsam. Wer »rockt gegen rechts«, meint sie alle, die Faschisten.

Der bekennende Rechte Rainer Zitelmann, »Welt«-Redakteur und FDP-Mitglied, beobachtet, »daß konservative Intellektuelle, Politiker und Journalisten zunehmend ausgegrenzt und in die Nähe des Rechtsextremismus gerückt werden«.

Vor dem Vorwurf, ein Faschist zu sein oder zumindest mit Faschisten zu sympathisieren, bewahrt auch eine ausgewiesene antifaschistische Gesinnung nicht. Wer gedanklich in die Nähe der Rechten rückt, der wird an den faschistischen Schandpfahl gestellt, hemmungslos niedergemacht aus der political correcten Deckung einseitiger Meinungsfreiheit. Brigitte Seebacher-Brandt hat das erfahren, der ehemalige Abgeordnete der Grünen, der Nationalpazifist Alfred Mechtersheimer, ebenfalls. Klaus Rainer Röhl, ehemals als Herausgeber der Linkspostille »Konkret«, einer der Wortführer der aufrührerischen Achtundsechziger, hat sich für alle Mittig-links-Denkenden entlarvt, seit er sein Buch »Linke Lebenslügen« herausbrachte. Als der Schriftsteller Martin Walser »die Vernachlässigung des Nationalen durch uns alle beklagte« und darin eine Ursache für den »Kostümfaschismus« mordgieriger Jugendbanden sah, stürzte der einstige Freund der DKP in den rechten Abgrund. Botho Strauß wurde für seinen Essay »Anschwellender Bocksgesang« als Faschist beschimpft.

Intoleranz und Meinungszensur erweisen sich als unerschütterlich. Es gibt kein Denkverbot in diesem Land, Political Correctness läßt geistige Ausflüge nach rechts nur nicht zu. Nicht die Auseinandersetzung mit den Thesen, sondern Diffamierung der Person ist die Folge des Bekenntnisses zu Ansichten, die die PC-Gedankenpolizisten als »rechts« einordnen.

Die Wacht gegen rechts ist Konsens. Das ist im gleichen Maße verständlich wie verlogen. Verständlich wegen der historischen Hypothek. Verlogen, weil unter Hinweis auf diese Hypothek jede Diskussion im Ansatz erstickt wird. Auch jene Teile rechten Denkens, die bei vorurteilsfreier Betrachtung nicht durch die Hypothek belastet sind. Dieser Konsens ist auch ein Ergebnis der Schweigespirale.

»Politische Justiz gegen rechts«, erscheint dem Politikwissenschaftler Hans-Gerd Jaschke als »Gesinnungsjustiz, bei der es vor allem um die rechtliche Sanktionierung individueller inkriminierter Meinungen, letztlich aber auch um die staatliche Regulierung gesellschaftlicher Kommunikation geht ... Politische Justiz gegen rechts ... richtet sich daher vornehmlich auf die Ebene der öffentlich geäußerten Meinungen und Gesinnungen. Die Schwelle des Strafrechts setzt gegen rechts viel früher ein als gegen links ... Daß Gesinnungen nicht unter Strafe gestellt werden dürfen, daß auch Meinungen, die der historischen Wahrheit zuwiderlaufen, als individuelle Äußerungen legitim sind, daß die Allgemeinheit des Gesetzes verbietet, bestimmte Meinungen zu kriminalisieren, daß der Staatsanwalt nicht Sanitäter sein kann, um die Gesellschaft vor Ansteckung durch Ideologie zu bewahren, all diese hehren Grundsätze des liberalen Rechtsstaates gelten oft wenig, wenn es gegen rechts geht ... Indem sie neonazistische Kommunikationsformen und -inhalte früh unter Strafe stellt, unterbindet sie Fragen nach der Legitimität von vornherein und betrachtet sie von Anfang an nur unter dem Aspekt der politisch-moralischen Verwerflichkeit.«

Den rechten Rand der Gesellschaft wird es immer geben. Und noch rechts davon wird es immer ein paar geben, die sich ausgrölen. So wie es den linken Rand gibt und jenseits des linken Randes ein paar, die unter schwarzen Kapuzen gegen das »Schweinesystem« kämpfen. Das ist normal und keineswegs eine deutsche Eigenart. Alle freien Gesellschaften haben mit extremen Randgruppen umzugehen, Abgrenzungen vorzunehmen. Deutlich, mit Nachdruck, aber ohne Hysterie. Und keinesfalls einseitig. Auch das gehört zur Glaubwürdigkeit.

Wenn in Hannover Chaostage der Punks angesagt sind, kann die Polizei versuchen, ein paar von den Anreisenden in den nächsten Zug zurück zu setzen. Was das nutzt, war leicht zu erkennen, als sich die Reihen der Punker schneller schlossen, als die Verstärkung der Polizei anrücken konnte.

Wenn in Sachsen Rechtsextremisten zu einer »Rudolf-Heß-Aktionswoche« aufrufen, können vorsorglich vierundachtzig Jugendliche und junge Männer zwischen fünfzehn und achtundzwanzig Jahren in Vorbeugegewahrsam genommen werden, nachdem die Polizei sie bei der Anreise von Bahnhöfen und Autobahnen gefischt hatte. Da Sachsen nicht über genügend freie Zellen verfügte, mußten einige der Heß-Freunde nach Thüringen und Bayern ausquartiert werden. Dort blieben sie ein paar Tage, bis des Führer-Stellvertreters nicht mehr zu gedenken war. Das sächsische Polizeigesetz machte es möglich. Danach können mit Unterbindungsgewahrsam Verdächtige bis zu vierzehn Tage vorbeugend festgesetzt werden.

Hat sich jemand aufgeregt? Allenfalls für am Rande erwähnenswert wurde die Tatsache befunden, daß Jugendliche für mehrere Tage in der Zelle sitzen mußten. Sie sind deshalb keine Märtyrer und keine Helden, sondern immer noch die gleichen Wirrköpfe, die sie auch vorher waren. Wer ausländerfeindliche Parolen auf Mauern sprüht, wird dafür bestraft. Hart und gerecht. Wer sich als Rechter mit einigen Gesinnungskumpanen zusammentut, um gemeinsam mit ihnen ausländerfeindliche Sprüche auf Mauern zu sprühen, macht sich nach einem Urteil des Bundesgerichtshofes auch der Bildung einer kriminellen Vereinigung schuldig. In diesem Fall genügt schon die Sachbeschädigung. Nach dem Gesetz ist der Tatbestand erfüllt, wenn sich mehrere zu dem Zwecke zusammenschließen, Straftaten zu begehen, ausgenommen der Zweck ist von unterge-

54

ordneter Bedeutung. Das aber ließen die Bundesrichter beim Sprayen ausländerfeindlicher Parolen nicht gelten, denn das könne eine erhebliche Gefährdung der öffentlichen Sicherheit darstellen. Eine solche Gefährdung könne schon gegeben sein, wenn durch solche Aktionen den als Minderheit in der Bundesrepublik lebenden Ausländern »das Gefühl genommen wird, sich in Sicherheit hier aufhalten zu können«.

Eine begrüßenswerte Entscheidung. Hart, aber gerecht. Bleibt jedoch die Frage, ob sich in der Überzahl linker Schmierereien keine Parolen befinden, die eine derartige entschlossene Verfolgung bis ins oberste Gericht verdient hätten? Und schmieren Linksextremisten immer alleine?

Das Ordnungsamt der Stadt Konstanz stellte 1994 einem Mann einen Reisepaß mit der Einschränkung aus, er gelte nicht für Polen. Gegen diese Beschränkung klagte der Mann und scheiterte am baden-württembergischen Verwaltungsgerichtshof. Grund der Verweigerung: Der Mann könne durch rechtsradikale Propaganda die auswärtigen Belange Deutschlands gefährden. Der ehemalige NPD-Funktionär war Schriftleiter des »Schlesien-Reports« gewesen. Ihm nutzte auch sein Argument nichts, er sei mit einer Polin verheiratet, durch die Reisebeschränkung werde die eheliche Lebensgemeinschaft in der Heimat seiner Frau unmöglich gemacht. Das sei nicht ausschlaggebend, entschieden die Richter, schließlich habe die Frau zusätzlich die deutsche Staatsbürgerschaft.

Wer sich auf rechts einläßt oder nur den Ansatz von Verständnis zu erkennen gibt, setzt seine Lebensplanung aufs Spiel. Mit allgemeinem gesellschaftlichem Konsens. Der Richter am Landgericht Mannheim, Rainer Ortlet, kann die Konsequenzen nicht ausreichend bedacht haben, als er den NPD-Vorsitzenden Günter Deckert wegen Leugnung des Holocaust zu einem Jahr mit Bewährung verurteilte, aber zugleich den ehemaligen Oberstudienrat eine »charakterstarke, verantwortungsbewußte Persönlichkeit mit klaren

Grundsätzen« nannte. Ortlet formulierte damit die bekannteste Charakterisierung der vergangenen Jahre. Und die am heftigsten abgelehnte. Als er dann noch gegen die auf ihn niederprasselnde allgemeine Beschimpfung aufmuckte mit der zusätzlichen Bemerkung, er könne sich sogar vorstellen, mit Deckert befreundet zu sein, war der vorzeitige Ruhestand wegen einer angegriffenen Gesundheit nur noch eine Frage der Zeit.

Seit die Republikaner als rechtsextremistische Partei eingestuft sind, droht beamteten Reps die Entlassung. Es sei denn, sie können ihre Verfassungstreue dennoch nachweisen. Das gilt für alle Extremisten seit einem Beschluß des Bundesverfassungsgerichts von 1975. Eine Überprüfung im Einzelfall ist vorgeschrieben. Bayern aber drohte bereits mit dem Rauswurf, als die Partei noch als rechtsradikal angesehen wurde. Die achtzig Mandatsträger in bayrischen Diensten konnten dem entgehen, indem sie mündlich abschworen.

Die Selbstgerechten kennen kein Unrecht gegen rechts. Und wenn sich am Ende einer Verfolgung herausstellt, daß die Selbstgerechten Rufmörder sind, rechtfertigen sie sich mit dem immerwährenden Kampf gegen Neo-Nazis. Die »Lübecker Nachrichten« geißelten mit großen Schlagzeilen auf der Titelseite die antisemitischen Äußerungen, deren ein leitender Mitarbeiter der Stadt beschuldigt wurde. Obwohl nichts bewiesen war, wurden auch die Äußerungen zitiert; der Mann wurde mit vollem Namen genannt. Die Stadt versuchte, den Mann zu feuern. Der Beschuldigte wehrte sich zwar gegen die Vorwürfe, aber gegen Rechte gibt es kein Pardon. Eine Einigungsstelle befragte Zeugen und kam zu dem Schluß: Die beanstandeten Aussagen hatte der Mann nicht in dem ihm unterstellten Zusammenhang gemacht. Das Gremium unter Vorsitz eines ehemaligen Arbeitsrichters erklärte ihn für unschuldig. Gleichwohl untersagte das Amt des Bürgermeisters dem Mann, im Namen der Stadt ausländische Gäste zu empfangen, damit es im Ausland nicht heißen könne: »Lübecker Nazi begrüßt dänische Soldaten.« So wird aus einem unliebsamen Mitarbeiter ein Nazi gemacht.

Die baden-württembergische FDP-Führung drohte allen Mitgliedern mit dem Rausschmiß, die die Aufstellung des ehemaligen Landesvorsitzenden der Republikaner, Köhler, als Landtagskandidat der FDP billigen sollten. Der Mann war Kriminalbeamter, bevor er für die Republikaner ins Europaparlament zog. Mit Schönhuber und den Republikanern überwarf er sich 1991. Seitdem war er parteilos, bis 1995 einige FDP-Mitglieder in Heidenheim versuchten, ihn an Bord zu holen. Doch der »National-Konservative« (Selbsteinschätzung Köhler) scheiterte am vehementen Widerstand der Parteiführung in Stuttgart, die durch »diesen Nazi« (liberale Einschätzung) keine »braunen Flecke« auf die gelbe Weste geferkelt haben wollte. Eher sei sie bereit, auf den Wahlkreis zu verzichten. Und die Freunde Köhlers rauszuschmeißen. Der Kandidat Köhler zog seine Kandidatur zurück.

Unter den aufgeführten Beispielen überwiegen die Fälle, in denen die Entscheidung richtig ausfiel. Bei einigen könnte man darüber streiten, wenn man dürfte. Darf man aber nicht – und das ist der entscheidende Punkt. Der Verdacht auf »rechts« erklärt alles, erlaubt alles – und verbietet es, über alles das zu reden. Die Schmuddelkinder denken rechts. Mit Schmuddelkindern spielt man nicht.

Die Neue Rechte

Unter den Liberalen scheint die Ausgrenzung von Schmuddelkindern zum Profilersatz zu werden. Begnügte sich die Stuttgarter FDP noch mit einem abtrünnigen Republikaner, drohte der FDP-Bundesvorsitzende Wolfgang Gerhardt gleich die ganze rechte Ecke der Partei reinigen zu wollen. Da war Gerhardt noch nicht Vorsitzender, sondern erst

Kandidat. Mit dem rechten Opfer auf dem Altar der Political Correctness erwartete er die notwendigen Stimmen zu gewinnen. Er fordert jene Partei-»Freunde«, die sich als Nationalliberale um den früheren Generalbundesanwalt Alexander von Stahl scharen, auf, die Partei zu verlassen: »Herr von Stahl und Herr (Rainer) Zitelmann wollen eine andere FDP. Das ist mit mir nicht zu machen.«

Liberales Denken und das Meinungsdiktat der Political Correctness müßten sich ausschließen wie Feuer und Wasser. Doch im politischen Geschäft ist Diffamierung kurzfristig wirkungsvoller als gedankliche Auseinandersetzung. Gegen rechts gelten keine Gebote. Das Feuilleton der »Süddeutschen Zeitung« setzt »intelligente Faschisten« mit »Rechtsintellektuellen« gleich, die Freien Demokraten stellen die Nationalliberalen in ihren Reihen auf die Stufe der Rechtsextremisten, der scheidende nordrhein-westfälische Innenminister Schnoor rückte die »Neue Rechte« noch weiter nach rechts. Er erklärte sie für gefährlicher als rechtsextremistische Gruppen. Niedersachsens Innenminister Glogowski entdeckte denn auch den Schreibtischtäter wieder. Er machte eine rechtsintellektuelle »Strömung« aus, die sich »an der Grenzlinie zum Rechtsextremismus« bewege und möglicherweise dem organisierten Rechtsextremismus Vorschub leiste.

Otto Graf Lambsdorff hat an die FDP gedacht, als er in der »FAZ« »Deutschlands neue Denkverbote« beklagte. Zwar sind die Verbote die alten, aber daß rechtes Denken wieder thematisiert wird, das ist neu. Was an die Adresse der Partei gerichtet war, gehört auch in das Stammbuch der vielen Selbstgerechten: »In den siebziger Jahren war es abgrundtief falsch, jeden deutschen Linken gleich mit Terrorismus-Verdacht zu belegen. Ich habe mich damals gegen solche Ausgrenzungen, gegen immer weitreichendere Verbote und Strafrechtsverschärfungen gewehrt. Heute wehre ich mich wieder, wenn jetzt allem, was rechts ist, gleich die Klu-Klux-Klan-Kappe übergestülpt wird und bloße rechte

Worte sehr voreilig zu Benzinkanistern in den Händen geistiger Brandstifter umdefiniert werden. Verstärkt durch die Diktatur der Political Correctness, tritt Ausgrenzung an die Stelle von Auseinandersetzung. Selbst moderat konservative Äußerungen werden an den Rand des Abgrunds der öffentlichen Akzeptanz gerückt und haben Schwierigkeiten, überhaupt diskussionswürdig zu sein ... Es ist zugegeben die einfachere Methode, den Bannstrahl des Faschismus-Vorwurfs einzusetzen, Verdammungsurteile zu fällen und danach den Volkszorn gegen dieses Übel zu mobilisieren. Aber immer wenn die Volksseele kocht, ist das Ergebnis ungenießbar.«

Jeder Beteiligte an der Diffamierungskampagne weiß, daß weder rechtsradikale noch gar rechtsextremistische Ansätze bei der »Neuen Rechten« zu finden sind. Genaugenommen gibt es die »Neue Rechte« nicht einmal. Jedenfalls nicht als Zusammenschluß. Es gibt nur, wie Karlheinz Weißmann, einer der Theoretiker der Nationalkonservativen, schreibt, »gewisse Übereinstimmungen zwischen konvertierten APO-Veteranen, beunruhigten Altliberalen, ›Normalisierungsnationalisten‹ (Peter Glotz) und jenen zornigen jungen Männern, die noch einmal die Parole der ›Konservativen Revolution‹ ausgegeben haben, und es kann nicht ausgeschlossen werden, daß sich hier tatsächlich das erste Meinungslager des wiedervereinigten Deutschland formiert«. Für den Historiker Hans-Ulrich Wehler ist die »Neue Rechte« jedoch »eine Realität«, »ein buntes Völkchen ... bekenntnisfreudig-arrogant«, gebildet von »strebsamen jungkonservativen Schwarmgeistern«, »Pseudokonservativen«, »irrlichternden Figuren«, »Uralt-Rechten« und »Schreibtischgelehrten mit der Attitüde des politischen Gurus«.

Da geistige Übereinstimmung ohne feste Bindung nicht für Verschwörungstheorien taugt, wird die »Neue Rechte« als Begriff aufgebaut. Wie die Verschwörung der »Neuen Rechten« inszeniert wird, wie Schreibtischtäter geschaffen und an die Seite der Attentäter von Mölln, Solingen und Lübeck gestellt werden, verdeutlicht eine Auseinandersetzung zwischen der »taz« und der »FAZ«.

Unter der Überschrift »Politisch gebildet durch Zitelmann« ereiferte sich die »tageszeitung«: »Noch sitzen sie nicht im Parlament, aber ›Das Parlament‹, die Wochenzeitung der Bundeszentrale für politische Bildung, haben sie bereits erobert: die jungrechten Zitelmänner. Die November-Doppelnummer des aus Steuergeldern finanzierten Blattes durfte der Kreis um den revisionistischen Historiker Rainer Zitelmann (FDP), der auch ›Welt‹-Redakteur und Ullstein-Lektor ist, gleich im Alleingang vollschreiben.« Unter den Autoren des Heftes mit dem beliebigen Thema »Deutsche Streitfragen« ist Rainer Zitelmann nicht. Auch nicht unter den Redakteuren, die das Heft betreuten. Muß er ja auch nicht. Schließlich ist er als Kopf der Verschwörung entlarvt.

Entlarvt werden nachfolgend Redakteure und Autoren: »Ansgar Graw. Der Mann, der beim revanchistischen ›Ostpreußenblatt‹ volontierte ... Herbert Ammon, Publizist, schreibt in der nationalrevolutionären Postille ›Wir Selbst‹ ... Dirk Bavendamm, ein revisionistischer Historiker ... Hans Eschbach, Redakteur beim ›Handelsblatt‹ und Autor in ›Criticon‹ ... Uwe Greve (CDU), Autor in ›Junge Freiheit‹ und ›Criticon‹, Unterzeichner des ›Berliner Appells‹, der sich gegen ›antifaschistische-demokratische Ordnung‹ wendet ... Eckhard Jesse, Historiker, er verteidigte Zitelmann in einer ›Ehrenerklärung‹ gegen Angriffe von ›Welt‹-Kollegen ... Gunnar Sohn, Journalist, Autor von ›Criticon‹ und ›Junger Freiheit‹ ... Wolfgang Templin, ehemaliger DDR-Bürgerrechtler, Autor der ›Jungen Freiheit‹ ..., solidarisierte sich ebenfalls mit Zitelmann, Karlheinz Weißmann, Historiker und ›Criticon‹-Autor, schrieb das revisionistische Ullstein-Buch ›Rückruf in die Geschichte‹ ...«

Möglich wurde die Verschwörung der Revisionisten und

Revanchisten, der Autoren rechter Postillen und Ehren-
erklärer für einen Revisionisten, weil der Präsident der
Bundeszentrale, wie die »taz« aufdeckt, »früher Bürochef
des CDU-Rechtsauslegers ... Alfred Dregger« war, Mitglied der Bundesversammlung der Sudetendeutschen ist
und im Präsidium des Bundes der Vertriebenen saß. Und
weil er einer »elitären Kleinstgemeinschaft« innerhalb der
Burschenschaft angehört.

In einem Leitartikel in der »Frankfurter Allgemeinen«
beklagte Eckhard Fuhr die »systematische Verlogenheit«,
mit der Autoren zur Fahndung ausgeschrieben wurden:
»Die Politik der Steckbriefe, des Prangers, der gesinnungs-
polizeilichen Fahndung ... prägt in zunehmendem Maße
das, was man gerne ›politische Kultur‹ nennt. Der Rufmord
ist ein alltägliches und weithin toleriertes Mittel im ›Kampf
gegen rechts‹, und in diesem Kampf tanzt auch die politische Mitte ungeniert noch nach linken Pfeifen. Die ehemaligen Avantgardisten der Menschheitsbefreiung sind zu
Feldwebeln der Political Correctness geworden. Sie halten
Ordnung auf dem Appellplatz der demokratischen Zivilge-
sellschaft ... Das politische Klima in Deutschland ist stickig
geworden. Unentwegt verteidigen ideologische Kammerjä-
ger und Gesinnungsgouvernanten Demokratie und Libera-
lität in der Bundesrepublik – ausschließlich gegen ›rechts‹
versteht sich.«

Political Correctness verhindert
die Diskussion

Erst kommt die Meinung,
dann kommt die Moral

Eingestandene Fehler zeugen von Größe. Fehler werden
selten eingestanden.

»Ich habe über viele Jahre als Anhänger der sozial-
liberalen Entspannungspolitik Kollegen für kalte Krieger
und Ewiggestrige gehalten, die eher über prinzipielle De-
fizite als minimale Veränderungen des Honecker-Regimes
berichteten. Mich hat der Neubau des Nicolai-Viertels in
Berlin-Mitte stärker interessiert als der seit langem bekannte Verfall der Mietskasernen am Prenzlauer Berg: Ich habe
mitgeschrieben, mitgemalt am Bild einer DDR, in der es
nach meinem Eindruck eher auf- als abwärts ging. Ich bin
mitgeschwommen im publizistischen ›mainstream‹ meiner
politischen Freunde ... Der Unrechtscharakter der SED-
Herrschaft war mir zwar stets bewußt, aber ich muß selbst-
kritisch einräumen: Ich habe mich weniger mit ihm und
mehr mit Veränderungen an der Oberfläche befaßt. Mit
anderen Worten: Ich habe mich täuschen lassen, und ich
habe auch andere getäuscht.«

Ein beeindruckendes Eingeständnis. Herrmann Meyn,
Vorsitzender des Deutschen Journalistenverbandes, hat mit
dieser Erklärung vor dem Verbandstag 1990 außerordent-
liches Format bewiesen.

Dabei hat Meyn nicht einmal das große Wort geführt.
Einer von vielen ist er gewesen, die das Bild zeichneten,

das sie sich wünschten. Es sollte mit den Anforderungen der deutsch-deutschen Political Correctness übereinstimmen. Die entsprach nicht der Wirklichkeit. Wegsehen für das doppelte Deutschland empfanden viele als Berufung, die für das Hinsehen hätten arbeiten sollen. Die Schönlügner des DDR-Regimes hatten in der westdeutschen Publizistik einige ihrer besten Bundesgenossen. Wer die Lüge eine Lüge nannte, wurde als Revanchist abgestempelt.

Das Eingeständnis »Ich habe mich täuschen lassen, und ich habe auch andere getäuscht« müßten sehr viele machen. Nichts ist von ihnen zu hören. Die Berichterstattung über die DDR ist Vergangenheit. Was für die Tendenz der Berichte aus und über die DDR galt, gilt für alle Themen der Political Correctness, für die Tabus des Denkens, für Sagen und Schreiben.

Was an die Öffentlichkeit gelangt, bestimmen die Medien. Sie machen nicht, sie sind die öffentliche Meinung. Auswahl, Präsentation und Plazierung der Nachrichten beeinflussen, worüber gesprochen und wie etwas beurteilt wird. Daran ändert auch nichts die Unterscheidung zwischen öffentlicher und veröffentlichter Meinung. Wo Öffentlichkeit und Meinungsträgerschaft identisch sind, ist diese Unterscheidung nicht mehr zu machen.

Solange Medien nur Informationen vermitteln, sind Irrtümer leicht zu verkraften. Geirrt haben sich dann immer die anderen, die Verursacher oder Lieferanten der Nachrichten. Haftung bei Irrtum ausgeschlossen. Das ändert sich allerdings, wenn die Medien zu Mitverursachern werden, wenn sie Politik betreiben, wenn nicht die Nachricht, sondern die Meinung ihre Botschaft ist, wenn sie im Wettlauf untereinander Teil der Handlung werden. So wie jene Flotte der Chefredakteure, die vor Mururoa die Flagge der Political Correctness zeigte. Sie machten sich vom Beobachter zum Darsteller. Nach der Seeschlacht um Brent Spar wollten sie den Ruhm des Widerstandes nicht nur beschreiben, sie wollten teilhaben, die Medienstrategen der »Berliner Zeitung«, der »Hamburger Morgenpost«, des »Stern«, des Kölner »Express«, des »Berliner Rundfunks«, von »RTL 2«, »RTL Hessen« und »RTL Nord«, von »Radio Köln« und »FFH«. Das Anzeigenblatt »Blitz-Tip« wollte auch noch die correcte Flagge zeigen, ging aber kurz vor dem Start bereits zu Hause unter und stellte das Erscheinen ein. Das ersparte ihm immerhin, den medialen Untergang der Protestflotte zu erleben. Allerdings konnte es seine Leser auch nicht mehr mit der neudeutschen Kriegsberichterstattung beglücken. Hörer des NDR hatten es besser. Täglich zur Mittagszeit schilderte der Korrespondent des Senders mit erregter Stimme von rauschenden Probefahrten der Greenpeace-Schlauchboote, bis die Schlauchbootträger von den grantigen Galliern geentert wurden. Eine Reality-Show hat mit der Realität nichts zu tun.

Wer mitmischt, haftet auch für den Irrtum.

Das Grundgesetz garantiert die Meinungs- und Pressefreiheit. Der haben die Richter des Verfassungsgerichtes eine »schlechthin konstituierende« Bedeutung zugesprochen. Folglich neigen Richter dazu, im Streitfall die Meinungsfreiheit höher als den Persönlichkeitsschutz zu bewerten. Tatsachenbehauptungen müssen stimmen, anderenfalls droht Strafe. Doch die Gefahr ist gering. Ein kleiner Anteil Meinung in einer angeblichen Tatsachenbehauptung macht sie unangreifbar. Jedenfalls nach gängiger Rechtsprechung. Tatsachenbehauptungen ohne einen Schuß Meinung sind inzwischen so selten wie Papageien am Nordpol. Im Gegenteil, der Anteil der Meinung wächst, je weniger die Nachricht hergibt. Oder je mehr sich um die gleiche Nachricht balgen. Dann ersetzt Meinung die Originalität.

Themen bewußtmachen

Wer die Themen hat, hat das Bewußtsein. Worüber nachgedacht und was gedacht wird, ist bestimmt durch die Veröffentlichung. Je häufiger über ein Ereignis berichtet wird, desto höher steigt dessen Stellenwert. Je prominenter ein Thema plaziert wird, desto größere Aufmerksamkeit wird ihm entgegengebracht. Von einem bestimmten Zeitpunkt an muß das Interesse nicht mehr erzeugt werden, dann ist beim Publikum eine Erwartungshaltung entstanden, die mehr und mehr Nachrichten über das Thema fordert. Fehlen die dazu notwendigen Fakten, werden die alten wieder und wieder neu verquirlt, werden eingesammelte Meinungen statt Informationen präsentiert. Bis das Thema verbraucht ist. Dann verliert es allmählich die vorderen Plätze der Nachrichten, die Übermittler und die Empfänger sind seiner überdrüssig geworden. Auch wenn die Fakten die gleichen geblieben sind.

Im Sahel hungern die Menschen immer noch. Aber wer will es noch wissen? Mehr als ein »Ach, das ist schlimm« löst das nicht aus. Die Schäden in den Wäldern Deutschlands sind anhaltend katastrophal. Ach, immer noch – und kann man dagegen immer noch nichts machen? Die Zahl der Arbeitslosen wird nie mehr sinken, fürchten Fachleute. Ach, das ist schlimm, aber wenn schon die Experten keinen Rat wissen ...

Aufstieg und Fall einer Themenkarriere lassen sich lenken. Wenn es gelingt, Betroffenheit zu erzeugen, katapultieren sich Ereignisse in alle Hirne. Die Versenkung der Tankboje Brent Spar war lange geplant. Hin und wieder war auch darüber berichtet worden. Wenige nahmen es zur Kenntnis. Empörung – worüber? Sorge – warum? Angst – wovor? Das änderte sich nicht einmal schlagartig, als Greenpeace die Shell zu attackieren begann.

Dann plötzlich wurde das Thema erkannt. Es bot alles, was eine gute Geschichte ausmacht: Betroffenheit jedes häuslichen Müllsammlers und jedes Autofahrers, bewegte Bilder und Dramatik auf hoher See, einen halsstarrigen Multi, eine stockkonservative Regierung. Auf der political correct besetzten Plattform der vermeintliche David Greenpeace mit dem Bonus des Schwächeren im ungleichen Kampf gegen Goliath Multi, den Feind des unantastbaren Meeres, der Erde. Applaus! Applaus!

Ein Thema ist um so erfolgreicher, je weniger seine Realität durch eigenen Augenschein überprüft werden kann. Deshalb mickert der deutsche Wald so durch das öffentliche Bewußtsein. Jeder kann am Sonntag unter dürren Wipfeln wandern. Vielleicht ist das Erbarmen mit den Arbeitslosen nicht größer, weil ja doch jeder zumindest einen kennt, bei dem er nicht so genau zu wissen glaubt, ob der wirklich arbeiten will – und eigentlich geht es ihm ja noch ganz gut.

Aufmerksamkeit ist auch eine Frage der Zeit. Wer mag schon immer über das gleiche betroffen sein, abgesehen von einigen Essentialien der Betroffenheit, den unberührbaren Wegmarken. Auch in den Kümmernissen ist Abwechslung gefragt.

Nochmals: Wer die Themen hat, hat das Bewußtsein. Lobbyisten promoten ihre Botschaft über die Medien. Über die Jahre ist ein dichtes Netz entstanden, dessen Maschen geknüpft sind aus Gesinnungsgleichklang, gegenseitiger Förderung, Anhängigkeiten und Konkurrenzneid.

In diesem Netz wirken Profis, die wissen, zu welchem Zeitpunkt ein Thema reif ist, wann ihm die größten Aussichten auf öffentlichen Erfolg sicher sein können. Die gleichen Promoter können Themen dämpfen, aus der öffentlichen Diskussion heraussteuern. Dann herrscht Schweigen. Und dem folgt das Vergessen.

Eine Gesellschaft, die es vorzieht, die Demonstration im Fast-Food-Fernsehen anzusehen, statt selbst zu handeln, überläßt ihre Rechte den Medien. Die sammeln sie wie Banken die Stimmübertragungen vor Hauptversammlungen. Der Rückzug ins Private, mit dem Tele-Auge auf die Welt, konzentriert Macht und Einfluß der Medien. Abschottung und Aufsplitterung der Gesellschaft lockert die Bindungen. Breitgestreuter Wohlstand und soziale Absicherung in nahezu allen Lebenslagen bewirkt das gleiche. Die Gewerkschaften klagen über Mitgliederschwund, und für vierzig Prozent der Deutschen haben sie ausgestritten; den Kirchen laufen die Gläubigen davon, und zweiundsechzig Prozent der Bevölkerung glauben, der Kirche werde bald die letzte Messe gelesen; die Parteien jammern über Austritte. Überall Wechselwähler und Wechselgenießer. Wein von Aldi und Langusten-Pastete vom Feinkost-Italiener. Jeder ein egoistischer Verbraucher, aufgewachsen im Service-Center einer prosperierenden Republik, immer umworben und gefragt, wie das persönliche Wohlbefinden denn noch zu steigern sei.

Die Medien bieten sich als Ersatz für verlorene Bindungen an. Allgegenwärtig, Tag und Nacht, Stunde um Stunde informierend, unterhaltend, helfend, aufklärend – und wenn gewünscht auch noch mit einem Wort zum Sonntag. Zu jeder Zeit verfügbar, zu jeder Zeit sich andienend, geben die Medien die Fragen der Zeit vor, legen sie fest, was einer Information wert ist. Sie denken vor, worüber nachzudenken ist, sie definieren den Alltag.

Wenn die Politik nach der öffentlichen Meinung fragt, fragt sie nach der Reaktion der Medien. Das macht Macht. Von der amerikanischen Botschafterin Wien stammt die Feststellung, die Amerikaner seien wegen des Fernsehsenders CNN nach Somalia gegangen, und wegen CNN hätten sie das Land auch wieder verlassen.

Erst durch die Berichterstattung in den Medien wird das Ereignis zum Ereignis, erhält seine Wertung. Auf gleiche Weise werden Personen zum Ereignis. Gregor Gysi konnte nur zum gefragten Polit-Clown avancieren, weil er als unverzichtbar von einer Talkshow zur anderen hüpfte. Nachfrage erzeugt Nachfrage (ohne daß jemand wirklich nachfragt). So talkte sich Gysi bis zum Überdruß. An ihm wiederholte sich, was vor dem Fall der Mauer die Berichterstattung über die DDR im wesentlichen gekennzeichnet hatte: Nicht das Elend der Leute am Prenzlauer Berg interessierte, sondern das Refugium der sozialistischen Upperclass im Nicolai-Viertel. Nicht die Frauen und Männer der Wende saßen auf den Sofas der Talkshows, dort lümmelte mit genüßlichem Grinsen Gregor Gysi. Und klärte über die Fehler der Bonner Politik auf. Welcher denn sonst?

Wer die Themen hat, hat das Bewußtsein. Wer sich zum Thema macht, gewinnt öffentlich erst Existenz.

Das System der Freunde

Klaus Rainer Röhl ist den langen Weg vom Wortführer im linkslinken Lager und vom Herausgeber der Kampfschrift »Konkret« zum rechten Publizisten gegangen. Er dürfte sich demnach auskennen mit Agitprop. Die aufrührerischen Achtundsechziger, denen er einmal Herz und Stimme gab, klagt er heute an, in den Medien alle widersprechenden Auffassungen kurzzuhalten: »Eine ganze Generation von Studenten macht sich nach dem Ende der Straßenunruhen auf den ›langen und mühevollen Marsch durch die Institutionen‹, das Eindringen in nahezu alle Bereiche des öffentlichen Lebens wird unterstützt durch einen allfälligen Generationswechsel. In fünfundzwanzig Jahren entsteht so kein sozialistisches, aber lückenlos linksliberales Meinungsmonopol in Rundfunk, Fernsehen, Buchverlagen und Printmedien, das in nahezu geschlossener Pressure Group das Umerziehungswerk im Geist des Antifaschismus weiterzuführen sucht.

Dieses System ist noch weitgehend intakt. Es funktioniert nicht nach Art einer Verschwörung oder eines von einem Chefideologen überwachten Propagandaministeriums. Es funktioniert eher wie das Prinzip kommunizierender Röhren, eines fügt sich scheinbar gesetzmäßig ins andere, der Freund stützt den Freund, und eine Hand wäscht die andere. Freilich hat die Freundschaft nicht nur etwas mit Gesinnung zu tun, sondern durchaus auch mit Geld und Einfluß, Posten und Prestige. Abweichungen werden nicht geduldet, Unbequeme isoliert. Lange bevor an amerikanischen Ostküsten-Universitäten der Begriff politically correct geprägt wurde, bestand bei uns ein Zwang zum linksliberalen Wohlverhalten, zur Tabuisierung von Themen und Personengruppen, dessen Einhaltung, wie in den USA, von einer Art Gedankenpolizei überwacht wird und dessen Durchbrechung mit gesellschaftlicher Ächtung und oft auch mit sozialem Bestandsverlust geahndet wird.«

Auswahl und Ausarbeitung der Themen gleichen sich in den Massenmedien. Nicht die Flut der verfügbaren Informationen gelangt an den Mediennutzer, ein Rinnsal ist es. Themen sind Moden unterworfen. Zur gleichen Zeit die gleichen Themen zu haben, sie übereinstimmend zu gewichten und zu bewerten, ist Ehrgeiz in vielen Redaktionen.

Besser kollegialer Gleichklang als Originalität, die weder vom Leser noch vom Kollegen verstanden wird. Journalisten achten sehr genau darauf, wie ihre Arbeit von Kollegen beurteilt wird. Sie halten Kritik vom Kollegen für kompetenter als jede Anmerkung des Publikums. Den Lesern, Hörern oder Zuschauern wird prinzipiell Ahnungslosigkeit unterstellt.

Loben darf einen Journalisten jeder. Wer lobt, zeigt, daß er verstanden hat. Anerkennung wird etwas geziert, aber doch dankbar angenommen. Das Lob des Kollegen zählt jedoch doppelt. Tadeln darf den Journalisten nur der Kollege. Er allein weiß, wovon er spricht.

Die Gefahr, sich außerhalb des journalistisch correcten Mainstreams zu bewegen, ist begrenzt. Jeder Redakteur weiß, was er zu lesen hat. Die Hierarchie der journalistischen Leitmedien baut sich so auf: »Der Spiegel« steht unangefochten an erster Stelle, auf den nächsten Plätzen die »Süddeutsche Zeitung« und der »Stern«. Ziemlich gleichauf in der Hitparade der Meinungsmacher folgen die »Frankfurter Allgemeine Zeitung« und »Die Zeit«, dann »Focus«, »Die Welt« und die »tageszeitung« (taz).

Die politische Richtung, die sich aus dieser Lektüre erkennen läßt, entspricht etwa auch der politischen Einstellung, zu der sich Journalisten gemeinhin bekennen. Liberal oder eher noch »linksliberal« ist zwar die häufigste Angabe, die auf die Frage nach der politischen Einstellung gegeben wird, aber bei genauerem Nachfragen benennen über fünfzig Prozent ihre Weltsicht als »linksliberal«, »sozialdemokratisch«, »grün-alternativ« oder »sozialistisch«. Ansichten, die sich unter »konservativ«, »christdemokratisch« oder »rechtsliberal« zusammenfassen lassen, vertreten fünfzehn Prozent.

Individualismus und Eigenständigkeit sind von Journalisten hoch eingestufte Eigenschaften. Jeder behauptet, er pflege sie und erwarte sie von anderen. Warum dann aber tagtäglich diese konzertierte Aktion der Medien, dieser Gleichklang auf den Kanälen und den Zeitungsseiten?

Weil die Mehrheit sich bemüht, die kollegiale Eintracht nicht zu stören.

Wer aus dem Ruder läuft und den Grundkanon nicht beachtet, manövriert sich ins Abseits. Nicht die Chefredakteure sind die Aufpasser. Sie liefen gegen Wände, verlangten sie etwas gegen den nirgendwo festgelegten Kanon. Der Vorwurf der Manipulation wäre ihnen gewiß. Oder auch der der unterdrückten Meinungsfreiheit.

Dabei scheint den wenigsten aufzufallen, daß diese Freiheit eine verdächtige Meinungseinheit hervorbringt. Die gilt als so unbedingt gut, daß jede Abweichung sofortige Ächtung zur Folge hat.

Wenn Bilder und Informationen einmal nicht den cor-

recten Erwartungen entsprechen, wird gelegentlich nach-
geholfen. Dann wird so lange zielgerichtet gefragt, bis aus
einem Brandanschlag ein ausländerfeindlicher Brandanschlag wird; da wird ein Demonstrationstrüpplein von
zwanzig Leuten so gefilmt, als marschiere der geballte
Volkszorn auf; da werden O-Töne bei Straßenumfragen so
lange geschnitten, bis nur noch Schwachsinnige zu antworten scheinen.

Unter Beobachtung

Wer behauptet, dieser Staat sei auf dem rechten Auge blind,
redet böswillig (sehr wahrscheinlich) oder weiß es nicht
besser (auch sehr wahrscheinlich, denn wer immer nur in
eine Richtung blickt, weiß nicht mehr, daß erst Rundum-
sicht ein vollständiges Bild ergibt). Gemessen am Umfang
der veröffentlichten Nachrichten scheint dieser Staat rechts
als bevorzugte Blickrichtung entdeckt zu haben. Und mit
ihm die Medien. Das ist berechtigt, wenn sich dort mehr tut
als am linken Rand. Bedenklich wird der rechtsgewendete
Schielblick allerdings, wenn er nur noch dort etwas wahrnimmt.

Die Auflage der in Potsdam erscheinenden Wochenzeitung »Junge Freiheit« ist zwar nur so hoch wie die eines
Lokalblattes, gleichwohl zieht sie einiges Interesse auf sich.
Die »Junge Freiheit« schreibt rechts. Aufmüpfig möchte sie
sein, frech, provozierend wie die »taz«. Aber kann eine
rechte Wochenzeitung das überhaupt?

Für das Blatt schrieben auch die Mitherausgeberin des
»Rheinischen Merkur«, Christa Meves, und Heinrich Lummer. Kritisch bemerken Tugendwächter den Auftritt »zahlreicher Anhänger der Christenparteien – vom Sozialphilo-
sophen Günter Rohrmoser über den Kanzlerintimus Pater
Basilius Streithofen bis zum Bonner Innenstaatssekretär
Eduard Litner und Baden-Württembergs Finanzminister

71

Gerhard Mayer-Vorfelder« (»Spiegel«). Da sind sie entlarvt und dingfest gemacht. Andere, weniger prominente Autoren werden regelrecht geoutet. Die selbsternannten Zensoren teilen die Ergebnisse ihrer Fahndungsarbeit anderen – ihnen unverdächtigen – Redaktionen mit, für die der Autor ebenfalls tätig ist. Verbunden wird das mit dem warnenden Hinweis, man wolle sich doch wohl nicht einer Liaison mit den Rechten und ihrer Grauzone verdächtig machen oder als Scharnier für die Grauzone des nationalen Konservatismus dienen. Solch dezenter Hinweis wird meist verstanden. Auch ein Gespräch mit der »Jungen Freiheit« läßt Übles ahnen. Sage, von dem du dich befragen läßt, und ich sage dir, wer du bist? Süffisant bemerkt der »Spiegel«, »CSU-Rechtsaußen Peter Gauweiler ist ein beliebter Interviewpartner der JF-Redakteure«. Damit weiß dann ein jeder Political Correcte, welcher Ungeist durch diese Redaktionsräume wabert.

Der nordrhein-westfälische Verfassungsschutz sah Veranlassung, das Blatt mit nachrichtendienstlichen Mitteln beobachten zu lassen. Auf dreißig Seiten einer »kommentierten Fundstellendokumentation« hatten die Verfassungsschützer »tatsächliche Anhaltspunkte für den Verdacht rechtsextremistischer Bestrebungen in der Wochenzeitschrift ›Junge Freiheit‹« aufgelistet. Der Innenminister machte die Beobachtung publik. Bei so viel correcter Pflichterfüllung mochten andere Verfassungsschützer nicht hinter ihren Düsseldorfer Kollegen zurückstehen. Auch bei ihnen, so wurde allenthalben versichert, gehöre das Blatt zur Pflichtlektüre. Mehr allerdings nicht. NRW steckte im Wahlkampf. Da ist schwereres Geschütz angesagt. Übervorsichtigkeit auf dem rechten Auge hat noch keinem Political Correcten geschadet. Mit Befriedigung wurde der Pflichteifer überall dort vermerkt, wo es Nachrichten gibt. Fortan wurde jede Notiz über die »Junge Freiheit« mit dem Zusatz garniert, sie werde vom Verfassungsschutz NRW nachrichtendienstlich beobachtet. Der Rückzieher war dann mit der Lupe zu suchen (De-

mentis haben die Kleinwüchsigkeit als Geburtsfehler). Die
»Junge Freiheit« hatte gegen die Observierung geklagt und
traf vor Gericht auf ahnungslose Anwälte. Beobachtung
durch den Verfassungsschutz? Nichts als eine Presseente
sei das. Die abzuschießen hatte sich allerdings niemand
bemüßigt gefühlt, bis man sich vor dem Richter traf. Dort
stellten sich die Verfassungsschützer vollkommen ahnungs-
los. Vor dem Verwaltungsgericht Düsseldorf beantragten
die Anwälte des Landes Nordrhein-Westfalen, die Klage
als gegenstandslos zurückzuweisen. Niemand habe die
Zeitung beobachtet. Jedenfalls niemand vom Verfassungsschutz Nordrhein-Westfalen. Nur ausgewertet habe man
sie. Zu mehr gebe die zusammengestellte Dokumentation
keinen Anlaß. Alles andere seien »unzutreffende Meldun-
gen« der Presse.

Wie hatte der »Spiegel« noch zwei Wochen zuvor berichtet? Das Bundesamt für Verfassungsschutz teile die Einschätzung der NRW-Kollegen, zögere aber, offenbar aus
Furcht vor Ärger mit der Union. Warum, wenn doch die
Kollegen in Düsseldorf das Blatt nur lasen und auswerteten?

Im Dezember 1994 hatte der Verfassungsschutz NRW
sein Dossier über die »rechtsextremistischen Bestrebungen«
des Blattes zusammengestellt, im Dezember zerstörten drei
antifaschistische Brandsätze große Teile der Druckerei. Wen
regte der Terror gegen rechts auf? Nur wenige nahmen ihn
überhaupt zur Kenntnis. Daniel Cohn-Bendit, Abgeordne-
ter der Grünen in Frankfurt und Legende der Achtundsechziger, fand öffentlich kritische Worte. Peter Gauweiler, des
Blattes »beliebter Interviewpartner«, ebenfalls. Was wäre
wohl gewesen, ärgerte der CSU-Mann sich über das Schweigen im Blätterwald, wenn Rechtsradikale den gleichen Anschlag auf die »taz« verübt hätten? »Der öffentlich erklärten
Betroffenheiten wäre bis hinauf in das Präsidium des Bundestages kein Ende gewesen, und die ›Wut und Trauer‹-
Rhetoriker hätten eine Sonderschicht einlegen müssen.«

Irrtum ausgeschlossen

Political Correctness ist keine Erfindung der Medien. Aber das glattgebügelte Denken fand willige Aufnahme in den Redaktionen. Und erstickt dort im Namen des Guten alles, was anders ist. Was viele für richtig halten, kann schließlich nicht falsch sein.

Sprachregelung wirkt auch dann, wenn sie nicht so heißt. Das System der freiwilligen Selbstkontrolle der Medien funktioniert als geschlossener Kreislauf. Die political correcte Schere im Kopf klappert emsig. Sie anzusetzen gebietet der Selbstschutz. Oder doch zumindest das Harmoniebedürfnis.

Correctes Denken produziert nicht zwangsläufig richtige Ergebnisse. Auch wer Gutes will, macht Fehler. Die Öffentlichkeit der Massenmedien produziert kollektive Fehler. Der Irrtum erhält durch die Masse Stabilität. Denn: Alle können sich nicht irren.

Kollektive Verfolgung Andersdenkender ist keine Erfindung dieser Zeit. Die Wohlmeinenden wollen stets nur das Gute, Irrtum ausgeschlossen: bei der Inquisition, im Hexenwahn.

Irrtümer werden erst erkannt, wenn sie gewesen sind.

Den kollektiven Irrtum schließen am beharrlichsten diejenigen aus, die in ihn verstrickt sind.

Irrtum war ausgeschlossen über die Umstände des Todes von Uwe Barschel.

Medien gaben die Antworten, ehe sie Fragen stellten.

Irrtum war ausgeschlossen bei der Verfolgung des Abweichlers Steffen Heitmann.

Medien fragten, weil sie die Antworten kannten.

Beide Medienskandale waren beispielhafte Skandale der Political Correctness.

»Das Regime der telekratischen Öffentlichkeit«, klagt Botho Strauß in seinem Essay »Anschwellender Bocksgesang«, »ist die unblutigste Gewaltherrschaft und zugleich der umfassendste Totalitarismus der Geschichte. Es braucht keine Köpfe rollen zu lassen, es macht sie überflüssig. Es kennt keine Untertanen und keine Feinde. Es kennt nur Mitwirkende, Systemkonforme. Folglich merkt niemand mehr, daß die Macht des Einverständnisses ihn mißbraucht, ausbeutet, bis zur Menschenunkenntlichkeit verstümmelt.«

Political Correctness unterscheidet nicht zwischen wahr und falsch, sondern zwischen gut und böse

Die Hinrichtung des Uwe Barschel

Im Oktober 1987 starb im Zimmer 317 des Genfer Hotels »Beau-Rivage« der ehemalige Ministerpräsident von Schleswig-Holstein, Uwe Barschel. In diesem Satz sind alle Gewißheiten über den Tod des Uwe Barschel enthalten. Alles andere ist gegenwärtig noch Spekulation und Vermutung. Nicht einmal über den Tag des Todes herrscht Einmütigkeit. Die Polizei in Genf gibt den 11. Oktober an. Barschels Witwe ließ auf den Grabstein auf dem Möllner Friedhof den 10. Oktober 1987 als Todestag setzen.

»Wahrscheinliche Todesursache: Selbstmord, Verdacht. In der Badewanne völlig bekleidet auf dem Rücken liegend, rechtes Handgelenk mit einem Handtuch umwickelt, aufgefunden.« (Bericht der Polizei in Genf am 11. Oktober 1987)

»Während die schweizerische Polizei Ende vergangener Woche von einem Freitod Uwe Barschels ausging, propagiert die Familie des ehemaligen schleswig-holsteinischen Ministerpräsidenten weiterhin abenteuerliche Komplott-Theorien ... Doch alle Mordtheorien haben denselben Mangel: Sie basieren lediglich auf Vermutungen und Behauptungen.« (»Der Spiegel« im Oktober 1987)

»Mord ist die einzige Version, die wir uns vorstellen können.« (Die Witwe Freya und der Bruder Eike Barschel auf einer gemeinsamen Pressekonferenz nach dem Tod Uwe Barschels in Genf.)

»Das Ableben von Herrn Uwe Barschel (ist eindeutig) auf eine schwere Medikamentenvergiftung zurückzuführen, hervorgerufen durch die massive Einnahme von Cyclobarbital … Die Untersuchung hat auch keine Erkenntnisse erbracht, nach denen ein Eingreifen Außenstehender bei den Vorgängen hätte festgestellt werden können, die zum Tode geführt haben.« (Aus dem Abschlußbericht der Genfer Untersuchungsrichterin Claude-Nicole Nardin, zwei Jahre nach dem Tod Uwe Barschels)

»Ich bleibe dabei: Es war Mord. Das glaubt die gesamte Familie. Es kann gar nicht anders sein.« (Freya Barschel im Oktober 1989 nach Bekanntgabe des Genfer Abschlußberichts)

»Mein Bruder ist als Politiker ermordet worden, nicht als Privatmann. Das heißt: Es war ein politischer Mord. Dem muß endlich nachgegangen werden, schließlich geht es nicht nur um das Ansehen meines Bruders, sondern auch um das Ansehen der Bundesrepublik. Ich verlange, daß allen Spuren nachgegangen wird. Dazu zählen Stasi, andere Geheimdienste, der dubiose Privatdetektiv Werner Mauss, natürlich Reiner Pfeiffer, aber auch politische Geschäfte in Kiel.« (Eike Barschel 1995 im Gespräch mit dem »Stern«)

Genaugenommen hat Eike Barschel vom ersten Tag an nichts anderes gesagt. Genaugenommen haben sich auch die Fakten seit damals nicht wesentlich verändert. Genaugenommen gar nicht. Was heute über den Tod des Uwe Barschel bekannt ist, sind Fakten von gestern.

Trotzdem: Jetzt beginnen die Ermittler hinzuhören, wenn Eike Barschel von Mord an seinem Bruder spricht. Jetzt beginnt man jene Fakten zur Kenntnis zu nehmen, die bereits vor acht Jahren bekannt waren. Aber inzwischen zerfiel die scharfe Trennlinie zwischen den Kontrahenten auf der politischen Bühne von damals, der Lichtgestalt (Björn Engholm) und dem Schurken (Uwe Barschel). Nichts blieb so rein, nichts blieb so finster.

Ohne die Beharrlichkeit einiger weniger würden die heute gestellten Fragen nicht erhoben. Dabei hätten sie schon 1987 gestellt werden müssen. Aber damals wurden sie beiseite gedrängt. Sie paßten nicht in die Zeit. Wer nach Motiven des Todes fragte, galt als Ignorant eines Politskandals. Wer nach den Umständen des Todes fragte, galt als Ignorant des Naheliegenden. Keinesfalls aber als jemand auf der Suche nach der Wahrheit. Wozu denn auch? Lag die Wahrheit nicht auf der Hand? Nur Unbelehrbare konnten sie anzweifeln. Die zurechtgebogenen Fakten paßten verblüffend in das gängige Meinungsbild. Sofern sie sich noch nicht einfügten, wurden sie kurzerhand passend gemacht.

Mord hätte nicht gepaßt. Ein ermordeter Uwe Barschel wäre ein Opfer – von was auch immer – gewesen. Er, den man doch gerade als Täter dingfest gemacht hatte. Barschel durfte allenfalls ein Opfer seiner selbst sein. Der Selbstmord war das Schuldeingeständnis, war Zeichen für die Richtigkeit all der Anschuldigungen, die gegen ihn erhoben wurden. Und möglicherweise noch sehr viel mehr. Niemand sprach das aus, jeder wartete voller Gewißheit auf die nächste Enthüllung.

Ein Täter kann sich selbst richten, bleibt aber ein Täter.

Ein Mordopfer ist ein Opfer.

Barschel durfte kein Opfer sein.

Der schlichte Kontrast zwischen schwarz und weiß, böse und gut, schlecht und recht treibt jeden Groschenroman voran. Ein Intellektueller, wer das erkennt.

So einfach ist das Leben nicht. Gelegentlich jedoch erliegen auch die Klugen von Schwafelland dem Charme der schlichten Gegensätze. Dann kennen auch Redaktionen nur noch schlecht und recht, Finsterling und Lichtgestalt.

Die Botschaft des Bildes ...

Am 12. September 1987, einen Tag vor der Landtagswahl in Schleswig-Holstein, schoben sich um fünfzehn Uhr aus den Fax-Geräten von Nachrichtenredaktionen in der Bundesrepublik Deutschland zehn Seiten. Absender: »Der Spiegel«.

Das Nachrichtenmagazin feuerte in die Stille des bereits beendeten Wahlkampfes den finalen Schuß. Es bediente sich dabei anderer Redaktionen. In aller Unschuld, wie Rudolf Augstein später in einer wortreichen Erklärung weismachen wollte: »Der SPIEGEL mußte annehmen, daß sein Bericht, gedruckt am Sonnabend, von den Medien erst nach Schließung der Wahllokale am Sonntag zur Kenntnis genommen würde.« Er wußte eben nichts von der Praxis des »Spiegel«, durch Vorabexemplare und -informationen an die Medien Appetithappen für die nächste Ausgabe auszustreuen. Er hatte noch nicht zur Kenntnis genommen, daß sich die Medien an den nachrichtenarmen Wochenenden ohne Prüfung selbst auf den dürrsten Knochen stürzen, den ihnen der »Spiegel« vorwirft.

»Watergate in Kiel – Barschels schmutzige Tricks« titelte das Magazin. Um keinen Zweifel an der Ernsthaftigkeit der Story aufkommen zu lassen, begann der Bericht: »An Eides Statt versicherte einer der engsten Mitarbeiter des Kieler Ministerpräsidenten Uwe Barschel ...« Vier Wochen später war Uwe Barschel tot. Reporter des »Stern« fanden ihn in der Badewanne des Zimmers 317 des Hotels »Beau-Rivage«. Der Fund sei das Ergebnis einer »ganz normalen Recherche« gewesen, versicherte der »Stern«, als er am 15. Oktober das Foto des tot in der Badewanne liegenden Uwe Barschel veröffentlichte. Und scheinheilig stellte er neben dem Foto die Frage: »Darf man solche Fotos drucken? Es ist nicht so, daß der STERN sich diese Frage nicht immer wieder gestellt hätte.«

Die Antwort der von Skrupeln geplagten Redakteure war die Veröffentlichung des Fotos. Die Redakteure versuchten mit dem ganzen Pathos des hohlen Wortes zu begründen, warum sie so entschieden hatten: »Die Umstände seines (Barschels) Todes sind nicht restlos aufgeklärt. STERN-Reporter – das ist inzwischen überall bekannt geworden – fanden den Toten. Würden der Spekulation nicht alle Tore geöffnet, wenn der STERN ein solches Foto unterdrückte? Und was unterscheidet den Toten Barschel von den Toten der Bombennächte, der Flugzeugabstürze und Eisenbahnunglücke, die man in jeder Zeitung findet? Seine Prominenz? Durfte man dann den erschossenen Kennedy in Dallas oder Adenauer auf dem Totenbett abbilden?

Das Foto des toten Barschel vermittelt noch eine Botschaft, die nicht überhört werden sollte: So weit kommt es, wenn politisch Andersdenkende zu Feinden gemacht werden. Mit Gegnern kann man argumentieren, Feinde kann man nur vernichten, so meint man, weil sie einen sonst selbst vernichten.

Das Bild des toten Barschel ist mehr als ein Dokument der Zeitgeschichte. Es ist ein Menetekel, daß die Menschen künftig anders miteinander umgehen müssen, auch wenn sie politische Gegner sind.«

So klingt es, wenn scheinheilige Moralapostel den Zeigefinger heben. Wortwahl und Argumente entlarven das schlechte Gewissen. Zugleich wurde der Schuldige dingfest gemacht: Uwe Barschel. Zwar zierte sich der »Stern« in dieser Ausgabe noch, den Selbstmord zu favorisieren, aber die Tendenz wurde vorgegeben.

Und es wurden die Konturen des Bildes skizziert, das von da an immer gröber nachgezeichnet wurde: Der Mann, der aus blindem Ehrgeiz Gegner zu Feinden machte und sich dabei selbst ins Verderben manövrierte, entzog sich der Schande durch Selbstmord. Weil aber eine solche Selbsttötung wider seine Ehre gewesen wäre, legte er zuvor falsche Spuren. Sie sollten den Verdacht stärken, ein Mord wäre geschehen. Aber dieser letzte Täuschungsversuch mißlingt. Niemand, der alle fünf Sinne beisammen hat, fällt auf die hinterlassenen Aufzeichnungen herein, in denen von einem mysteriösen Informanten namens Roloff die Rede ist – und der doch niemals aufzufinden ist. Die Verpackung der Tabletten, die Barschel in selbstmörderischer Absicht schluckte, die hat er zum Zwecke der Täuschung durch die Toilette gespült. Die Zimmertür ließ er geöffnet, damit jeder glaube, der Mörder hätte diesen Weg genommen. Warum eine auf das Zimmer gebrachte Rotweinflasche fehlte und in der Minibar ein Fläschchen Whiskey, das war leider nicht zu klären. Auch nicht, woher ein in dem Zimmer gefundener Knopf stammt, der nicht an Barschels Kleidung fehlte. Aber war das denn so wichtig? Schließlich wurden nahezu täglich neue Verfehlungen des ehemaligen Ministerpräsidenten bekannt. Dem Mann war schließlich gar nichts mehr geblieben als die Flucht in den Tod. Als schließlich noch die auffallende Übereinstimmung mit der Anleitung der »Deutschen Gesellschaft für humanes Sterben« zum Freitod entdeckt wurde, war die Angelegenheit vollends klar: Barschel hatte sich nach der »kombinierten Methode 1: Schlafmittel und Wasser« umgebracht.

Das war die gängige Darstellung. Auf jede Frage gab es eine auf der Hand liegende Antwort. Falls sich die Antwort nicht sogleich finden ließ, wurde die Frage für überflüssig, nebensächlich oder nicht statthaft erklärt. Es war die Zeit der Amateurdetektive, der unwissenden Aufklärer, der scharfsichtigen Blinden. »Stern« und »Spiegel« ließen an der Selbstmordtheorie keinen Zweifel. Sie war Fakt, nicht eine von drei Möglichkeiten. Wahr ist, was political correct ist. Nur was political correct ist, kann wahr sein. Zweiflern begegnete man nicht mit Argumenten, sondern stellte die Person des Zweiflers in Frage. Die Einwände der Familie Uwe Barschels, die unbeirrt die Überzeugung vertrat, er sei umgebracht worden, wurden als Schutzbehauptungen abgetan.

Die Wahrheit ist nicht verdreht worden. Was nicht vorhanden ist, kann nicht verdreht werden. Die Wahrheit ist nicht gesucht worden. Die lückenhaften Erkenntnisse der Ermittler genügten den Ansprüchen der Zeit, die ohnehin schon alles wußte. Nicht die schlampig geführte Untersuchung in Genf wurde gerügt, sondern ihre Dauer. Man hatte es eilig, bestätigt zu werden. Mehr als Bestätigung der längst festen Überzeugung war nicht zu erwarten. Als der Untersuchungsbericht dann vorlag, war er so, wie es jeder Correcte schon immer gewußt hatte. Nichts muß in solchen Situationen verabredet werden, nichts festgestellt. Die Sprachregelung der Medien war eindeutig. Die Justiz ermittelte ohne Interesse und mit deutlich spürbarem Widerwillen.

Die Politiker in Kiel ermittelten voller empfundener und aufgesetzter Empörung. Niemand fand etwas dabei, einen Pfeiffer als Kronzeugen auftreten zu lassen, jenen Mann, der später von einem Gericht als Zeuge wegen Unglaubwürdigkeit abgelehnt wurde und der heute verdächtigt wird, nicht nur Handlanger, sondern Initiator der üblen Machenschaften gewesen zu sein. Barschels ehemalige Parteifreunde suchten entweder mit besonderer Bravour auf dem vorgegebenen Weg nach den Hintergründen der »schmutzigen Tricks« oder gar nicht.

Der Kieler Untersuchungsausschuß in Sachen Barschel veröffentlichte am 5. Februar 1988 abschließend auf vierhundertneunundachtzig Seiten das Ergebnis seiner Schuldsuche: »Es muß festgestellt werden, daß die Betroffenen Barschel und Pfeiffer die in Rede stehenden Aktionen gemeinschaftlich handelnd durchgeführt haben. Nach den gewonnenen Erkenntnissen ist davon auszugehen, daß den einzelnen Aktivitäten ein Gesamtkonzept zugrunde lag ... Festzustellen ist aber, daß der höchste Repräsentant des Landes Schleswig-Holstein, der Betroffene Dr. Barschel, sein Amt mißbraucht und demokratische Regeln zum Ziele des Machterhalts mißachtet hat ... Bei allen diesen Aktionen haben sich die Betroffenen Verfehlungen derart zuschulden kommen lassen, daß sie dienstliches Wissen, dienstliche Sachmittel und die Arbeitskraft von Landesbediensteten dazu benutzt haben, den Oppositionsführer Engholm zu diffamieren. Dieses Verhalten ist durch nichts zu entschuldigen. Das Handeln des Betroffenen Barschel gegenüber dem Oppositionsführer Engholm und gegenüber konkurrierenden Parteien war offenbar von dem einzigen Ziel beseelt, Macht zu erhalten, auf welchem Wege auch immer.«

Wie hatte der »Stern« noch nicht einmal ein halbes Jahr zuvor an den Rand des Fotos des toten Uwe Barschel geschrieben?: »So weit kann es kommen, wenn politisch Andersdenkende zu Feinden gemacht werden.«

Das war die Behauptung. Die Begründung folgte ihr.

Wer die schnellen Antworten und Ergebnisse des ersten Untersuchungsausschusses anzweifelte, wer ersten aufkommenden Fragen nach der Rolle der SPD nachgehen wollte, wurde mit der Ermahnung, niemand dürfe Täter und Opfer verwechseln, ins moralische Abseits gestellt. Der political correcte Zeigefinger der Entrüster verfehlte seine Wirkung nicht.

Bücher, die den Fall im gängigen Klischee behandelten, wurden viel und meist positiv besprochen. Darstellungen, die nicht der gängigen Sicht entsprachen, wurden entweder gar nicht zur Kenntnis genommen oder hämisch zerpflückt.

Ende einer Legende

Erst seit auch Lichtgestalten Schatten werfen, seit der schleswig-holsteinische Sozialminister Günter Jansen die Schublade aufzog, um Reiner Pfeiffer zweimal zwanzigtausend Mark in die Taschen stopfen zu lassen, wird anders gefragt. Seitdem wird nicht mehr jeder Zweifel am Freitod ungeprüft als wilde Spekulation oder Beitrag zur Legendenbildung abgetan.

Dennoch: Als 1994 ein von der Familie Barschel in Auftrag gegebenes neues Gutachten zu dem Schluß kam, Barschel könne sich nicht selbst getötet haben, ließ die zuständige Lübecker Staatsanwaltschaft erst einmal das Gutachten von einem Gutachter prüfen. Ergebnis des Kontrollgutachtens: Die Schlußfolgerung sei »sehr unwahrscheinlich«.

Ein Vierteljahr später sah die Lübecker Staatsanwaltschaft »zureichende tatsächliche Anhaltspunkte für ein Fremdverschulden«.

Ein weiteres Vierteljahr später klang das noch deutlicher. Es spreche »insgesamt gesehen mehr für Mord als für Selbstmord«, erklärte der Leitende Oberstaatsanwalt Heinrich Wille in Lübeck. Gegenüber dem WDR sagte er: »Es gibt noch sehr viel aufzuklären. Es geht um Geld, um sehr viel Geld. Und es geht um sehr handfeste Interessen.«

Endgültig ist es vorbei mit der einheitlichen Sprachregelung. Nach sieben verschenkten Jahren mußten auch die Anhänger der bequemen Vermutung die neuen Sachverhalte zur Kenntnis nehmen. »Die Lübecker Staatsanwaltschaft läßt seriös werden, was lange als haltlose Spekulation galt«, überschrieb die »Süddeutsche Zeitung« ihren Bericht. Das krampft ebenso wie die knirschende Frage anderer Blätter, ob denn nun die ganze Geschichte umgeschrieben werden müsse.

Etliches spricht dafür. Inzwischen hält auch der Toxikologe Ludwig von Meyer vom Münchner Institut für Rechtsmedizin es nicht mehr für ausgeschlossen, daß Uwe Barschel bereits bewußtlos war, als ihm jene Medikamente eingeflößt wurden, die zum Tod führten. Damit bestätigte er den Zürcher Toxikologen Hans Brandenberger, dessen frühere Schlußfolgerungen er zuvor bestritten hatte. Wenn ein Wissenschaftler eingesteht, sich geirrt zu haben, müssen die Fakten zwingend sein. Acht Jahre nach dem Tod des Politikers war Mord wahrscheinlicher als Selbstmord geworden. Die eilig gelegten Fährten der Schuld hatten auf einem Trampelpfad in die Irre geführt. So lange hat es gedauert, bis das einfältige Bild von schlecht und recht zerfiel.

Während es kriminologisch dämmerte, förderte auch der nächste Post-Barschel-Ausschuß, der Schubladenausschuß, gänzlich andere Dinge zutage als der erste Untersuchungsausschuß. »Was wäre nun, wenn der Dämon (Barschel) selbst ein Opfer war?« fragte die »Zeit«.

Eine berechtigte Frage. Aber so leicht ist das einmal aufgebaute Bild nicht auszuheben.

Der »Stern« führte zu Beginn des Jahres 1995 ein Interview mit Eike Barschel. Eine Feststellung Barschels und die anschließend gestellte Frage der »Stern«-Redakteure verdeutlichen den schweren Abschied:

»Barschel: Mein Bruder ist Opfer dieser Intrige (Pfeiffers) geworden, und damit entfällt das immer genannte Motiv für einen Selbstmord.

Stern: Aber hat sich Uwe Barschel nicht allein schon dadurch moralisch und politisch diskreditiert, daß er, zum Beispiel was sein Wissen um die anonyme Steueranzeige gegen Engholm angeht, die Unwahrheit gesagt hat und daß er Mitarbeiter zu falschen eidesstattlichen Versicherungen genötigt hat?«

Die Suche nach der Ausflucht ist in jedem Wort spürbar. Etwas muß doch zu retten sein von den falsch gelegten Fährten. Wenn die vorgebliche Tat nicht mehr als Motiv für einen Selbstmord taugt, dann vielleicht die falsch geführte Verteidigung gegen die Vorwürfe?

Der »Spiegel« führte im April 1995 ein Gespräch mit dem Vize-Vorsitzenden des Schubladenausschusses, Bernd Buchholz, über die Beweislage in der Barschel-Affäre. Zu dem Zeitpunkt konnte niemand mehr ausschließen, daß der »Dämon selbst ein Opfer« war. Die Demontage des

Kronzeugen Pfeiffer war abgeschlossen. Aber so rasch gab der »Spiegel« seinen besten Zeugen, jenen, der »an Eides Statt« erklärt hatte, nicht verloren. Wiederbelebungsversuche des ausgezählten Zeugen statt Fragen an Buchholz ziehen sich durch das gesamte Gespräch. Das klingt dann so:

»Spiegel: Sie (Buchholz) glauben, Pfeiffer überführen zu können, weil er den Sinn der Papiere (Notizen zur Steueranzeige gegen Engholm, d. A.) nicht erklären kann. Vielleicht hat er nur auf Anweisung etwas ausgeführt, was er selbst nicht begriffen hat.«

»Spiegel: Wäre er (Pfeiffer) der Lügner, als den Sie (Buchholz) ihn sehen, würde er sich geschmeidig den jeweiligen Gegebenheiten anpassen.«

»Spiegel: Gewiß sind Zweifel an den Abläufen inzwischen gewachsen. Aber deshalb muß ja nun nicht das genaue Gegenteil dessen richtig sein, was der erste Untersuchungsausschuß ermittelt hatte.«

Sicher nicht. Aber wesentliche Teile. Darüber entbrannte unter den schleswig-holsteinischen Sozialdemokraten ein wütender Krach zwischen »Aufklärern« und »Vertuschern«. Die Vertuscher standen mit den Ereignissen von 1987 alle in irgendeiner Weise in Verbindung oder gehörten doch zu deren Parteigängern. Sie dachten mit Schrecken an die bevorstehende Landtagswahl und versuchten vom Strafgericht des ersten Untersuchungsausschusses zu retten, was zu retten war. Politisches Kalkül kommt vor Wahrheit.

Die »Aufklärer« wollten in diesem Dickicht von Lügen, Halbwahrheiten und abermaligen Lügen endlich aufräumen, um wieder frei atmen zu können. Die »Süddeutsche Zeitung« deutete das im Juni 1995 noch so:

»Die ›Aufklärer‹ in der SPD … scheinen sich in ihrer eigenen Rolle gefangen zu haben und lassen Aufklärung um jeden Preis zu. Dabei geht es im Schubladenausschuß nicht um schwere Kriminalität, sondern allenfalls um die Erkenntnis, daß Barschel etwas weniger böse, Engholm etwas weniger gut war, als man 1987 vermuten konnte.«

So simpel ist das, wenn sich herausstellt, daß für die Anstiftung zu keinem der untergeschobenen »üblen Tricks« auch nur ein Zipfelchen eines Nachweises zu erkennen ist? Wenn nach Abschluß des zweiten Untersuchungsausschusses nur noch die »politische Verantwortung« als Vorwurf bleibt?

Warum wurde Uwe Barschel dann political correct hingerichtet?

PS: Political correct war dem NDR offenbar solche Aufarbeitung des Falles Barschels, nachdem das Ergebnis des Untersuchungsausschusses vorlag: In einer vorgeblich humoristischen Sendung rezitierte ein Imitator mit der Stimme Björn Engholms ein längeres Gedicht, dessen Strophen endeten mit dem Refrain: »Der Barschel wollte mir ans Arschel.« Und mit der Stimme Gerhard Stoltenbergs reimte er: »Wer schuld ist an der nächsten Panne, läßt schon mal das Wasser in die Wanne.«
Gesendet am 2. November 1995. Wer sagt denn, Political Correctness kenne keinen Humor! Im Gegenteil. Sie gibt auch vor, wann gelacht werden muß.

Political Correctness ist Terror im Namen der Tugend

Des Kanzlers Kandidat und Nasenbär

»Wir sind ungeteilt dankbar für die grundgesetzlich gewährleistete Meinungsfreiheit. Aber wir spüren auch besonders die Kehrseite dieses Freiheitsrechts. Sie funktioniert nur angemessen, wenn ein Minimum an Anstand und Schamgefühl noch Allgemeingut ist und wenn Vielfalt der Meinungen in den Medien nicht in Frage gestellt wird. Dabei kommt es nicht auf die Zahl der Zeitungen und Fernsehsender an – da gibt es genug –, sondern auf die Toleranz innerhalb und zwischen den Medien.

Aber da haben wir erstaunliche Erfahrungen gemacht: Im Kampf gegen bestimmte Personen des öffentlichen Interesses benutzen manche Medien die gleichen Methoden der Diffamierung wie die Staatssicherheit, nur geschieht das nicht konspirativ, sondern öffentlich, und rechtsstaatlich wirksame Mittel, sich dagegen zu wehren, sind so gut wie nicht vorhanden. Und manche Dinge darf man auch im meinungsfreien Gemeinwesen ungestraft nicht sagen. Auch das erinnert mich an Erlebnisse in der DDR. Seinerzeit wurde leicht drohend gesagt, man müsse ›seinen Standpunkt noch einmal überdenken‹.« Das sagte Steffen Heitmann, als das Schlimmste ausgestanden war, als er nicht mehr Bundespräsident werden wollte.

Mag sein, daß Steffen Heitmann inzwischen diese Aufforderungen zum Überdenken des eigenen Standpunktes in der DDR als »leicht drohend« in Erinnerung hat, nachdem ihm das gleiche Verlangen im vereinten Deutschland krachend um die Ohren geschlagen wurde. In einem Beitrag zu dem Buch »Die selbstbewußte Nation« faßte Heitmann Erfahrungen nach »Revolution und Wende« zusammen. Dazu gehört auch die Erfahrung, die einer macht, der sich an den allerheiligsten Grundwerten der Political Correctness, Sektion Deutschland-West, vergreift. Zu deren Verteidigung ist jedes Mittel recht. Verleumdung, Beleidigung und Verhöhnung sind sanktioniert, wenn das Ziel als böse ausgemacht ist. Ist der Segen vor dem Angriff gesprochen, zerfetzen Granaten im Namen des Guten.

Wieso also wundert sich Steffen Heitmann, daß »manche Medien« nach seiner Erfahrung im vereinten Deutschland »die gleichen Methoden der Diffamierung wie die Staatssicherheit« benutzen? War denn die Stasi nicht angetreten, Schild und Schwert für den wahren Humanismus zu sein? Das gab sie doch vor. Und es gab genügend, die den eigenen Lügen glaubten. War sie nicht auch für den Frieden? Für das Glück aller Menschen? Für das Gute? Für alle, die hilfsbedürftig und schwach des starken Arms bedurften? Und erklären nicht immer noch die IMs von gestern, wenn sie heute in ihrem Schrebergarten oder im Bundestag sitzen, nur allein darum hätten sie ein wenig über den Nachbarn geplaudert und vielleicht auch einmal auf einen unerlaubten Westkontakt verwiesen. Nur darum! Des Guten wegen! Weil man damals noch daran geglaubt habe. Diffamierung für das Gute ist gut an sich.

Steffen Heitmann, der Kandidat, hat gegen Political Correctness verstoßen, seit er antrat, Bundespräsident zu werden. Kaum etwas war über ihn bekannt, als er auf der Bildfläche erschien. Wen interessierte schon außerhalb des Landes der sächsische Justizminister? Dann kam der daher, wollte nach dem höchsten Staatsamt angeln und sang bei einem sogenannten gemütlichen Abend »Schwarzbraun ist die Haselnuß«. Das Lied hat man auch im Dritten Reich mit Inbrunst geschmettert, und es gilt nicht als vollkommen entnazifiziert. Damit war Heitmann als Abgesandter aus der rechten Ecke ausgemacht.

So steigt man nicht auf die Bühne. Der »Stern« präsentierte den Kandidaten mit einer Verurteilung und einer dazu passenden Vorstellung. In dieser Reihenfolge. Die Verurteilung: »Steffen Heitmann, des Kanzlers Kandidat und Nasenbär: ein würdiger Nachfolger Richard von Weizsäckers in der Villa Hammerschmidt? Eher eine Zumutung.« Die Vorstellung, etliche Absätze später: »Doch wer, zum Teufel, ist Steffen Heitmann?« Aber das wußte da doch schon jeder: des Kanzlers Kandidat und Nasenbär. So wurde er fortan durch die Manege gezerrt.

Heitmann war ein »nationales Unglück« (»Spiegel«), »eine Katastrophe« (»taz«), der »Kandidat von Kanzlers Gnaden« (»Frankfurter Rundschau«), »Die Zumutung« (»Stern«).

Wer so bedacht wird, muß sich schuldig gemacht haben. Steffen Heitmann hatte es gleich mehrfach getan. Der »Spiegel« listete das Sündenregister unter Verwendung von Heitmann-Zitaten auf: »Heitmann ist für den starken Staat, für die deutsche Nation, die vor Überfremdung zu bewahren sei, für die traditionelle Rolle der Frau in Küche und Bett, ›mit der Mutterschaft wieder mehr im Zentrum der Gesellschaft‹, für schärferes Straf- und Haftrecht, für ›Fleiß, Pünktlichkeit und Ordnung‹ ... Steffen Heitmann – Kohls Grüßonkel für den deutschen Spießer.«

Heitmann lief vollkommen aus dem Ruder, weil er verhängnisvollerweise sagte, wofür er eintrat. Mit etwas mehr Erfahrung hätte er gewußt: Es ist sehr viel unverfänglicher, zu erklären, wogegen man ist. Das Schlimmste aber: Heitmann war genau dafür, wogegen jeder Political Correcte zu sein hat.

Als er schließlich in einem Interview mit der »Süddeutschen Zeitung« auf diesen Positionen trotzig beharrte und sich in der Bewertung der deutschen Vergangenheit nicht als Dauerbüßer zu erkennen gab, hatte er jeden Anspruch auf Fairneß verwirkt.

»Die deutsche Nachkriegsrolle«, so hatte Heitmann sich ausgelassen, »war ja in gewisser Weise eine Fortsetzung der angemaßten Sonderrolle der NS-Zeit. Das ist zu Ende.« – »Ich glaube, daß der organisierte Tod von Millionen Juden in Gaskammern tatsächlich einmalig ist – so wie es viele historisch einmalige Vorgänge gibt. Wiederholungen gibt es in der Geschichte ohnehin nicht. Ich glaube aber nicht, daß daraus eine Sonderrolle Deutschlands abzuleiten ist bis ans Ende der Geschichte. Es ist der Zeitpunkt gekommen – die Nachkriegsgeschichte ist mit der deutschen Einheit endgültig zu Ende gegangen –, dieses Ereignis einzuordnen.«

Martin Walser hat den Ablauf des Gesprächs analysiert. Seither ist seine kritische Bewertung häufig zitiert worden als eine Paradesdarstellung der political correcten Fallensteller:

»Die Süddeutsche Zeitung, die als liberal gilt, fragt Heitmann: ›Sorge um Kinder und Selbstverwirklichung der Frau seien unvereinbar, haben Sie gesagt.‹ Heitmann: ›Unvereinbar habe ich nicht gesagt. Aber eines geht auf Kosten des anderen. Dieser zweite Satz ist wichtig. Man muß, wie bei anderen meiner Zitate auch, den Gesamtzusammenhang sehen. Es wird mir immer etwas von Frauen, Küche und Herd in den Mund gelegt. Das habe ich nun wirklich nirgends gesagt.‹ Süddeutsche Zeitung: ›Kinder, Küche, Kirche?‹ Heitmann: ›Nein, das entspricht nicht meinem Frauenbild.‹ Der Arme kennt nicht einmal das Reizklischee, mit dem er erledigt werden soll. Das muß ihm der liberale Erlediger vorkauen. Irgendwann in diesem Interview sagt Heitmann: ›Wir müssen ein normales Volk unter normalen Völkern sein.‹ Später, erst gegen Ende des Interviews, sagt er: ›Wir müssen lernen, mit dieser furchtbaren Geschichte, die wir haben, umzugehen.‹ Darauf der Interviewer: ›Normal umzugehen? Wie soll man normal umgehen mit Millionen Morden?‹ Also, da fiel dem ein, daß Heitmann zehn oder fünfzehn Antworten vorher das Wort ›normal‹ als Adjektiv gebraucht hat, ›normales Volk unter normalen Völkern sein‹. Jetzt sagt Heitmann: ›Lernen, mit dieser furchtbaren Geschichte, die wir haben, umzugehen.‹ Aber der Interviewer tut, als habe er einen adverbialen Gebrauch gehört: ›Normal umzugehen?‹ Und jetzt kommt ihm der Satz so, wie er zur Zeit gesagt werden muß, wenn man als politisch korrekt gelten will: ›Wie soll man normal umgehen mit Millionen Morden?‹ Damit ist der Interviewte in der Ecke, in die er gehört. Normal umgehen mit Morden?! Das ist ein schöner Manipulationsschritt von ›ein normales Volk unter normalen Völkern sein‹ zu ›normal umgehen mit Millionen Morden‹. ›Normal‹ als Adverb bringt Heitmann in die Nähe zu Tätern. Das ist der Routineschritt des Zeitgeistes.«

Als der getan war, half es Heitmann auch nichts mehr, daß er erklärte und erklärte, daß er erläuterte und interpretierte. Tabus wolle er brechen, erklärte Heitmann, »dem Normalbürger eine Stimme geben«. Höhnisch scholl es zurück: So leicht lasse man kein Tabu brechen, denn die Tabus seien allgemeine Grundwerte. Des »Normalbürgers« Stimme hat nur zu erklingen, wenn er im Chor nach den vorgegebenen Noten singt. Schlägt er eigene Töne an, dann ist das Stammtischgerede.

Dabei hatte der frühere Landwirtschaftsminister Ignaz Kiechle dem Kandidaten Heitmann auf die Schulter geklopft: »Was Sie aussprechen, darauf warten Millionen, auch im Westen unseres Landes. So denken viele, es spricht nur niemand mehr offen aus.«

Warum das so ist in dem Land, in dem jeder das Grundrecht hat, zu sagen, was er denkt, das weiß Steffen Heitmann inzwischen auch.

Der Nischen-Ossi

Kiechle hatte die Stimmungslage durchaus richtig eingeschätzt. Das Allensbacher Institut für Meinungsforschung formulierte aus den drei heftig kritisierten Aussagen

Heitmanns Fragen, verschwieg aber dessen Urheberschaft. Achtundsiebzig Prozent der Befragten stimmten der Aussage zu, die Rolle der Frau als Mutter müsse wieder höher bewertet werden, vierundsechzig Prozent meinten, die »Überfremdungsängste der Bürger« müßten ernst genommen werden und dürften auch so genannt werden, einundsiebzig Prozent stimmten den Ansichten zur NS-Zeit zu. Doch solche Mehrheiten sind Mehrheiten ohne Wert.

Den Ton geben andere an. Und für die war Heitmanns Wille zum Brechen von Tabus eine Kampfansage.

Entweder der Mann wußte es nicht, oder er überschätzte sich maßlos. Vor allem aber überschätzte er die Partei, von der er glaubte, sie wolle ihn als Bundespräsidenten. Aber auch dort waren längst die Wahrer der Tabuzonen auf dem Plan. »Er (Heitmann) bricht mit dem Grundkonsens der alten Bundesrepublik«, stöhnte der ehemalige Sprecher Richard von Weizsäckers, Friedbert Pflüger, auf. »Steffen Heitmann darf nicht Präsident werden.«

Und weil er das nicht durfte, war jede Gemeinheit, jede Niedertracht recht, den Mann zu diffamieren. Der Ring gehörte von Stund an den Verbal-Catchern. Steffen Heitmann, des Kanzlers Kandidat und Nasenbär, der Mann, der erst geprügelt und dann geprüft wurde, hatte sich des Hochverrats schuldig gemacht. Aberkennung der bürgerlichen Ehren(rechte) war noch die mildeste Strafe. Heitmann wurde nicht demontiert, er wurde vernichtet. Es war wie ein Rausch. Der Kandidat wurde niedergemacht und gleichzeitig zum Monstrum aufgeblasen. Woraus sich dann wiederum die Notwendigkeit erklärte, ihn niederzumachen. Regine Hildebrand, die fürs Soziale zuständige Ministerin in Brandenburg, stempelte ihn zu »einer existentiellen Bedrohung«; für den Pastor Friedrich Schorlemmer konnte Heitmann kein »Repräsentant unserer Demokratiebewegung« mehr sein.

Auch der Jüdische Weltkongreß mischte sich in die Debatte um diesen Kandidaten ein. Er forderte seine Mitglieder in achtzig Ländern auf, gegen diese Kandidatur zu protestieren, denn Heitmann mangele es an der »moralischen Sensibilität«, die Voraussetzung für dieses Amt sei. Das war dann selbst Ignatz Bubis unangenehm. »Mir wäre es lieber gewesen, wenn sich der Weltkongreß nicht zu diesem Thema geäußert hätte«, stellte er fest, um zugleich seine Ablehnung der Kandidatur Heitmanns zu betonen.

Aber kann es der Kritik eigentlich zuviel geben? Sind nicht alle verpflichtet, das Böse von diesem Land zu wenden? Heitmann entdeckte schmerzhaft »eine intellektuelle Debattenlage, die nicht unbedingt dem Empfinden der Mehrheit der Bürger entspricht, die man aber nicht ungestraft verlassen kann«. Wer gegen die heiligen Sakramente der Political Correctness sündigt, hat jeden Anspruch auf Nachsicht und Fairneß verwirkt.

Der »Spiegel« zitierte den stets political correcten Richard von Weizsäcker. Danach hatte der Bundespräsident über seinen möglichen Nachfolger gesagt, Heitmann sei »ein unbescholtener, konturenarmer Nischen-Ossi«. Der Mann sei während der Herrschaft der SED nicht in Versuchung geführt worden, habe keinen eigenen Beitrag zur Revolution geleistet, verfolge nun aber gleichwohl jene gnadenlos, die das Regime darstellten. Weizsäcker bestritt zwar, eine solche Äußerung als Beitrag zur Diskussion um Heitmann getan zu haben, aber erstens war das kein eindeutiges Dementi, das notwendig gewesen wäre, wenn solche Bemerkungen nicht gemacht worden wären, und zweitens hörte auf das Dementi sowieso niemand mehr.

Genußvoll wurde verbreitet, wie wenig heldenhaft dieser Nischen-Ossi die Vergangenheit überdauert hatte. »Steffen Heitmann ist ein Raushalter«, hatte der »Stern« schon frühzeitig kundgetan. »Der war so uninteressant, für den hat sich noch nicht einmal die Stasi interessiert«, verkündete ein Pastor in Chemnitz seine Botschaft. Ein Anonymus darf in dem Blatt mitteilen: Jahre habe Heitmann »beobachtend hinter der Gardine« überstanden, um erst danach »im persönlich vorteilhaften Moment hervorzutreten«.

Geht es perfider? Die Bespitzelung durch die Stasi als Gütesiegel? Unbescholten gleich belanglos? Widerstand als Mindestqualifikation?

Was maßt sich denn so einer wie Heitmann an, der die Bestrafung der Schuldigen des DDR-Regimes verlangt? Darf er das? Er darf es nicht. Dieser schon ganz und gar nicht, dieser aus den Gardinen geschlichene Nischen-Ossi. Wenn die Stasi sich schon nicht für ihn interessierte, dann taugt deren Desinteresse wenigstens für die üble Nachrede.

Niemand war sich für nichts zu schade. Die gleichen Leute, die mit political correcter Sprachkosmetik geistig Behinderte zu »anders Begabten« schönen, mokierten sich über Äußerlichkeiten. Die Niedertracht der professionellen Niedermacher verschaffte dem Publikum das Amüsement des Gruselns:

»Von Heitmann geht keine präsidiale Würde aus, ihm fehlt jedes Charisma. Er wirkt mit seinem kurzgeschnittenen Haar, dem schmalen Körper, dem zu weiten Anzug wie ein ergrauter Abiturient, der zur Feier des Tages die erste Zigarre raucht«, karikierte der »Stern«.

Aus den Zeitungen der Provinz scholl das Echo zurück. Das vorgegebene Zerrbild wurde noch einmal vergröbert. In den »Lübecker Nachrichten« schrumpfte Heitmann zum kafkaesken Krüppel, der »Auftritte erst üben« muß. »Der Mann verkleinert sich. Er zieht sich in sich selbst zurück. Er windet seine Beine erstaunlich gelenkig umeinander, zieht die Arme so weit wie möglich an den Körper, so daß sich hinten ein kleiner Buckel aus dem Jackett drückt, verschlingt die Hände, bis man nicht mehr weiß, welcher Finger zu welcher Hand gehört. Es scheint eine Frage der Zeit zu sein, daß auch noch der kleine graue Kopf urplötzlich in dem zu großen Anzug verschwindet.«

Dem Mann fehlt die präsidiale Würde? Ja, wenn einer einen Buckel hat und keinen passenden Anzug! Bei so einem darf dann auch eine namenlose Nachbarin zitiert werden, die der Frau Heitmanns sagte: »Ach nee, das werden die im Westen doch nicht zulassen, daß Ihr Mann Bundespräsident wird.«

Wer glaubt, damit sei das Maß der veröffentlichten Gehässigkeiten voll, kennt die selbstgerechten Tugendwächter nicht. Sie können mehr, sie dürfen mehr, sie machen mehr. Beispielsweise Hans Scheibner, den in der NDR-Sendung »Nachschlag« Heitmanns Bemerkung: »Hätte Mutter so gedacht wie viele Frauen heute, ich wäre nicht auf der Welt«, zu dieser Geschmacklosigkeit animierte: Leider habe die Mutter vergessen, den Steffen abzutreiben. Dieser Mann wäre uns dann »erspart geblieben. Bravo – ja, schade, Frau Heitmann, diesen Kandidaten hätten Sie rechtzeitig verhindern können.«

So wurde dann der Kandidat abgetrieben. Es kamen eben nicht, wie der stellvertretende Vorsitzende der sächsischen CDU noch während der Kampagne geglaubt hatte, »zu den Weizsäcker-Deutschen die Heitmann-Deutschen, vom gleichen Stamm, aber groß geworden in einem anderen Land. Sie fühlen anders, sie denken anders, sie formulieren mitunter auch etwas anders.«

Und das genau war der Fehler.

Die Hüter des Meinungsmonopols werden gnadenlos, wenn jemand versucht, das Recht auf anderes Denken zu formulieren. Niemand will den Ossis etwas überstülpen, solange sie nur richtig denken. Oder zu Hause bleiben.

Steffen Heitmann ist in einer Gesellschaft aufgewachsen, die sich zur Meinungsdiktatur bekannte, die Gesinnungsschnüfflern Orden verlieh. Was wußte er von einem verpflichtenden Wertekonsens und dem Verbot, ihn zu verlassen? Neue Gedanken wollte er einbringen, weil Integration nicht heißen dürfe, »Unterschiede zu verschleiern«. Was wußte der Mann von Political Correctness? Er war so naiv zu glauben, nach Jahren des erzwungenen Schweigens in »dem großen Gefängnis« DDR sprechen zu können:

»Ich wußte noch nicht, daß auch die Meinungsfreiheit im Westen eine eingeschränkte sein kann, daß man auch hier mit Zensur rechnen muß – mit einer Zensur, die ihre Maßstäbe aus dem Zeitgeist bezieht. Unterschätzt habe ich die Intoleranz einer linksliberalen Medienöffentlichkeit, die es längst verlernt hat, sich auch einmal selbst in Frage zu stellen. Bestraft wurde ich dafür, daß ich deren Tabus verletzte.«

In Steffen Heitmanns Rücktrittserklärung steht auch dieser Satz: »Ich bin zu der Überzeugung gekommen, daß aus der Art und Weise der um meine Person geführten Debatte nichts Gutes wachsen kann.«

Political Correctness
kollektiviert das Gewissen

Die Moral der Bußprediger

Der 9. Mai 1995 war ein stiller Tag. Der Krieg war vorüber, verdröhnt die letzte Schlacht von Schuld und Sühne. Friede kehrte ein in die Leitartikel und die Feuilletons. Befreit atmete das Land auf, fünfzig Jahre nach dem 8. Mai 1945.

Bis zur Erschöpfung und bis zum Überdruß war Zeugnis abgelegt worden von den verstandenen Lehren aus der Vergangenheit, vom geläuterten Bewußtsein. Aber auch vom aufgerüsteten Arsenal der Political Correctness. Sie überzeugt bekanntermaßen nicht argumentativ, sondern überwindet durch den unablässigen Appell an Schuldgefühle. Die Debatte zum fünfzigsten Jahrestag der Kapitulation wurde zu einem Musterbeispiel der Auseinandersetzung zwischen Political Correcten und Incorrecten. Der Appell an die Schuldgefühle machte aus der vereinfachten Frage, ob dies ein Tag der Niederlage oder der Befreiung gewesen sei, eine Auseinandersetzung, die scheinbar zwischen Moral und Unmoral, zwischen Anständigkeit und Unanständigkeit, zwischen Einsicht und Ignoranz geführt wurde.

Die Verteilung der Rollen war dabei von vornherein klar, und niemand der Beteiligten wird nur einen Augenblick angenommen haben, daß sich während der Debatte daran auch nur ein wenig ändern würde.

Im Jahr des unablässigen Erinnerns veröffentlichte die »Frankfurter Allgemeine Zeitung« einen Monat vor dem fünfzigsten Jahrestag der Kapitulation am 7. April eine Anzeige »Gegen das Vergessen«. Der Text dieses Aufrufs bestimmte in den nächsten vier Wochen die Debatte in Deutschland:

»›Im Grunde genommen bleibt dieser 8. Mai 1945 die tragischste und fragwürdigste Paradoxie für jeden von uns. Warum denn? Weil wir erlöst und vernichtet in einem gewesen sind.‹ Die Paradoxie des 8. Mai, die der erste Bundespräsident unserer Republik, Theodor Heuss, so treffend charakterisierte, tritt zunehmend in den Hintergrund. Einseitig wird der 8. Mai von Medien und Politikern als ›Befreiung‹ charakterisiert. Dabei droht in Vergessenheit zu geraten, daß dieser Tag nicht nur das Ende der nationalsozialistischen Schreckensherrschaft bedeutete, sondern zugleich auch den Beginn von Vertreibungsterror und neuer Unterdrückung im Osten und den Beginn der Teilung unseres Landes. Ein Geschichtsbild, das diese Wahrheit verschweigt, verdrängt oder relativiert, kann nicht Grundlage für das Selbstverständnis einer selbstbewußten Nation sein, die wir Deutschen in der europäischen Völkerfamilie werden müssen, um vergleichbare Katastrophen künftig auszuschließen.«

Was wäre an dem Text zu beanstanden? Was war daran so anstößig, daß der Aufschrei der Empörung mit zwanghafter Unmittelbarkeit folgte? Sicher nicht die Übertreibung, mit der die Anzeige die einseitige Belegung des historischen Datums mit dem Begriff der Befreiung behauptete. Schon gar nicht das verwendete Zitat von Theodor Heuss, an dem niemand etwas deuteln kann, der nicht vollkommen vor geschichtlichen Tatsachen die Augen verschließt. Der Hinweis auf die »selbstbewußte Nation« allein war es auch nicht. Aber er ist ein Schlüssel zum Verständnis der Empörung.

Denn erstens gilt der Begriff der Nation als ungehörig. Zweitens gilt der Gebrauch des Begriffs »selbstbewußte Nation« in Verbindung mit dem Tag der befreienden Kapitulation als äußerst ungehörige Provokation. Drittens gilt die selbstbewußte Nation seit dem Erscheinen des gleichnamigen Sammelbandes als Begriff der »Neuen Rechten«. Viertens schließlich – und das trieb die Provokation auf die Spitze – wurde der angenehme Konsens gestört, der sich seiner schuldhaften Befreiung so einseitig sicher ist. Das löste die zwangsläufigen Reflexe aus.

Wahrscheinlich wäre der Aufruf ohne große Beachtung geblieben, hätten sich nicht die Namen der Neu-Rechten in der Liste der Unterschriften befunden, wäre nicht bekannt geworden, daß die Journalisten Heimo Schwilk und Ulrich Schacht (beide Herausgeber des Sammelbandes »Die selbstbewußte Nation«), der Historiker und Redakteur Rainer Zitelmann und der nach rechts übergewechselte ehemalige »Konkret«-Chef Klaus Rainer Röhl die Initiatoren des Aufrufs waren. Der Name des Chefredakteurs der »Jungen Freiheit« fand sich ebenso unter den Unterzeichnern wie der des »Criticon«-Herausgebers; Burschenschaften waren ebenso vertreten wie Vertriebenenverbände, der Friedensforscher Alfred Mechtersheimer wie der Publizist Herbert Ammon. »Eine Versammlung von Leuten, denen«, wie das Magazin »Focus« befand, »Ewigmorgige gern das Stigma Ewiggestrige aufdrücken.«

Darunter auch die hinreichend mit solchem Stigma versehenen »CDU-Rechten« Alfred Dregger und Heinrich Lummer, erwartungsgemäß Peter Gauweiler für die CSU, Alexander von Stahl für die FDP. Auffallend in der Liste von über zweihundert Unterzeichnern die Namen des Bundesministers Carl-Dietrich Spranger (CSU), Friedrich Zimmermann (CSU) und Hans Apel (SPD).

Zwei Tage später hatte der ehemalige Verteidigungsminister Apel seine Unterschrift zurückgezogen. Er schwenkte damit wieder in die political correcten Reihen ein, wie es seine Partei empfohlen hatte. Er möge nicht, erklärte Apel, »mit Vertretern rechtsextremistischer Parteien und den Wortführern der ›Neuen Rechten‹ gemeinsame Sache machen«.

Deutlicher war nicht zu demonstrieren, wie Political Correctness eingesetzt wird: Nicht was unterzeichnet wurde, sondern wer mit wem übereinstimmend einen Gedanken formulierte, galt als anstößig. Wird die Wahrheit von den falschen Leuten formuliert, ist sie nicht mehr die Wahrheit.

Allerdings wäre die Annahme naiv, die Initiatoren des Aufrufs hätten nicht mit dem anschwellenden Zorn gerechnet, der nun über sie niederging. Sie haben ihn erwartet und bewußt provoziert. Rainer Zitelmann zeigte Begeisterung: Mit den »erwarteten Pawlowschen Reflexen« habe der »linksliberale Mainstream« reagiert. Den Autoren des Aufrufs war bekannt, was sie auslösen würden. Ihr Appell zum fünfzigsten Jahrestag der Kapitulation war eine Abrechnung mit jener Rede, die Bundespräsident Richard von Weizsäcker zehn Jahre zuvor aus gleichem Anlaß gehalten hatte. In dem Ullstein-Report »Wohin treibt unsere Republik?« schrieb Rainer Zitelmann 1994 über die am 8. Mai 1985 im Plenarsaal des Deutschen Bundestages gehaltene Ansprache:

»Linksintellektuelle priesen die Rede ... als besonders ›mutig‹ und ›engagiert‹. Dabei war wenig Mutiges zu entdecken, es sei denn, man meint den Mut, sich in Widerspruch zu den Überzeugungen der konservativen Kräfte in der Union zu setzen, für die die Rede freilich ein Schlag ins Gesicht war. Wie immer in seiner Amtszeit konnte Weizsäcker jedoch mit zwei Faktoren sicher rechnen: der ungeteilten Zustimmung der linksliberalen Öffentlichkeit und der mit Rücksicht auf die Parteiloyalität nur verhalten und gedämpft vorgetragenen Kritik der konservativen Unions-Politiker. Eine Kritik, die mit Sicherheit viel schärfer formuliert worden wäre, wenn Weizsäcker nicht aus den Reihen der CDU, sondern der SPD gekommen wäre. Von den Linken gelobt und von den Konservativen kritisiert wurden vor allem folgende Passagen in Weizsäckers Rede:

– ›Der 8. Mai war ein Tag der Befreiung. Er hat uns alle befreit von dem menschenverachtenden System der nationalsozialistischen Gewaltherrschaft.‹

– ›Als Deutsche ehren wir das Andenken der Opfer des deutschen Widerstandes, des bürgerlichen, des militärischen und glaubensbegründeten, des Widerstandes in der Arbeiterschaft und bei Gewerkschaften, des Widerstandes der Kommunisten.‹

– ›Am Anfang der Gewaltherrschaft hatte der abgrundtiefe Haß Hitlers gegen unsere jüdischen Mitmenschen gestanden. Hitler hatte ihn nie vor der Öffentlichkeit verschwiegen, sondern das ganze Volk zum Werkzeug dieses Hasses gemacht ... Wer seine Ohren und Augen aufmachte, wer sich informieren wollte, dem konnte nicht entgehen, daß Deportationszüge rollten ... Es gab viele Formen, das Gewissen ablenken zu lassen, nicht zuständig zu sein, wegzuschauen, zu schweigen. Als dann am Ende des Krieges die ganze unsagbare Wahrheit des Holocaust herauskam, beriefen sich allzu viele von uns darauf, nichts gewußt oder auch nur geahnt zu haben.‹

Diese Aussagen waren weder besonders mutig noch originell. Vielmehr handelte es sich um Stereotypen der Linken, die nun, in etwas vornehmere Sprache verpackt, verkündet wurden: die These vom 8. Mai als ›Befreiung‹, die Einbeziehung des kommunistischen Widerstandes in eine positive, antifaschistische Tradition, der Vorwurf an die Deutschen, sich durch ›Wegschauen‹ und ›Schweigen‹ mitschuldig am Holocaust gemacht zu haben. Inzwischen sind diese Thesen zu Dogmen geronnen, die sich einer rationalen Debatte weitgehend entziehen.«

Das war es, was den Aufruf für Correcte anstößig machte: das Aufbrechen der Dogmen, die gleichberechtigte Trauer neben der Freude. Gegen das »Resultat eines kollektiven Lernprozesses« ... »rüstet(e) die nationale Rechte erneut zur semantischen Offensive« (Norbert Seitz in der »Süddeutschen Zeitung«), zeigte der »geistige Stoßtrupp der ›selbstbewußten Nation‹ ... exemplarisch die propagandistische Vorgehensweise der Neuen Rechten« (Richard Herzinger in der »taz«), nachdem »Richard von Weizsäcker seine Landsleute von ihrem Trauma« erlöste, »indem er deutsche Verbrechen deutsche Verbrechen nannte ... Jetzt müssen sie (die Deutschen, d. A.) nur noch beweisen, daß sie aus der Geschichte auch gelernt haben. Die ›Normalität‹ nämlich, die sie so gerne beschwören würden, die wird es nicht geben. Heute nicht, morgen nicht, nie. Das Stichwort der deutschen Zukunft heißt Erinnerung« (Manfred Bissinger in »Die Woche«). Der »Prozeß der Befreiung von alter deutscher Denkungsart stört« jedoch, wie Heribert Prantl in der »Süddeutschen Zeitung« feststellte: »Er stört die Nationalisten. Er stört die, die vom starken Staat schwärmen ... Er stört die, die die NS-Vergangenheit ›einordnen‹ wollen und von deutscher Normalität schwadronieren. Sie alle haben sich zu einer nationalen Liga gegen die Befreiung deformiert. In der Phalanx stehen nicht nur die Neonazis und Rechtsextremisten, die Freys und die Schönhubers. Dort stehen auch namhafte Mitglieder der etablierten Parteien – zuvorderst Alfred Dregger, der Ehrenvorsitzende der CDU/CSU-Bundestagsfraktion. Und da steht aus der FDP etwa der ehemalige Generalbundesanwalt Alexander von Stahl. Sie kämpfen, fünfzig Jahre nach seinem Ende, die letzte Bataille des Zweiten Weltkrieges.«

So werden sie zur »letzten Bataille des Zweiten Weltkrieges« zusammengepfercht, die »Ewiggestrigen«, wird mit gewissenloser Correctness die Allianz von Gegnern der Demokratie und Demokraten, von Extremisten und Konservativen suggeriert.

Es blieb allerdings Ignatz Bubis, dem Vorsitzenden des Zentralrates der Juden, vorbehalten, den »geistigen Bürgerkrieg« (Eckhard Fuhr in der »FAZ«) zu erklären. Bubis nannte die Unterzeichner des Appells »Ewiggestrige, die am liebsten das alles, was zwischen '33 und '45 passiert ist, fortsetzen würden – vielleicht in einer gemäßigteren Form, ohne gleich Völkermord zu betreiben.« Vielleicht.

Fuhr kommentierte diesen Ausfall: »Das heißt doch: Konservative sind Nazis minus Völkermord. Begibt man sich auf dieses Niveau, ist man mitten im politisch-moralischen Overkill.«

Dennoch und deshalb können sich die Initiatoren des Appells einen doppelten Erfolg zuschreiben. Den ersten werden sie für sich verbuchen mögen, auch gegen Widerspruch, den zweiten werden sie von sich weisen, aber sie können sich glaubhaft nicht erwehren.

Erfolg Nummer eins: Nach der Veröffentlichung beherrschte der Aufruf »Gegen das Vergessen« die öffentliche Diskussion in Deutschland. Und damit auch das Denken. Aller Opfer wurde von den Politikern gleichermaßen gedacht, der Opfer der Konzentrationslager, der Schlachtfelder, der Vertreibung. Mit der Ernsthaftigkeit und dem Nachdruck, wie es das Erinnern verlangt. Aber auch mit einer Betonung, die den Eindruck erweckte, es solle bewiesen werden, daß es des Aufrufes nicht bedurft hätte, um den Tag nicht »einseitig« als Tag der Befreiung zu charakterisieren. Womit der Aufruf für erfolgreich zu erklären wäre.

Erfolg Nummer zwei: Den Initiatoren des Aufrufs gelang ein Pendelschlag der Political Correctness nach rechts. Sie bedienten sich deren Mittel, um sich auch im Erfolg als Opfer darzustellen. In der »taz« stellte Richard Herzinger fest: »Die Neue Rechte ahmt die Selbststilisierung der Linken zu ewig unterdrückten Warnern und Mahnern nach, weil sie glaubt, darin deren Erfolgsgeheimnis entdeckt zu haben.«

Die Erwartung der Initiatoren, die Verletzung eines Tabus von rechts werde die Wächter der Political Correctness zügellos an den von ihnen gesetzten Grenzlinien der Moral entlangspringen lassen, erfüllte sich prompt. Am 28. April erschien abermals eine Anzeige »Gegen das Vergessen«:

»Der spontane Zuspruch von zahllosen Menschen zu diesem am 7. April veröffentlichten Appell steht im Kontrast zum Tenor, in dem Teile der Medien über die INITIATIVE 8. Mai berichtet haben. DIE ZEIT nannte den Text ›widerlich‹, und Ralph Giordano, der sich im übrigen Verdienste um die Thematisierung von Vertreibungs- und SED-Unrecht erworben hat, ließ sich leider dazu hinreißen, die INITIATIVE zum 8. Mai als Beleg für die Existenz eines ›Krebsgeschwürs‹ zu werten. ›Die Liste der Unterzeichner deutet auf Metastasen in der nachwachsenden Generation hin.‹

Diese biologische Sprache, die Andersdenkende als ›Krebsgeschwür‹ und ›Metastasen‹ bezeichnet, sollte in Deutschland fünfzig Jahre nach dem Ende des NS-Regimes nicht mehr möglich sein. Aber in der Auseinandersetzung mit Konservativen und kritischen Liberalen scheint in Deutschland alles erlaubt.

Unerträglich ist die Vorstellung, daß derjenige, der von Vertreibungsterror und kommunistischer Diktatur nach 1945 spricht, damit die 1933 einsetzende Vertreibung der Juden aus Deutschland und den späteren Massenmord an den europäischen Juden und an anderen Minderheiten relativieren oder verharmlosen wolle. Das Leid, das Menschen im Namen totalitärer Systeme in diesem Jahrhundert zugefügt wurde, darf nicht aufgerechnet werden.

Natürlich kann der 8. Mai unter verschiedenen historischen Blickwinkeln gesehen werden. Aber eine Gesellschaft, in der nur noch eine Sichtweise eines so ambivalenten historischen Datums möglich ist, wäre totalitär ... Alle Demokraten – von links bis rechts – sind aufgerufen, dem Meinungsterror der ›Political Correctness‹ entgegenzutreten und die geistige Freiheit zu verteidigen.«

Wer erkannte, daß Konservative und Rechte im Begriff waren, ein politisch vernachlässigtes Empfinden einer breiten Bevölkerungsschicht zu besetzen (Baden-Württembergs Finanzminister Mayer-Vorfelder: Es wäre unheilvoll und töricht, »den Rechtsextremen die Wahrheit zu überlassen«), der beeilte sich mit der Versicherung, die Inhalte des Erinnerns seien nicht vorzuschreiben (Wolfgang Schäuble), niemand habe das Recht, festzulegen, was die Menschen in ihrer Erinnerung dächten (Helmut Kohl).

Als sich der Rauch der Diffamierungen, Unterstellungen und Beleidigungen der »letzten Bataille« verzogen hatte, resümierte sechs Wochen später Kurt Sontheimer:

»Man sollte fortan nicht mehr gedankenlos davon reden, die Deutschen hätten ihre nationalsozialistische Vergangenheit nicht wirklich hinter sich gelassen ... Die verantwortlichen deutschen Politiker haben sich bei mehreren Anlässen in einer in dieser Entschiedenheit und Offenheit bisher nicht dagewesenen Art und Weise zur Verantwortung Deutschlands für den Ausbruch des Zweiten Weltkriegs und für im deutschen Namen begangene Eroberungen, Verbrechen und Menschenrechtsverletzungen bekannt ...

Unfreiwillig hat dazu der einseitige Aufruf einer Gruppe von mehr oder weniger prominenten Konservativen ›Gegen das Vergessen‹ beigetragen. Ohne die starke öffentliche Reaktion auf dieses Manifest wäre es wohl nicht zu der Zuspitzung und Polarisierung der Debatte auf die einseitige Frage, Befreiung oder Niederlage, gekommen. Aber der Druck auf die Verfasser der Resolution wurde so stark, daß sie sich nicht mehr wie geplant in einer Veranstaltung in München öffentlich zu ihrer Position zu bekennen wagten.«

Der für die Veranstaltung in der Münchner Philharmonie vorgesehene Alfred Dregger hatte seine Zusage auf massiven Druck aus der eigenen Partei zurückgezogen. Die Absage der Kundgebung, befand Kurt Sontheimer, sei »zwar nicht gerade ein Triumph der Toleranz«, aber ansonsten war die Welt wieder correct im Lot. Für Political Correctness ist Toleranz nicht von Bedeutung, wenn sie ihr nicht dient.

Die deutsche Debatte wurde im Ausland mit Unverständnis verfolgt. Der britische Historiker John Charmley meldete sich in einem von der »Daily Mail« veröffentlichten Brief mit der Bemerkung zu Wort: »Natürlich wurden die nicht ›befreit‹, sondern erobert – und das war auch gut so.«

Wenn man will, ist das auch eine Form der Besitzstandswahrung. Denn wen sollen die Sieger besiegt haben, wenn es nur Befreite gibt? Wenn die Deutschen in ihrer Masse befreit wurden, dann waren sie Opfer, nicht Täter. Opfer werden befreit, Täter besiegt oder überwunden. Wer sich aber zum Opfer erklärt, stiehlt sich aus der Verantwortung. Die tragen andere, wer immer sie sein mögen. Insofern machte der 8. Mai als amtlicher »Tag der Befreiung« in der DDR durchaus seinen verlogenen Sinn. Schuld abzutragen hatte der westliche Rechtsnachfolger, nicht die sozialistische Staatsgründung, die den antifaschistischen Widerstand für sich reklamierte und damit Verfolgung und Drangsal für sich in Anspruch nahm, aber nicht Schuld trug an den Verbrechen in deutschem Namen. Wer selbst Opfer ist, muß sich nicht von seinem Gewissen plagen lassen, kann andere Opfer getrost links liegenlassen. Wie das ohne Skrupel zu bewältigen ist, hat die DDR vorgeführt.

Allensbach stellt seit 1990 im Westen und im Osten Deutschlands die Frage: »Gibt es etwas in unserer Geschichte, das uns von anderen Ländern unterscheidet, ich meine etwas, was man wirklich als das Besondere der deutschen Geschichte bezeichnen kann?« Sechzig Prozent bejahten die Frage und wurden anschließend aufgefordert, die Besonderheit zu benennen. Im Westen Deutschlands blieb die Antwort nahezu unverändert in der Gewichtung: An erster Stelle wurden das Dritte Reich, der Nationalsozialismus und Hitler genannt. Elisabeth Noelle-Neumann stellte fest: »Dabei werden die Hinweise auf die deutschen Verbrechen immer drastischer, es gibt keinerlei Anzeichen von Verblassen der Erinnerung.« Vollkommen anders fielen die

Antworten im Osten Deutschlands aus. Einundvierzig Prozent gaben an, das Besondere an der deutschen Geschichte sei, daß die Deutschen immer wieder Kriege begonnen hätten. Es folgten die deutsche Teilung, der Bau der Mauer, die Wiedervereinigung. Nur vier Prozent sahen 1990 in Hitler, dem Dritten Reich und den Verbrechen des Nationalsozialismus eine Einmaligkeit der deutschen Geschichte. 1995 war dieser Anteil auf neunzehn Prozent gestiegen.

»Wer von Befreiung spricht«, stellt Jörg Fisch, Ordinarius für Geschichte der Neuzeit an der Universität Zürich, fest, »erklärt, ob er nun will oder nicht, alle Befreiten zu Opfern ... Daß es so weit hat kommen können, dafür sind nun allerdings nicht die Deutschen verantwortlich, sondern auch ihre Opfer, die gute Miene zum bösen Spiel gemacht haben. Was sollen Versöhnungsgesten zwischen Opfern des Nationalsozialismus und Deutschen, die sich selbst als Opfer bezeichnen? Unter Opfern besteht kein Bedarf nach Versöhnung, sondern allenfalls nach Solidarisierung. Aus pathetischen Gesten wird auf diese Weise eine unwürdige, hohle Theatralik; man gibt vor, Opfer und Täter zusammenzuführen – aber die Täter erscheinen mit dem mentalen Vorbehalt, in Wirklichkeit ebenfalls Opfer gewesen zu sein. Dadurch wirkt die Beteuerung von Schuld und Reue verlogen und geheuchelt, denn es ist ja nur Reue über das, was man anderen anlastet. An den eigenen Taten gibt es nichts zu bereuen. Im Gegenteil, man weiß sich mit den Opfern als deren Mitopfer einig. Darin liegt eine Verhöhnung der wahren Opfer.«

Wie erinnern

Was ist nicht eine Verhöhnung der Opfer? Die Sehnsucht nach Versöhnung ist so groß, daß sie sich selbst mißtraut. Seit um den Bau eines »Berliner Denkmals für die ermordeten Juden Europas« gerungen und gestritten wird, schießen die Zeigefinger empor. Überall signalisieren sie Verdacht, Verrat und Verhöhnung.

Unglaubliches passiert dabei: Political Correctness trifft auf Political Correctness. Die gleichen erprobten Kampfmittel prallen aufeinander, die gleichen Argumente werden gegensätzlich verwendet, die Opfer fürchten die Okkupation ihres Status durch die Täter, die Täter stilisieren sich zu Opfern. Wahrscheinlich sind sie es am Ende auch mehrheitlich, zugrunde gegangen an sich selbst.

Der Verdacht: »Die Ahnung des Pharisäerhaften« spürt Jens Jessen in der »FAZ«, »die man bei Deutschen vermuten muß, die in Selbstanklagen baden; ihre bequeme Neigung zur rückwirkenden Identifikation mit den Opfern.« Er sieht »Bewältigungsprofis« und der Pressesprecher der jüdischen Gemeinde Berlin eine »Bewältigungsbranche« als »selbständigen Bereich der deutschen Kulturpolitik« am Werk.

Die »rückwirkende Identifikation« zielt auf die Initiatorin des Projekts, die Journalistin Lea Rosh, geboren 1936, protestantisch getauft als Edith Rohs in Berlin. Mit achtzehn Jahren wollte sie »ein politisches Zeichen« setzen und setzte fortan an die Stelle der Edith den altjüdischen Namen Lea. Seit sie für das Holocaust-Denkmal eintrete, sagt sie, empfinde sie auch als Jüdin. Da spottete die überwiegend political correcte »Woche«, es nutze niemandem, »wenn sie mit einer angenommenen jüdischen Identität kokettiert – weder den toten noch den lebenden Juden, noch den ewigen Nichtjuden unter den Deutschen.«

Solche Übereinstimmung zwischen der »FAZ« und der »Woche« ist schon erstaunlich. Die Wortwahl der einen ist etwas präsidialer, die Worte der anderen beißen mehr in die Waden. Beide beißen das gleiche Opfer.

Der Historiker Michael Wolffsohn verdächtigt das Mahnmal der »wattierten Erinnerung«. Mißtrauen macht die Runde, der Verdacht, mit dem Mahnmal bewältigten die Deutschen letztendlich doch eine Vergangenheit, die nicht zu bewältigen ist. Sie deckeln sie zu mit einer riesigen Grabplatte. Mit dem Denkmal beginnt die Historisierung, die nicht mehr zu verantwortende Vergangenheit.

Der Publizist Henryk M. Broder im »Spiegel«: »Seit den Tagen der Winterhilfe hat es ein solches Projekt, bei dem das ganze deutsche Volk zum Mitmachen aufgerufen wird, nicht mehr gegeben. Und die ermordeten Juden, denen das Denkmal gelten soll, können in dem Bewußtsein ruhen, daß sie einen substantiellen Beitrag zur neuen deutschen Gewissenskultur geleistet haben.«

Wenn Political Correctness gegen Political Correctness streitet, werden Gift und Galle giftiger und galliger.

Der Verrat: Der ursprünglich favorisierte Entwurf von Christine Jackob-Marks sah eine begehbare Betonplatte vor, hundert mal hundert Meter groß. Darauf sollten die Namen von sechs Millionen Juden eingraviert werden. Die Gravur sollten Spender bezahlen, die einen Namen hätten auswählen können – jedem Täter sein Opfer, lautete der Vorwurf. »Das Ganze ist ein gigantischer, obszöner Ablaßhandel schlechtester christlicher Tradition.« (Jens Jessen in der »FAZ«).

Henryk M. Broder läßt einen solchen Ablaßhandel nicht zu. Der jüdische Publizist stellt Morden und Gedenken auf eine Stufe: »Wenn es um Juden geht, scheuen deutsche Institutionen weder Mühen noch Kosten. Egal, ob das Judentum ermordet oder ob anschließend der Ermordeten gedacht werden soll, das Ziel wird mit Ausdauer, Beharrlichkeit und einem Sinn fürs Gigantische angestrebt.«

Die Verhöhnung: »Das Absurdeste, was ich seit langem gehört habe«, nannte der Historiker Julius Schoeps, Direktor des Moses-Mendelsohn-Zentrums in Potsdam, die vorgesehene Auflistung der Namen. »Für einen Juden ist die Erinnerung an das, was da geschehen ist, die größte Erniedrigung, die man sich vorstellen kann. Und diese Erniedrigung soll in einem Denkmal auch noch verewigt werden.«

Für den Berliner Volksmund war das Mahnmal schon »die zentrale Kranzabwurfstelle«, bevor die Entscheidung über das Aussehen des Mahnmals gefallen war.

Was sich den Juroren an Entwürfen des Gedenkens an-
diente, war für Broder »ein Steinbruch für Völkerkundler,
Psychologen und Verhaltensforscher. Vertreter dieser Dis-
ziplinen können sich ein Bild über den Zustand einer ver-
wirrten Nation machen … Seit der Erfindung des Nieren-
tisches und der von innen beleuchteten Hausbar hat sich
so viel geballte Häßlichkeit nicht mehr so ungeniert
größenwahnsinnig dargeboten … Jeder Therapeut, der mit
Verhaltensgestörten arbeitet, kennt die beruhigende Wirkung von Bastelarbeiten. Auch schwererziehbare Jugendliche können durch manuelle Tätigkeiten positiv beeinflußt
werden. Ähnliches scheint auch für größere Kollektive zu
gelten.«

Zahlreiche Entwürfe hatten etwas von einer Bastelarbeit
an sich. Das Unvermögen, dem Grauen Gestalt zu geben,
hat viele Ursachen. Darunter sind auch solche, die nach
einer therapeutischen Behandlung verlangen. Wem nicht
gestattet wird, Schuld abzutragen, der neigt zu Zwangs-
handlungen.

Wenn es so viel Widerspruch nicht nur zum Entwurf,
sondern zum gesamten Vorhaben gibt, wäre dann der Verzicht nicht die beste von allen Möglichkeiten? So wie es
einer der Entwürfe in einem Akt finaler Selbstgeißelung
vorsah: Schleifen des Brandenburger Tores und Verstreuen
des Staubes auf dem zwanzigtausend Quadratmeter großen
Areal dort, wo einst das Führerhauptquartier stand.

»Die Juden brauchen das Denkmal nicht«, hat der Gene-
ralsekretär des Jüdischen Weltkongresses, Israel Singer,
gesagt. Er darf verzichten. Es sind ausschließlich jüdische
Stimmen, die in der öffentlichen Diskussion gegen das
Denkmal zu vernehmen sind. Hier zumindest verfährt
Political Correctness wieder nach der bekannten Gesetz-
mäßigkeit. Auch wer den von jüdischer Seite vorgetragenen
Argumenten vollkommen zustimmt, kann dies nicht tun,
ohne einen jüdischen Urheber zu zitieren. Selbst bei der
Verwendung der gleichen Argumente dürfte ein Nichtjude

in Deutschland niemals sagen, dieses Mahnmal werde nicht benötigt.

Spätestens seit der verunglückten Rede des Bundestags-präsidenten Philipp Jenninger 1988 zum fünfzigsten Jahrestag der »Reichskristallnacht« ist bekannt, daß es nicht nur darauf ankommt, was gesagt wird, sondern auch darauf, wie es gesagt wird. Wer diese Rede nachträglich las, fand nichts, was zum Rücktritt hätte Anlaß sein müssen. Allein, die Betonungen waren falsch gesetzt, Zitate nicht erkennbar als Zitate gesprochen. Das war ein Kunstfehler. Jeder wußte dennoch, wie es gemeint war. Aber political correct war die Vortäuschung der Mißverständlichkeit.

Ignatz Bubis hat die Rede 1989 noch einmal gehalten. Er sprach sie am Jahrestag der Reichspogromnacht in der Frankfurter Synagoge, ohne ihre Urheberschaft zu offenbaren. Wenige Passagen strich er. Sie waren besonders heftig angegriffen und entsprechend häufig zitiert worden. Von Ignatz Bubis gesprochen, blieb die Rede nicht nur unbeanstandet, sie fand beifällige Zustimmung. Als der Vorsitzende des Zentralrats der Juden das Ergebnis dieses Experiments während einer Podiumsdiskussion mit dem Thema »Trauer oder Pflichtübung« offenbarte, wurde es verblüfft zur Kenntnis genommen und abgehakt.

Als Helmut Kohl Einspruch gegen den favorisierten Entwurf des Mahnmals in Berlin erhob, konnte er sich das nur erlauben, weil er Ignatz Bubis und Simon Wiesenthal, den Vorsitzenden des Bundes Jüdischer Verfolgter des Naziregimes, als Kritiker an seiner Seite wußte. Wer das Projekt in Frage stellt, setzt sich dem Vorwurf aus, das Vergessen des Holocaust zu betreiben. Damit sind bisher alle nichtjüdischen Kritiker des Mahnmals zum Schweigen gebracht worden.

Gedenkdomina

So einfach, so durchschaubar bleibt es nicht in den höheren
Semestern der Political Correctness. Als messe sich der
neue gesellschaftliche Status nach dem Status als Opfer, machen sich die Wohlmeinenden gegenseitig den Rang streitig.
Die Political Correctness frißt ihre Kinder. Je-des ein Opfer
– und wenn es an Tätern mangelt, ein Opfer der Opfer. Das
schreckliche Ende des unendlichen Wohlmeinens wird an
Edith Rohs, die sich Lea Rosh nennt, vollzogen. Correct bis
zur »Erlösung durch Überidentifikation«, wird sie hingerichtet. Weil sie so grausam gut war. Weil sie sich noch über
die Opfer erhob. Darum wurde sie die »Trauerarbeiterin
der Nation« genannt, eine »Gedenkdomina«, eine »Stief-
mutter Courage«, die »Oberjüdin Deutschlands«. Selbstverständlich darf sie öffentlich nur deshalb so beschimpft
werden, weil sie eben Edith Rohs ist und sich nur Lea Rosh
nennt. Weil sie eben gar kein richtiges Opfer ist, sondern
ihre »Imaginationsfähigkeit ... bis in die Gaskammer«
reicht (»Die Woche«). Sie hat sich zum Opfer gemacht, und
ihr Opfer wurde nicht angenommen. Sie wollte zuviel:
Hohepriesterin und Lamm zugleich sein. Darum mußte sie
ihre Opferphantasien »obszön« nennen lassen von Leuten,
unter denen sie ihre Freunde glaubte. Waren nicht »von
Willy Brandt bis Christa Wolf sowieso alle Menschen guten
Willens und schlechten Gewissens auf der Seite dieser hi-
storisch-moralisch großartigen Sache«? Die Menschen guten Willens und schlechten Gewissens sind es immer noch.
Sie haben gar keine andere Möglichkeit.

Lea Rosh, das von Beleidigungen überkübelte Opfer
einer »journalistischen Schmähkultur«, wie es die »Süddeutsche Zeitung« unterstellt? Wäre sie nur das. Aber wo
das Schmähen zur Kultur wird, ist nicht mehr viel Kultur.
Nur Ethnologen vermögen im Willen zur Vernichtung
Kultur zu erkennen. Ihr Interesse gilt für gewöhnlich pri-
mitiven Völkern.

Die political correcte Lea Rosh wird zur tragischen Figur der Political Correctness. Der in München lebende Schriftsteller Rafael Seligmann warf ihr vor, das »Judentum zu einer permanenten Trauerveranstaltung« zu machen. Als Jude darf er solche Töne anschlagen. Als er anzweifelte, daß ein Holocaust-Tag in Deutschland Sinn machen würde, stellte er fest, daß »jeder Nichtjude sogleich des Antisemitismus denunziert« würde, meldete er die gleichen Zweifel an. Seligmann aber macht von dem Vorrecht des Opfers Gebrauch und wirft Lea Rosh vor: »Ihr geht es nicht um Juden, ihr geht es schlicht um Nekrophilie.«

Und schließlich steht die Political Correctness kopf, purzeln Täter und Opfer durcheinander. Spätestens dann, wenn Edith Rohs, die Lea Rosh sein möchte, das Denkmal gegen die Kritik von jüdischer Seite mit dem Argument verteidigt, das Mahnmal sei eine Angelegenheit der Täterkinder.

Political Correctness verweigert das Recht auf Wahrheit

»Wir brauchen jetzt den Streit«

Trümmer schippen, Sirup aus Zuckerrüben kochen, Kartoffeln stoppeln – und so tun, als sei das alles. Weitermachen, wo es aufgehört hatte, Deutschland nach 1945. Entlassen, entlausen, entnazifizieren – und dann wieder das Leben gewinnen. Der Hunger lenkte den Blick nach vorn. Allgemein war Gewissen nicht gefragt. Man hatte andere Sorgen. Vor der Kollektivscham kam kollektives Hungern und Frieren. Als die Zeiten besser wurden, kam die Vergangenheit zurück. Der ging man aus dem Wege, wo es möglich war. Alle hatten die gleiche Vergangenheit, und alle beteuerten, keine zu haben. Oder eine andere zu haben, als die, die inzwischen mit der Schulspeisung verabreicht wurde. Jeder war persönlich nicht so schuldig.

Das war Deutschland-West nach 1949, als die einstimmig verabschiedete Bundesamnestie alle von weiterer Verfolgung ausnahm, die vor dem 15. September 1949 Straftaten begangen hatten, die mit Gefängnis bis zu sechs Monaten zu ahnden gewesen wären. Es waren zu viele auf den Schwarzmarkt gegangen. Es waren zu viele verstrickt. Alle hatten gemeinsam gelitten, die Täter, die Mitläufer und die Unbeteiligten. Mehrheitlich wollten sie, daß ein Schlußstrich gezogen werde. 1964 wurde die Amnestie mit dem zweiten Strafbefreiungsgesetz erweitert, die Zahl der Ermittlungsverfahren sank auf eine kaum noch wahrnehmbare Größe – und das entsprach dem allgemeinen Wunsch.

Bis eine neue Generation Ende der sechziger Jahre mit der Gnade der späten Geburt ihre generationsübliche Revolte hochstilisierte zur inquisitorischen Frage an die braunen Väter. Ausgestanden ist das bis heute nicht, obgleich es kaum noch braune Väter gibt. Wem frühe Schuld und langes Leben gegeben ist, der trägt für viele ab.

Nun die DDR. Nun sagen die Nichtbeteiligten den Insassen der DDR, wieviel Schuld sie auf sich luden. Und wundern sich, daß die Verfolgung der Verbrechen auf so zähen Widerstand stößt.

Zu viele glauben, recht gehandelt zu haben, und bekommen nun gesagt, es sei Unrecht gewesen. Selbst das Opfer mag plötzlich seine Pein angesichts einer als unsicher empfundenen Zukunft. Die Bedrückung der Vergangenheit schwindet, wenn nach den Schuldigen gefragt wird. So wie die Metallgitterzäune und Minenstreifen der einstigen Grenze zwischen beiden Teilen Deutschlands nahezu vollständig geschliffen und von Brache überkrautet sind, überzieht sperriges Gestrüpp das kurze Gedächtnis. Wenig ist, als ob es gestern gewesen wäre, vieles ist, als ob es niemals war. In der Allianz des Verdrängens vereinen sich die Täter von gestern, denen es heute bessergeht als ihren Opfern. Die Opfer von gestern, die heute wieder auf die Täter von gestern hereinfallen. Und dann sind da noch die ewigen Beschöniger, die gestern die Sprache der Täter redeten unter dem Vorwand, den Opfern helfen zu wollen, die heute das gleiche tun. Der Rattenfänger von Hameln flötet heute in Cottbus.

Wolfgang Templin, einst Mitbegründer des Bündnis 90, nennt die Verdränger eine »parteiübergreifende Koalition der Weißwäscher und Vertuscher, der Verharmloser und Schlußstrichzieher«. Die gestern political correct beschönigten, machen zum größeren Teil weiter. Wer »auf den mühseligen und schmerzhaften Prozeß der Aufarbeitung und Differenzierung der Auseinandersetzung mit Schuld und Versagen« setzt, macht sich im Osten Deutschlands in den Augen derer schuldig, die sich aus verständlichen Gründen der eigenen Vergangenheit nicht stellen wollen, und im Westen Deutschlands in den Augen der gleichen Leute, die ihren Vätern vorwerfen, die Vergangenheit nicht aufgearbeitet zu haben.

Erst am Ende der Auseinandersetzung mit der Vergangenheit können für Templin »Versöhnung und Amnestie stehen. So auch nur können die Werte und Maßstäbe der Demokratie erlebt und angenommen werden, können individuelle Selbständigkeit, Kritik- und Konfliktfähigkeit in einem Teil Deutschlands wachsen, der seinem Bürger vierzig Jahre lang Unmündigkeit und Untertanengeist verordnete.«

Versöhnung in der Gegenwart durch das Schweigen über die Vergangenheit? Für den Bürgerrechtler Rainer Eppelmann ist das nicht möglich, weil »Versöhnung nur dort Wirklichkeit werden kann, wo Schuld eingestanden worden ist«.

Wer so spricht, ist einigermaßen einsam. Er hat viele Kluge gegen sich und nahezu alle Dummen.

Tapferkeit ist keine Vokabel aus dem political correcten Wortschatz. Das Wort ist falsch belegt und damit abgeschrieben. Einsam sind auch die Tapferen. Wer sagt: »Wir brauchen jetzt den Streit, damit der Frieden später Bestand hat«, ist beides. Der Satz stammt von Joachim Gauck, dem Herrn der Stasi-Akten. Er hat sich häufig so geäußert, weil »ich nicht zu den Leuten gehöre, die meinen, man könne sich besonders gut versöhnen, wenn man besonders wenig weiß und besonders wenig tut«. In diesem Fall äußerte er sich so in einem Interview mit der »Süddeutschen Zeitung«. In dem gleichen Gespräch anerkannte er auch ein ganz unpolitisches Ruhebedürfnis, »das einfach da ist. Der einzelne kann sich nicht fortwährend in einer moralischen Selbsteinkehr befinden, man kann nicht fortwährend die eigene mangelnde Zivilcourage reflektieren. Da möchte man endlich mal Ruhe haben.«

Und vergessen, was gestern noch bedrückend war. Vergessen, was niemals zu erfahren war? Wie vergißt man, was man nicht weiß? Wer fünf Jahre nach dem Hinscheiden des DDR-Regimes von Amnestie sprach, einen neuen dicken Schlußstrich verlangte, befand sich in der political correcten Gesellschaft, die schon mauerübergreifend die Realität nicht wahrnehmen wollte.

Die Wahrheit kommt nur langsam an den Tag, und ihre Bewertung ist schwierig. Amnestie für jene Mauerschützen, die auf flüchtende Menschen schossen? Sie hatten einen Schießbefehl, der stets geleugnet wurde und der heute zu ihrer Verteidigung angeführt wird. Die Anweisung des »Nationalen Verteidigungsrats« war eindeutig: »Grenzverletzer (müssen) in jedem Fall als Gegner gestellt, wenn notwendig vernichtet werden.« Die Soldaten haben ihre Pflicht getan, wie es ihnen gesagt worden war. Die Perversion des staatlichen Lügens zeigt Paragraph 95 des DDR-Strafgesetzbuches: »Auf Gesetz, Befehl oder Anweisung kann sich nicht berufen, wer in Mißachtung der Grund- und Menschenrechte ... handelt.« Straffreiheit – für wen?

Straffreiheit für diejenigen, die Internierungslager für Oppositionelle planten? Die Unschuldige ins Zuchthaus schickten? Die Geld für die Staatskasse aus Postsendungen fingerten? Die das Recht beugten? Die Kinder zu Spitzel machten? Die Wahlen fälschten? Für wen soll es einen Schlußstrich geben und für wen nicht?

Die Diskussion darüber wird mit großer Ernsthaftigkeit und Beharrlichkeit geführt, von denen, die nach dem Schließen der Akten verlangen, und von denen, die eine Amnestie zumindest so lange für ausgeschlossen halten, bis die ganze Wahrheit bekannt ist, solange niemand sagen kann, was unter dem großen Schlußstrich verschwände.

Das Wort von der »Siegerjustiz« ist keine Neuschöpfung. Ebenso böse und verletzend, wie es heute in ostdeutschen Landen verwendet wird, machte es auch nach 1945 die Runde. Damals waren es die Besatzungsmächte, die nicht nur die politischen Führer, deren sie habhaft wurden, zur Verantwortung zogen, sondern auch die kleinen Parteigenossen, die Handlanger des Systems. Amnestie bescherten sich die Westdeutschen erst, als sie begannen, über sich selbst zu bestimmen.

Die Bezeichnung »Siegerjustiz« der neunziger Jahre ist ein PDS-geprägter Vorwurf. Die Verfolgung der Straftaten der DDR damit zu belegen, ist bösartig. Wissentlich bösartig. Denn wer fragt, was gewesen ist, bestraft damit noch nicht. Wer behauptet, die gesamte Bevölkerung der DDR solle kriminalisiert werden, nutzt Unsicherheit und Verstimmung, um von eigenen Machenschaften abzulenken.

Die Realität sieht anders aus. Achtundneunzig Prozent der DDR-Bevölkerung hatten nichts mit der Stasi zu tun. Drei Millionen Menschen flohen aus der Republik, fünfzehn Prozent der Bevölkerung. Seit 1990 haben die Schwerpunkt-Staatsanwaltschaften weit über vierzigtausend Ermittlungsverfahren eingeleitet. In dreihundertachtzig Fällen erhoben sie Anklage. Bis zum Frühjahr 1995 waren einhunderteinundneunzig Täter verurteilt, die Mehrzahl davon zu Geldstrafen oder auf Bewährung. In Berlin kamen von fünfzehntausendzweihundert Ermittlungsverfahren einhundertdreiundfünfzig Fälle zur Anklage, dreiundachtzig Täter wurden verurteilt. In Sachsen-Anhalt gab es fünftausendsechshundert Verfahren, aber nur einundzwanzig Anklagen und schließlich vier rechtskräftige Urteile. In Sachsen bleiben 99,9 Prozent aller Ermittlungen ohne juristische Konsequenz. In Zahlen: neuntausend Ermittlungen, sechsunddreißig Anklagen, neun Verurteilungen. Überall in den neuen Bundesländern das gleiche Bild, die gleiche Relation zwischen Verfahren und Anklagen. Das sind die Fakten, nicht die Fiktion des Volkes auf der Anklagebank. Delikte, die mit einer Freiheitsstrafe bis zu einem Jahr oder einer Geldstrafe bedroht sind, sind inzwischen verjährt, 1997 werden es auch die schweren Fälle sein, für die eine Strafe bis zu fünf Jahren vorgesehen ist.

Wer Fakten statt Fiktionen fordert, hat die Stimmung nur dann auf seiner Seite, wenn die Fakten passen. Ist das nicht der Fall, werden sie ignoriert. Als Fakten listete Joachim Gauck auf, »daß in der Privatwirtschaft fast so gut wie niemand auf eine Stasi-Tätigkeit überprüft wird: Makler, Personalchefs, Ärzte, Psychologen, Abteilungsleiter namhafter Firmen. Aus den Zeitungen erfahren wir, daß die alten Kader oft auch die neuen sind. Über die Verbitterung der Opfer dieser Leute redet kaum jemand. Auch im öffentlichen Dienst führt, wie hier im Lande Berlin, die Mitteilung der Tatsache, daß jemand IM war, keineswegs automatisch zur Entlassung. Bei der Berliner Lehrerschaft sind zum Beispiel nur einundzwanzig Prozent derer, die als IM ermittelt wurden, tatsächlich entlassen worden. Mehr als drei Viertel derer, die als IM und Lehrer gearbeitet haben, werden weiterbeschäftigt. In anderen Ministerien verhält es sich ähnlich.«

Tatsachen und Gefühle müssen nicht übereinstimmen. Das Empfinden der Menschen im Osten Deutschlands ist mehrheitlich anders, als durch die Fakten berechtigt. Sie fühlen sich als Volk auf der Anklagebank, übernehmen das Bild von der »Siegerjustiz«. In dieses falsche Bild fließt vieles mit ein: enttäuschte Hoffnung, verlorene Wärme, mißachtete Leistungen, Sorgen um die Zukunft, verlorene Privilegien, zerronnene Bedeutung. Das alles mault mürrisch gegen die Überstülpung, die Besatzer, die Besser-Wessis. Und die Täter von gestern werden schon wieder zu Tätern und umgarnen ihre Opfer mit den vertrauten Lügen, wärmen mit trotziger DDR-Nostalgie die nie eingelösten Versprechungen wieder auf.

Also doch besser der dicke Schlußstrich, um den Rattenfängern das säuselnde Lied zu nehmen? Politisch wäre das wohl richtig gedacht. Aber politisch richtig muß nicht richtig sein. Bei allen großen Unterschieden, die zwischen dem Ende der Diktatur 1945 und dem Ende der Diktatur 1989 liegen: in der Aufarbeitung werden analoge Linien sichtbar.

Weil das große gegenseitige Aufrechnen zwischen Tätern und Opfern nach 1945 ausblieb, konnte neue Gemeinsamkeit entstehen. Aber was verdrängt war, war nicht bewältigt. Das wurde später von einer neuen Generation eingefordert mit schweren Vorwürfen an die Väter. Sie haben den Westen des Landes in Aufruhr versetzt. Muß sich das im Osten des Landes wiederholen, weil die Gegenwart dem schmerzhaften Prozeß der Aufarbeitung ausweicht?

Zur Zeit sieht es so aus. Das Eingeständnis, IM gewesen zu sein, ist keineswegs ehrenrührig. Vergangenheitsbewältigung wird gleichgesetzt mit Vergangenheitsvernichtung. IM gewesen zu sein ist zwar noch nicht unbedingt eine Auszeichnung, aber im stillen Einverständnis für viele auch nicht sehr weit davon entfernt. Der Sozialismus ohne Reue ist das Ergebnis der verblassenden Erinnerung und des Trotzes gegen die Besser-Wessis.

Political Correctness paradox ist das Ergebnis. Das ist ein durchaus bekanntes Phänomen. Wieder einmal werden die Opfer zu Tätern und die Täter zu Opfern. Nicht der moralische Anspruch entscheidet, sondern die Frechheit, mit der die Moral in Anspruch genommen wird. Wer verblüfft eine Allianz quer durch das Spektrum der Parteien für den Schlußstrich feststellt, beobachtet zwar richtig, aber nicht aufmerksam genug. Die Linie läuft nicht zwischen Parteien, sondern zwischen Widerstand und Anpassung, zwischen Politik und Charakter.

Die Opfer, die sich gegen das Übermaß der Drangsal wehrten, die sich auflehnten und das DDR-Regime bis zum Einsturz demonstrierten, sind schon wieder die Opfer. Jene Mitglieder der Bürgerrechtsbewegung, für die die Namen Bärbel Bohley und Wolfgang Templin stehen, die den Vertuschern den Schlußstrich verwehren, die ohne Aufarbeitung der zweiten deutschen Diktatur keinen ehrlichen neuen Anfang sehen. Nein, Verräter hat man sie noch nicht genannt. Nicht öffentlich. Aber was wären sie denn sonst? Nestbeschmutzer nannte man solche Leute nach 1945. Die

Opfer werden angeschuldigt, Täter zu sein, und damit erneut zum Opfer gemacht. Wer mag schon Nestbeschmutzer? Joachim Gauck ist einer, er sogar in ganz besonderem Maße, und Wolfgang Thierse (SPD) ist einer, Wolfgang Ullmann (Bündnis 90) ist einer, Steffen Heitmann (CDU) ist es auch. »Straffreiheit« wäre für Heitmann »gleichbedeutend mit staatlich verordneter Teilnahmslosigkeit«.

Auf der anderen Seite machen sich die Täter von gestern zu den unschuldig Verfolgten von heute. Dreifach erhalten sie Unterstützung. Einmal von DDR-Bürgern, deren vorauseilender Gehorsam und duckende Anpassung die Herrschaft der Diktatoren samt Gefolgschaft erst möglich machte. Zum zweiten sind da die Politiker aus der alten Bundesrepublik, die sich bereits in der Vergangenheit in fatal vertraute Nähe mit den Tätern einließen, die Anbiederer, die bereits die Erfassungsstelle in Salzgitter schließen wollten, als sie die DDR noch voller Saft und Kraft wähnten. Schließlich sind da noch die Wohlmeinenden, die Außenstehenden, die von ihrer political correcten Gnade spenden möchten.

Aber haben Unbeteiligte überhaupt Gnade zu vergeben? Es steht ihnen nicht zu, solange Opfer einen Schlußstrich als Verhöhnung empfänden. Die Entscheidung über die Gnade liegt allein bei denen, die gelitten haben.

Wenn nur noch Kapitalverbrechen wie Mord, Folter und Erpressung verfolgt werden, wo bleibt dann die alltägliche Drangsal, aus der Mord, Folter und Erpressung erst zu Staatsdelikten wachsen konnten? Die wird weggelogen aus der Vergangenheit des Staates, der eine Lüge war.

»Den letzten Bürger der DDR« nannte der »Stern« Günter Gaus und bezeichnete ihn als »merkwürdigen Diplomaten«: »Bonns erster Ständiger Vertreter in der DDR hielt Dissidenten und Kritiker ... offenbar für ›Querulanten‹ und ›Quatschköpfe‹. Die Regierungsmannschaft aus Berlin dagegen fand er noch kurz vor der Wende so ›gut wie in keinem anderen Land der Welt‹. Gaus war – wie aus DDR-

Akten hervorgeht – überzeugt, daß die DDR ›weise‹ gelenkt werde.« Wen sollte es da noch verwundern, wenn Günter Gaus die »Staatssicherheit der DDR« mit der »Staatssicherheit der alten BRD« für vergleichbar hält? Eine Auffassung, die unter den im Westen Deutschlands lebenden Schlußstrichziehern einigermaßen populär ist. Political correct verlangen sie, zum Ausgleich müßten auch die Akten von Bundesnachrichtendienst und Verfassungsschutz geöffnet werden.

Einen »juristischen Schlußstrich« forderte auch Egon Bahr, der im annähernden Wandel Sympathien für die DDR entwickelt hatte. In einem »Spiegel«-Gespräch sagte er im Oktober 1994: »Der neue Bundestag sollte als eine seiner ersten Handlungen ein DDR-Schlußgesetz beschließen, das juristisch die DDR-Zeit beendet. Dann würden alle straffrei ausgehen, die keinem Menschen geschadet haben, kein Kapitalverbrechen begangen und kein Blut an ihren Händen kleben haben.«

Wenn nun Günter Gaus Egon Bahr befragt, wie das in der SAT.1-Sendung »News & Storys« im April 1995 der Fall war, dann entwickelt sich ein folgender Dialog:

Gaus: »Fühlen Sie sich wohl bei der Aussicht auf einen Prozeß gegen Egon Krenz und andere Mitglieder des Politbüros?«

Bahr: »Nein, da fühle ich mich ganz unwohl. Ich bin gespannt, welche Art von Schuld sie Leuten nachweisen wollen, die ihre Pflicht getan haben …«

Die Welt ist voller Pflichterfüller. In jeder Folterkammer steht einer. Sind das irgendwann auch Leute, »die keinem Menschen geschadet haben«? Warum sollte einer bestraft werden, der anderen nicht den Hals, sondern nur das Rückgrat des Selbstbewußtseins brach? Zählt das allenfalls nur zu den läßlichen Bösartigkeiten, die das Leben eben so mit sich bringt? So wie der Schriftsteller Chaim Noll sie in einer Abrechnung mit dem von Günter Gaus geprägten Begriff der »Nischengesellschaft« auflistet: »Nischengesellschaft –

was meint er damit? Die Friedhöfe, auf denen ostdeutsche Dichter von Gnaden der evangelischen Kirche ein Unterkommen als Totengräber fanden? Die Zuchthäuser, in denen junge Leute saßen, die nichts anderes gewollt hatten, als innerhalb Berlins die Wohnung zu wechseln? Die Nervenkliniken, in denen jemand wie ich seine Zeit verlor, dessen Verbrechen darin bestand, daß er eine altdeutsche Uniform nicht anziehen wollte?«

Noll hatte den Wehrdienst verweigert und war für mehrere Jahre in psychiatrische Kliniken gesteckt worden.

Gehört das zu den Dingen, »die keinem Menschen geschadet haben«? Für die systematische Zerstörung der Psyche, für die Zersetzung menschlicher Verbindungen, für den Vertrauensbruch gibt es keine Paragraphen im Strafgesetzbuch des Systems der Lüge. Davon profitieren die Richter und Staatsanwälte, die in der DDR das System stützten, politische Urteile sprachen. Sie bleiben nach einem Urteil des Bundesverfassungsgerichts zum größten Teil ohne Strafe, und die Anwälte behalten überwiegend ihre Zulassung. Genugtuung für die Opfer und Betrogenen gibt es nicht. Das ist die Realität. Die Amnestiedebatte war die Theorie.

Unrechtssysteme bestehen aus Leuten, die ihre Pflicht tun – oben und unten, fordernd und vorauseilend.

Political correct dominieren
Minderheiten die Mehrheit

Der beliebige Gott

»Mit Wucht hat die Konservativen ein Kulturschock getroffen: Die Umwälzungen des Bewußtseins, die seit Ende der 60er Jahre die Gesellschaft gründlich verändert haben, sind auch an der Justiz nicht spurlos vorübergegangen. Jetzt, mit zeitlicher Verzögerung, haben sie auch diese bislang tragende Säule konservativer Herrschaft erreicht. Jetzt reimt sich vieles zusammen für die Präzeptoren des Abendlandes, jetzt verdichten sich die Vorahnungen zur Gewißheit: Auch Justitia ist dem Geist der 68er erlegen.« So höhnte Hans-Ulrich Jörges auf dem Höhepunkt des Streites um das Kruzifix-Urteil des Bundesverfassungsgerichts in der Zeitung »Die Woche«.

Die Achtundsechziger, eine Schimäre? So gerne sich die Apo-Opas besingen, nostalgisch beglückt das Generationsetikett tragen, so flüchtig lösen sie sich auf, wenn sie das von ihnen bestimmte Denken wieder einmal correct unter Beweis gestellt haben. Wenn auch viel an ihrer Legende gestrickt wird, als Gruppe sind sie nicht existent. Um so allgegenwärtiger ist der von ihnen geprägte Zeitgeist. Von dem sind auch Richter nicht frei. Auch sie sind Kinder ihrer Zeit, mögen sie ihre Unabhängigkeit noch so betonen. Oder wie es ein Jurist am Bundesverfassungsgericht formulierte: Auch Richter sollten wissen, wo Bonn liegt.

Nichts gilt für die Ewigkeit, nicht jeder Grund trägt zu jeder Zeit. Nicht alle Antworten, die ein Richter zu geben hat, findet er in den Gesetzen. In einem Aufsatz stellte die Präsidentin des Bundesverfassungsgerichts, Jutta Limbach, die Frage: »Woher nimmt der Richter eigentlich seine Orientierungswerte, wenn das Gesetz ihm die Auskunft schuldig bleibt?« Ihre Antwort: »Die Richter ... müssen zuallererst unter Beweis stellen, daß sie aus der deutschen Vergangenheit gelernt haben, daß sie den Schutz des Menschen und vor allem der Minderheiten in unserem Land als ihre vornehmste Aufgabe erkennen.«

Der Schutz der Minderheiten als vornehmste Aufgabe – ist es das, was die Richter in Karlsruhe vermehrt gegen Verständnis und Empfinden der Mehrheit entscheiden läßt? Warum Querulanten und Intolerante vom Bundesverfassungsgericht sich so häufig besser bedient fühlen können als die Mehrheit, der die Toleranz abverlangt wird, die der einzelne mit höchstem richterlichem Segen nicht aufbringen muß? Ist das der Grund, warum sich der Eindruck aufdrängt, die Schutzwürdigkeit des Gemeinwesens stehe nicht mehr im Zweifelsfall höher als das Grundrecht des einzelnen auf freie Entfaltung der Persönlichkeit? Und ist das schließlich die Ursache, warum Entscheidungen des Bundesverfassungsgerichts zunehmend political correct sind?

Eine höhere Instanz als die Richter in den roten Roben gibt es in Deutschland nicht. Gegen ihre Entscheidung ist kein Einspruch möglich. Urteile aus Karlsruhe werden »gehandelt, als ob sie von Gott persönlich dem Moses auf dem Berg Sinai überreicht worden wären«, spöttelte Bundespräsident Roman Herzog, als er noch Präsident des Bundesverfassungsgerichts war. Unerschütterlich wie die Urteile schien auch das Ansehen des höchsten deutschen Gerichts. Bei Umfragen setzten es die Bundesbürger immer auf den ersten Platz jener Institutionen, denen sie besonders vertrauen. Ein solches Ansehen bekommt niemand verliehen, es muß erworben werden. Die Richter des Bundesverfassungsgerichts haben Urteile gefällt, die die Bundesrepublik festigten, die den Politikern aus gegenseitiger Lähmung halfen, die das Vertrauen des einzelnen in den Rechtsstaat stärkten. Die Richterinnen und Richter am Bundesverfassungsgericht haben gute Arbeit geleistet. Nicht alles kann immer jedem gefallen. Auch bei einem salomonischen Urteil bleibt immer noch Mißtrauen, ob denn der Vorteil der anderen Partei nicht doch größer sei. Aber auch mit mißlichen Urteilen aus Karlsruhe war zu leben.

Eine Gesellschaft, die sich in einem unbequemen Urteil zähneknirschend einrichten muß, nimmt dadurch keinen Schaden. Gefahr droht erst, wenn Richtersprüche wie politische Entscheidungen wirken. Und wenn sie Rechtsfrieden nicht schaffen, sondern verunsichern. Wenn die Folgen, die aus dem Urteil entstehen können, nicht bedacht werden.

Ein bayrisches Ausstattungsstück

Kein Urteil des Bundesverfassungsgerichts hat bislang so viel Empörung ausgelöst wie die Kruzifix-Entscheidung. Politiker erinnerten an den vergeblichen Versuch der Nazis, die Kreuze von der Wand zu holen, sahen die Deutschen einem Erpressungsversuch ausgesetzt, die Werte abendländischer Kultur aufgegeben, riefen zum Widerstand auf. Konservative warfen Grundsätze ihrer sittlichen Verpflichtung über Bord und mußten ermahnt werden, daß das Recht zu befolgen sei, auch dann zu akzeptieren sei, wenn die Entscheidung der eigenen Auffassung zuwiderlaufe. Der Lehrerverband warnte vor einem »Kulturkampf« an den Schulen, Geistliche beklagten »einen schwarzen Tag in der Geschichte unseres Volkes«. Die Empörung füllte die Leserbriefspalten und ließ die Posteingangskörbe beim Bundesverfassungsgericht überquellen. Über zweitausend Zuschriften, das hatte es nach Verkündung eines Urteils auch nicht einmal annähernd gegeben. Bei einer raschen

Umfrage des Emnid-Instituts für den »Spiegel« befürwor-
teten vierundzwanzig Prozent der Befragten das Urteil,
siebenundvierzig Prozent hielten es für falsch. Von den
befragten Katholiken stimmten nur sechzehn Prozent zu,
sechsundsechzig Prozent lehnten die Entscheidung ab. Das
Volk mochte das in seinem Namen gesprochene Urteil
nicht.

»Das Gericht kann seine Entscheidung nicht von der
jeweiligen Meinung in der Bevölkerung abhängig machen«,
sagte die BVG-Präsidentin Jutta Limbach in einem Gespräch mit dem »Spiegel« und fuhr fort: »Sollten wir uns
etwa der Demoskopie anvertrauen? ... Aber die Justiz muß
natürlich auch auf das Denken und Handeln der Bevölkerung Rücksicht nehmen ...«

Paragraph 13 der Rechtsverordnung des Bayrischen
Staatsministeriums für Unterricht und Kultus besagt: »Die
Schule unterstützt die Erziehungsberechtigten bei der reli-
giösen Erziehung der Kinder. Schulgebet, Schulgottesdienst
und Schulandacht sind Möglichkeiten dieser Unterstützung
... In jedem Klassenzimmer ist ein Kreuz anzubringen.«

Der Erste Senat des Bundesverfassungsgerichts entschied mit fünf gegen drei Stimmen am 16. Mai 1995: »Die
Anbringung eines Kreuzes oder Kruzifixes in den Unterrichtsräumen einer staatlichen Pflichtschule, die keine Bekenntnisschule ist, verstößt gegen Artikel 4 Absatz 1 GG.
Paragraph 13 Absatz 1 Satz 3 der Schulordnung für die
Volksschulen in Bayern ist mit Artikel 4 Absatz 1 GG
unvereinbar und nichtig.«

Keine Entscheidung ist jemals zuvor so gedreht, gewendet, interpretiert worden wie diese. Und keine ist so umge-
hend nachgebessert worden – von Richtern, die urteilen
und ansonsten schweigen sollten. Möglicherweise hatten sie
auf das Denken und Handeln der Bevölkerung, die ihnen
ihre Legitimation verlieh, doch nicht ausreichend Rücksicht genommen? Möglicherweise spürten sie, daß mit diesem Urteil die Grenze überschritten wurde, von der an die

Mehrheit sich weigert, sich ihre Lebensgestaltung von einer Minderheit vorschreiben zu lassen.

Die Pressestelle des Bundesverfassungsgerichts reparierte nach zwei Wochen erbitterten Streitens in der Öffentlichkeit über das Urteil den Leitsatz 1 »sprachlich dahin, daß die staatlich angeordnete Anbringung eines Kreuzes oder Kruzifixes in Unterrichtsräumen einer staatlichen Pflichtschule, die keine Bekenntnisschule ist, gegen Artikel 4 Absatz 1 GG verstößt. Nur darüber ist mit dem Beschluß vom 16. Mai 1995 entschieden worden.« Also nicht mehr das Kruzifix, sondern die staatlich angeordnete Anbringung wurde moniert. Das ändert aber nichts an der Tendenz: Das Kruzifix muß weg, wenn ein einzelner es verlangt.

Die Diskussion um das Urteil rieb sich sehr bald müde an der Frage, welche Bedeutung das Kreuz oder das Kruzifix als christliches Symbol hat. Die protestantischen Bilderstürmer behaupteten ihre traditionelle Fortschrittlichkeit. Die nordelbische Bischöfin Maria Jepsen sah im Kruzifix »ein persönliches und öffentliches Bekenntniszeichen ... Zum anderen gewiß auch ein traditionelles Ausstattungsstück katholisch-bayrischer Kultur. Und beides ist häufig nicht voneinander zu unterscheiden.«

So viel Aufregung wegen eines Ausstattungsstücks? Gewiß haben sich viele erregt, für die das Kruzifix wirklich nicht mehr ist, längst in der Gewöhnung übersehen. Die Politik tönte lauter und entschiedener als die Kirche, deren Anliegen das Kreuz in den Schulen doch sein müßte.

Es war kein Streit Halbgötter gegen Gott. Gott war nur Mittel zum Zweck. Der Zweck ist, mag das auch noch so vehement bestritten werden, ein political correctes Lehrstück der Diktatur der Minderheit über die Mehrheit, wie immer abgeleitet und begründet mit der Schuld der Vergangenheit.

In diesem Fall verweigert die Minderheit der Mehrheit das Recht zum Bekenntnis. In einem früheren Kommentar zum Grundgesetz hat Roman Herzog festgestellt, »die Versuchung, aus der negativen Glaubensfreiheit ein Recht darauf herzuleiten, daß andere auf eine von ihnen gewünschte positive Religionsausübung verzichten müssen, geht im Ansatz fehl«. Diese Auffassung schien nunmehr korrigiert. Das Grundrecht, an nichts zu glauben, das Recht auf den von allen Zeichen eines Bekenntnisses bereinigten Raum hat Vorrang. Wenn einer nicht unter dem Kreuz lernen will, dann müssen alle anderen auf das Kreuz verzichten. Wenn es einem nicht paßt, was alle anderen tun, dann haben es die anderen zu unterlassen. Wie ist das doch im PC-Stammland USA? Nicht die Belästigung ist nachzuweisen, es genügt, sich für belästigt zu erklären. Und hierzulande genügt die Behauptung eines Atheisten oder Andersgläubigen, lernend unter dem Kreuz zu leiden, um den kultigen Wandschmuck abzuhängen? Die Umgänglichen haben Toleranz zu üben mit den Intoleranten.

Wieviel Toleranz braucht ein Mensch?

Angefangen hat alles in dem Dorf Fischbach in der Oberpfalz. Dort lebte ein ehemaliger Friedhofsgärtner als Frührentner. Weil er Zeit hatte und geistlichen Dingen zugetan war, sprach er häufig mit dem katholischen Pfarrer leibhaftig und auf Gedankenreisen mit tibetischen Lamas und afrikanischen Schamanen. Als die älteste Tochter eingeschult wurde, hing im Klassenraum ein Kruzifix, stattliche achtzig Zentimeter hoch. Weil er nicht wollte, daß der »männliche Leichnam« in das Unterbewußtsein seiner Tochter dringe, bat er um Entfernung. Der zuständige Geistliche zeigte Verständnis, ließ das Kruzifix abhängen und statt dessen ein schlichtes Holzkreuz aufhängen. Das aber genügte dem Vater nicht. Das Kreuz müsse von der Stirnwand des Klassenzimmers verschwinden, wo es ständig im Blickfeld seiner Tochter sei. Der Pfarrer ließ es neben der Tür anbringen. Und jeder nahm es hin. Als die Tochter die Klasse wechselte, wiederholte sich die Sache, das Kruzifix wurde abgehängt, ein Kreuz außerhalb des Blickfeldes angebracht. Diesmal auch unter Einschaltung des Schulamtes. Doch jetzt wollte es der Vater genau wissen. Was die Schule berechtige, die Kreuze anzubringen, verlangte er zu wissen. Das Kultusministerium antwortete, mit dem Kreuz sollten »überpositivistische Bildungsziele« in Erinnerung gebracht werden. Davon aber hielt der Vater gar nichts. Fortan ging die Tochter nicht mehr zur Schule. Der Staat versuchte seine »überpositivistischen Bildungsziele« zu verwirklichen, wie das in solchen Fällen üblich ist. Er schickte Bußgeldbescheide, drohte mit Erzwingungshaft. Vergeblich. Der Landkreis Schwandorf bot an, die Kosten (!) für den Besuch der Waldorfschule zu übernehmen. Vergeblich. Die Polizei erschien und kapitulierte vor dem verrammelten Haus. Schließlich die Drohung mit dem Entzug des Sorgerechts. Da gab der Vater auf. Die Tochter kam in die fünfte Klasse der Hauptschule im benachbarten Nittenau. Dort hatte man sich bereits vorbereitet, das Kruzifix war gegen das Kreuz getauscht und das Kreuz statt an der Stirnseite seitlich angebracht worden. Allerdings fand der Unterricht gelegentlich auch in Fachräumen statt, und dort hing das Kruzifix an der Stirnwand. Auf ausdrücklichen Wunsch des Elternbeirats und der Lehrerkonferenz, die am Ende ihrer Toleranz waren. Im Ethikunterricht mußte die Lehrerin das Kruzifix vor Beginn der Stunde entfernen. In den anderen Sonderstunden möge das Kind sich doch so setzen, daß es das Kruzifix nicht sehen müsse, hatte die Schulleitung dem Vater geraten. Der erhob Klage beim Verwaltungsgericht Regensburg.

Soviel zum Thema Minderheitenschutz. Soviel zur angeblichen Intoleranz der Ämter. Soviel zum angeblichen Unverständnis der Mitbürger.

Friedrich Wetter, Kardinal des Erzbistums München und Freising, zürnte: »Wir haben uns als christliche Mehrheit in Bayern in ganz entschiedener Weise für Toleranz gegenüber

Andersdenkenden und Andersgläubigen entschieden. Wir dürfen mit der Bevölkerungsmehrheit darum auch Toleranz gegenüber christlicher Lebenspraxis erwarten.«

Das eben ist der Irrtum.

Die Toleranz grenzt sich ja schon bei den Glaubensbrüdern und -schwestern mit dem anderen Gesangbuch ab. Die ganz norddeutsch-evangelische Bischöfin Maria Jepsen zeigte in einem Beitrag für die »Süddeutsche Zeitung« Verständnis: »Auch aus pädagogischen Gründen halte ich ein Kruzifix, also den dauernden Anblick eines gefolterten Menschen, in Grundschulklassenräumen zumindest für fragwürdig. Hätte ich eigene Kinder, ich würde im Kinderzimmer solch ein Kreuz nicht aufhängen.«

Die Folgen dieses Urteils werden sich erst mit der Zeit zeigen. Es war nicht der erste Streit um das Kruzifix, und es wird auch nicht der letzte gewesen sein. Mit jedem wird das Symbol der Christen beliebiger, leichter zur Disposition gestellt. Das profane Bildnis ist austauschbar. Warum nicht neben dem Kreuz eine Ansicht von Mekka? Und neben dem Bild von Mekka eine Statue von Wischnu? Und daneben ein lächelnder Buddha? Warum denn nicht? Wenn es damit aufhörte? Aber warum sollte es? Beliebige Symbole vermehren sich auch beliebig. Multikulti für Kultfiguren.

Der liebe Gott ist seines Bleibens nicht mehr sicher. Die Grünen verlangen die Streichung des Strafgesetz-Paragraphen 166, der Gotteslästerung unter Strafe stellt, sie verlangten Gottes Entfernung aus der Präambel des Grundgesetzes. »Im Bewußtsein seiner Verantwortung vor Gott und den Menschen ... hat das deutsche Volk« das Grundgesetz beschlossen. Wäre es nach den Grünen und der PDS gegangen, Gott wäre aus dem ersten Satz des Grundgesetzes geflogen, als nach der Vereinigung das Grundgesetz einer Prüfung unterzogen wurde. Der Antrag fand nur die Zustimmung der Antragsteller. Alle anderen Parteien machten geschlossen Front gegen die Entfernung Gottes.

Tatsächlich aber ist die Zeit des lieben Gottes abgelaufen

und die des beliebigen Gottes gekommen. Jedenfalls für diejenigen, die dem ehemaligen Präsidenten des Ersten Senats des Bundesverfassungsgerichts, Johann Friedrich Henschel, zustimmten. Der nämlich hatte erkannt: »Die Präambel spricht nicht vom christlichen Gott.« Im zirpenden Chor der freundlichen Zeitgeister erklärte Heribert Prantl in der »Süddeutschen Zeitung«: »Die Verfassung beginnt in der Tat mit der Anrufung Gottes. Dieser Gott des Grundgesetzes trägt aber nicht das Gewand einer Religion; er ist vielmehr Chiffre für das Unveräußerliche, für all die Grundwerte, die auch einer Mehrheitsentscheidung entzogen sind ...«

Erst wird das Kruzifix zum »traditionellen Ausstattungsstück katholisch-bayrischer Kultur«, dann die Religion zum Kulturgut? Bischöfin Jepsen hielt den Streit um das Kruzifix im Klassenzimmer für überflüssig: »Die Christlichkeit einer Gesellschaft wird sich eher an Taten als an dem Vorhandensein von Symbolen erweisen. Von daher wäre es mir lieber, es würden die Entscheidungen etwa der Asylgesetzgebung an den Vorstellungen Jesu und biblischen Maximen diskutiert werden als nun gerade der Beschluß über einen mehr oder weniger üblichen Wandschmuck.« Und das Engagement, mit dem Politiker für den Wandschmuck eintraten, hätte sie »gern erlebt bei der Asyldebatte, beim Eintreten gegen Aushöhlung der Sonntagsruhe, in Sachen Arbeitslosigkeit, Armut, Waffenhandel, Homosexualität und Ausländerwahlrecht«.

Soldaten sind Mörder

Als das Bundesverfassungsgericht im August 1994 entschied, ein Autoaufkleber mit dem Spruch »Soldaten sind Mörder« sei nicht strafbar, sah der Erste Senat keine Veranlassung zu einer Pressemitteilung. Die Richter hatten die Sache nicht für so wichtig angesehen. Das läßt Rückschlüsse auf die Sensibilität der Richter zu. Und auf die Art und Weise, wie sie »auf das Denken und Handeln der Bevölkerung Rücksicht nehmen«.

Das Tucholsky-Zitat stellten die Richter unter den Schutz der freien Meinungsäußerung. Seitdem macht es Karriere. Poster mit dem Aufdruck »Soldaten sind Mörder« verzierten Stände des Evangelischen Kirchentages in Hamburg. Bei der gleichen Veranstaltung trug ein Stand die Aufschrift »SOLDAT« – als Abkürzung für »Soll ohne langes Denken automatisch töten«. Die evangelische Patmos-Gemeinde hängte Plakate mit der Aufschrift aus: »Das lernt man bei der Bundeswehr – drohen – töten – vernichten.« Als der Militärbischof Hartmut Löwe die Plakate als »Verwahrlosung der guten Sitten« kritisierte, belehrte ihn die Kirchengemeinde, jeder Soldat werde im Fall seines Einsatzes durch den Staat vom Tötungsverbot suspendiert. In Oldenburg weigerten sich Pastoren, Bundeswehrsoldaten in Uniform zu trauen. Sie beriefen sich dabei auf ihr Gewissen.

Wie gefeit der Hochmut im juristischen Elfenbeinturm gegen Volkes Stimme ist, demonstrierten die Richter des Ersten Senats des Bundesverfassungsgerichts im Oktober 1995 mit einer neuerlichen Entscheidung zu dem Satz »Soldaten sind Mörder«. Mehrheitlich erkannten die Richter abermals keine Beleidigung, sofern nicht einzelne Soldaten der Bundeswehr oder die Bundeswehr unmittelbar gemeint seien. Allenfalls eine Kränkung sahen sie, aber die ist nicht strafbar.

Nach dieser Entscheidung sei nur noch ein Freispruch möglich, urteilte im Januar 1996 ein Richter am Landgericht Mainz und sprach unter Protest einen Mann frei, der in einem Leserbrief formuliert hatte: »Alle Soldaten sind potentielle Mörder.« Der Mann war bereits in mehreren Instanzen wegen Beleidigung zu einer Geldstrafe von dreitausend Mark verurteilt worden. Diese Verurteilung war vom Bundesverfassungsgericht mit der Entscheidung vom Oktober 1995 aufgehoben worden und stand zur Revision an. Weil nach Ansicht des Richters am Landgericht, Karl-Hans Fischer, die

Karlsruher Entscheidung »anmaßend, juristisch fragwürdig und gesellschaftspolitisch falsch« ist, aber so enge Grenzen setze, daß nur ein Freispruch zulässig sei, entschuldigte er sich bei Verkündung des Urteils bei den im Gerichtssaal anwesenden Angehörigen der Bundeswehr. Jedes andere Urteil wäre einem »juristischen Amoklauf« gleichgekommen.

Soldaten werden als »Killer«, »Henker« oder »Menschenmetzger« diffamiert. Der »Spiegel« registriert einen »mehr als zehnjährigen Vokabelkampf, den zwei unversöhnliche Lager um den treffendsten Ausdruck respektive die verwerflichste Schmähmetapher für Mitmenschen im Waffenrock führen. Auf der einen Seite sehen Bundeswehr und die unteren Gerichtsinstanzen die Ehre der Militärs gefährdet, auf der anderen dagegen sorgen sich Kriegsgegner und höhere Instanzen – zumal das Bundesverfassungsgericht – um die Meinungsfreiheit.«

Die Meinungsfreiheit des einzelnen als Grundrecht zur Diffamierung? Es kommt offenbar darauf an, wer davon Gebrauch macht. Den Diffamierten steht es nicht zu. Schon gar nicht als Kritik an der obersten Instanz aller Instanzen. Auch nicht in relativierender Form. Als Generalmajor Gerd Schultze-Rhonhof den Ausspruch »Soldaten sind Mörder« als ähnlich »absurd und ehrabschneidend« bezeichnete wie einen »Vergleich des Bundesverfassungsgerichts mit dem Volksgerichtshof«, schlug ihm der Zorn der geübten Empörer entgegen. Sozialdemokraten verlangten nach Konsequenzen, die Grünen den Rücktritt. Erst als der General die verlangte Zerknirschung zeigte und Selbstkritik übte, verbellte ihn die political correcte Wut nicht länger.

Ungehorsam

Als nach der Verkündigung des Kruzifix-Urteils die erste Empörung aufwallte, als bis in die tiefsten Gründe ihrer Seele Konservative einen schlagartigen persönlichen Wertewandel durchlebten und alle Staatsräson fahren ließen und bockig wie Anarchisten aufmaulten, dieses Urteil würden sie nun keinesfalls befolgen, als sie ein Recht auf Widerstand gegen solche Art der Vergewaltigung formulierten und den staatlichen Rechtsbruch zur Tugend erklärten, da wurden sie zu Recht ermahnt, solche Flegelei zu lassen. Mangelndes Einverständnis entbinde nicht von der Befolgungspflicht, erklärte der Verfassungsrichter Dieter Grimm in einem Beitrag für die »FAZ«: »Wer erklärt, den Richtspruch nicht zu befolgen, oder dazu aufruft, sich ihm zu widersetzen, handelt nach der Maxime, daß man das Recht nur dann zu beachten hat, wenn es einem paßt. Auf dem Spiel steht also nicht weniger als die Verbindlichkeit des Rechts. Diese ist aber die Grundlage staatlicher Herrschaft und politischer Gestaltung überhaupt, jedenfalls im Rechtsstaat. Wer heute zur Mißachtung von Gerichtsentscheidungen auffordert, weil sie ihm mißfallen, wird morgen nicht begründen können, warum andere Gesetze oder Verwaltungsakte befolgen sollen, die sie nicht billigen. Wenn Politiker auf der jetzt eingeschlagenen Bahn fortfahren, untergraben sie nicht nur die Grundlagen des Verfassungsstaats. Sie machen sich über kurz oder lang ihr eigenes Geschäft unmöglich.«

Wort für Wort richtig. Und überfällig. Notwendig wäre das schon gewesen, als in der Euphorie des Brent-Spar-Protestes Politiker aller Schattierungen mit Lust an dem Ast sägten, auf dem sie sitzen.

Die Ermahnung des Richters hätte allerdings noch überzeugender geklungen, hätte das Bundesverfassungsgericht nicht seinerseits kurz zuvor dem Widerstand der Minderheit eine Bresche geschlagen. Mit fünf gegen drei Stimmen entschied der Erste Senat, daß Sitzblockaden nicht mehr als Nötigung strafbar sind. »Die körperliche Anwesenheit an einer Stelle, die ein anderer einnehmen oder passieren möchte«, sei keine Gewalt. Unter den fünf Richtern, die dem Begriff der Gewalt eine neue Dimension gaben, war auch Dieter Grimm.

Über Nacht war, was gestern noch Recht war, zu Unrecht geworden. Seit einer Entscheidung des Reichsgerichts 1911 hatte eine Sitzblockade als Nötigung und als Gewalt gegolten. Durch die Entscheidung der Karlsruher Richter wurde Rechtsbruch zu Recht.

Dennoch nimmt diese Entscheidung in der Reihe der kritisierten Urteile des Bundesverfassungsgerichts eine Sonderstellung ein. Einundfünfzig Prozent der Bevölkerung, so ermittelte das Allensbacher Institut für Demoskopie, stimmten dem Urteil zu. Den »appellativen Charakter« des Gekreuzigten hingegen, der beim Kruzifix-Beschluß unterstellt wurde, halten siebzig Prozent für abwegig. Fünfundsechzig Prozent lehnen die Entscheidung ab, nach der Besitz von Cannabis-Produkten für den eigenen Verbrauch straffrei ist. Fünfundfünfzig Prozent halten das Urteil, nach dem »Soldaten sind Mörder« keine Beleidigung ist, für einen Skandal.

Solche gravierenden Gegensätze zwischen öffentlicher Meinung und Auffassung des Bundesverfassungsgerichts blieben nicht ohne Folgen. Das Ansehen der obersten juristischen Instanz ist lädiert. Nicht länger bewahrten die Hüter der Verfassung ihr hohes Ansehen unbeschadet. Bis 1994 beurteilten einundfünfzig Prozent der Bevölkerung das Gericht uneingeschränkt positiv. »Erdrutschartig« sank diese Rate 1995 nach einer Erhebung von Allensbach auf vierzig Prozent. Die Geschäftsführerin des Allensbacher Instituts, Renate Köcher, resümierte: »Die aktuelle Diskussion um das Bundesverfassungsgericht geht nur vordergründig um das Kreuz, um die Grenzen der Meinungsfreiheit oder die Einschätzung der Gefahren der Drogen. Dahinter steht die Auseinandersetzung um die Macht über die Werteordnung des Grundgesetzes und die Beibehaltung der Gewaltenteilung, in der das Bundesverfassungsgericht Hüter, nicht Herrscher der Verfassung ist.«

Political Correctness hat keinen Humor, nicht freiwillig

Der amerikanische Kulturschock

Manchmal genüge es in den USA schon, ein Weißer zu sein, um als Rassist abgestempelt zu werden, klagt Robert Hughes in seinem Buch »Nachrichten aus dem Jammertal«. Und ist er obendrein ein WASP, dann ist die Sache klar. WASPs sind White Anglo-Saxon Protestants im political correcten Sprachgebrauch, also weiß, protestantisch und von angelsächsischer Abstammung. Über deren Schuld geht nichts. WASPs hielten Sklaven, WASPs unterdrückten Minderheiten, WASPs bedeuten aus.

Seltsam krauses Kraut wuchert im Stammland der Political Correcten. Ohne allzu lauten Widerspruch. Als mache die zugesprochene Schuld die Weißen stumm. Ein weißer Hochschullehrer, der erklärte, wer die Geschichte der Sklaverei verstehen wolle, müsse auch die Schriften der Sklavenhalter lesen, der in seiner Vorlesung aus dem Tagebuch eines Pflanzers in den Südstaaten zitieren ließ, wurde als Rassist beschimpft, bis er seinen Kursus absetzte. Ohnehin erklären Schwarze, nur sie seien imstande, über Sklaverei zu schreiben. Widerspruch zu solcher Anmaßung wird als rassistisch abgeurteilt, die Zustimmung heißt political correct. Der Leibeigenschaft der Sklaven sei inzwischen die psychische Versklavung der Schwarzen gefolgt, lehren schwarze Dozenten an den Universitäten.

Mit dem Trauma der Sklaverei wird den Weißen immerwährende Reue aufgegeben, das schlechte Gewissen deckelt

Kritiker und macht jeglichen Unsinn campusfähig. Die Afrozentristen sind keine Spinner in irgendwelchen Hinterzimmern, sie sind Spinner mit Katheder. Von denen dürfen sie verkünden, die Erbauer der Pyramiden seien schwarz gewesen, ebenso Kleopatra und Euklid. Die Hieroglyphen seien eine schwarze Schrift. Die steinern in den blauen Himmel ragenden Figuren, die Säulentempel, seien nicht von schwarzen Sklaven errichtet, sondern von Schwarzen entworfen und berechnet worden. Diese schwarze Geschichte Ägyptens hätten weiße Historiker geraubt und sie rassistisch verfälscht. So wie Aristoteles sein Wissen aus der Bibliothek von Alexandria geraubt habe (die erst nach seinem Tod gebaut wurde). Und das Rauben dauere an. Förmlich dekulturalisiert würden schwarze Jugendliche, mit der Folge einer eurozentrischen, rassistischen, elitistischen und imperialistischen Indoktrination und der systematischen Verunglimpfung schwarzer Werte und Errungenschaften.

Nicht genug? Beispiele? Die Phantasie ist jung in einem Land, das »Jurassic Park« erfindet, als müsse morgen eine Hauptabteilung des Innenministeriums Abwehrmaßnahmen gegen freilaufende Saurier entwickeln. Und beflügelt vom political correcten Rassismus erfinden farbige Wissenschaftler die Welt neu. Beispielsweise entdecken sie jene Ägypter – schwarze selbstverständlich –, die in einer Art Segelflugzeug über der Erde schwebten. Nur ein Produkt blühender Phantasie? Nein, der vorgebliche Beweis wird angeboten. Ein Engländer hatte vor geraumer Zeit die Falkengestalt des Gottes Horus mit einem Segelflugzeug verwechselt. Über eine solche Art der Beweisführung darf die Nase nur heimlich gerümpft werden. Und nur vorsichtig. Sammelte nicht mit solchen Phantasien und Belegen ein Erich von Dänicken vor nicht allzu langer Zeit eine gläubige Schar um sich? Ebenso darf behauptet werden, die Einwohner von Tansania seien fähig gewesen, Eisen mittels Halbleitertechnologie zu schmelzen, und die Ägypter – die schwarzen –, Batterien zu bauen, nachdem sie die Zitteraale im Nil beobachtet hatten.

Robert Hughes fand noch ein paar bemerkenswerte Beispiele mehr: »… daß Südamerika durch afrikanische Expeditionen besiedelt wurde; Berichte darüber seien, wie könnte es auch anders sein, verlorengegangen. Der Beweis dafür sind die dicken Lippen der Olmekenskulpturen. Die Afrozentristen sind außerdem der Meinung, das Gesicht der Großen Sphinx von Gizeh sei das eines Schwarzen gewesen. Napoleons Soldaten hätten nur deshalb den Befehl bekommen, es mit Kanonen zu zerschießen, um eben diese Tatsache zu vertuschen. Dafür gibt es keinerlei Beweise, aber natürlich auch keine Gegenbeweise – doch das haben nun einmal alle Dinge, die nie passiert sind, gemeinsam. Dieser Unsinn ist es, den die Mitglieder des New York State Board of Regents meinen, wenn sie von ›nichtdominanten Wissensquellen‹ sprechen.«

Alles Unsinn? Unsinn! Ernst ist es gemeint. Wer das für Unsinn hält, ist ein Rassist. Was er ja mit seiner inkompetenten, vernagelten Einstellung hinlänglich demonstriert.

Das political correcte Weltbild ist nicht kompliziert. Fundamentalistische Weltansichten sind niemals kompliziert. Erst die Verästelungen, die mit der Zeit des Nachdenkens und Ordnens aus dem Fundament ranken, entfernen sich von den einfachen Strukturen.

Die N-Bombe

Mark Twains meisterliche Erzählung »Die Abenteuer des Huckleberry Finn« ist für die Amerikaner der populärste Klassiker ihrer Literatur. Ernest Hemingway stufte ihn als jenes Werk ein, dem »die gesamte moderne amerikanische Literatur entsprang«. Seit vielen Jahren stehen »Die Abenteuer des Huckleberry Finn« ununterbrochen in den Top ten der am meisten angegriffenen Bücher. Huckleberry

Finn ist rassistisch. Behaupten jene, die das Buch auf den Index setzen. Dort steht es mit den aus gleichem Grund eliminierten Märchen der Brüder Grimm. PC verbrennt keine Bücher, aber es mustert sie aus und verbannt sie aus dem Schulunterricht.

»Ich halte das Buch (»Huckleberry Finn«, d. A.) für den schlimmsten rassistischen Schund, der unseren Kindern zu lesen gegeben wird«, erklärt der schwarze Pädagoge John Wallace von der Chicagoer Schulbehörde. Er spricht damit den Bannfluch, der das Buch aus den Schulen entfernt. Jedenfalls in der unbereinigten Originalfassung. Zensor Wallace hat die Geschichte umgeschrieben und alle Stellen geändert, von denen sich ein Schwarzer beleidigt fühlen könnte.

Als hätte er etwas geahnt, hatte Mark Twain seiner Erzählung vorausgeschickt: »Personen, die versuchen, in dieser Erzählung ein Motiv zu finden, werden belangt. Personen, die darin eine Moral finden wollen, werden verbannt. Personen, die in ihr eine Handlung zu entdecken versuchen, werden erschossen.«

Was ist so schlimm an der Story von dem armen weißen Jungen und dem entlaufenen Sklaven Jim, die gemeinsam auf einem Floß auf dem Mississippi reisen und dabei zu Freunden werden? Umstritten war die Geschichte schon, als sie 1885 veröffentlicht wurde. Zu grob, zu derb, zu unelegant sei die Lektüre, wurde Mark Twain vorgeworfen, und das Buch wurde aus Bibliotheken verbannt oder gar nicht erst zugelassen. Im gleichen Jahr finanzierte Mark Twain einem jungen Schwarzen das Studium an der Yale-Universität. Das war für ihn nicht Großherzigkeit, sondern das Abtragen von Schuld. In einem Brief an seinen schwarzen Schützling schrieb er: »Wir haben ihre menschliche Würde mit Füßen getreten. Das ist unsere Schande, nicht Ihre. Und wir sollten dafür bezahlen.«

Hundert Jahre später ist aus der »uneleganten« Erzählung, mit der Mark Twain seinen rassistischen Landsleuten und weißen Brüdern einen Spiegel vorhalten wollte, ein rassistisches Machwerk geworden. Nicht die Moral, die Unmoral wurde gefunden. Nicht Twain verbannte, wie er augenzwinkernd androhte, er wird verbannt. Ohne jedes Augenzwinkern. Das wird political correct so begründet: Klug, geschickt und umsichtig ist Huck, der weiße Junge. Dumm, einfältig und abergläubisch ist Jim, der schwarze Junge. Über seinen kindlichen Unverstand darf gelacht werden. So hat Twain die Geschichte geschrieben – und deshalb ist sie rassistisch.

John Wallace, der Zensor und Umschreiber, hatte viel zu korrigieren. Er entdeckt in der Erzählung Afro-Amerikaner nur als Diebe und Lügner, aber nicht als Menschen. Nur weil die meisten Amerikaner Rassisten seien, habe die Geschichte zur wichtigsten amerikanischen Erzählung avancieren können.

Schlimmer aber noch wirkt sich der hemmungslose Gebrauch des »N-Worts« aus. Die »New York Times« nannte es die »N-Bombe«. Das »N-Wort« steht für Nigger. Kein Schimpfwort trägt in den USA größere rassistische Last. Darum umschreiben sehr höfliche, sehr vorsichtige und sehr correcte Amerikaner das Wort »Nigger«, wenn aus Gründen des Zitierens dessen Gebrauch unumgänglich ist, mit der Krücke »N-Wort«. Schließlich wurde es schon vor siebzig Jahren für unaussprechlich erklärt – von Schwarzen für Weiße. Schwarze selbst dürfen es sagen – und nicht nur Rap-Musiker verwenden es mit Genuß. Dieses Unwort benutzte Mark Twain in »Huckleberry Finn«, wie eine political correcte Zählung ergab, zweihundertfünfzehnmal!

Wie soll ein political correcter Lehrer diese Geschichte in seiner gemischten Klasse laut vorlesen lassen, und sei es auch erst in der zehnten? Dort, wo das Buch noch nicht von der Schule verbannt ist, darf das Wort »Nigger« niemals laut ausgesprochen werden, und wenn es im Originaltext auftaucht, dann hat der vorlesende Schüler es zu ersetzen durch »slave« oder »black person«.

So steigert Schweigen das Unwort zum unaussprechlichen. Als Mark Twain den »Huckleberry Finn« schrieb, gehörte es zum Sprachgebrauch, gedankenlos herabsetzend. Die Verschweiger machen daraus mystische Schande und ewige Verfluchung.

Bereits die Nähe des »N-Wortes« ist Gefahr. Und so sind es keineswegs Schulen mit überwiegend schwarzen Schülern, die, von der »N-Bombe« bedroht, in Deckung gehen. »N-Wort«-reine Lektüre bieten political correct jene Schulen, die von Kindern der Washingtoner Prominenz besucht werden. Nirgendwo ist die Vorsicht der Correcten größer. Die private »National Cathedral School«, Hort der höheren Töchter, zog Huck aus dem Verkehr, ebenso »St. Alban's«, einst von Vizepräsident Gore besucht und nunmehr Schule seines Sohnes. Chelsea Clinton muß auf der gemischten Schule »Sidwell's Friends« die verfängliche Lektüre auch nicht mehr lesen. Schließlich weiß man, wovor man seine Kinder zu bewahren hat. Und sich selbst vor unangenehmen Fragen der Gesinnungspolizei auch.

Die Raffinierten und die Habgierigen versuchen die sich selbst schärfende »N-Bombe« zu zünden. Im Prozeß um den des Mordes an seiner weißen Ehefrau angeklagten farbigen Footballstar Simpson versuchte die Verteidigung, aus einem der wichtigsten Belastungszeugen, einem weißen Polizeidetektiv, einen Rassisten zu machen. Angeblich soll er einen der beiden blutverschmierten Handschuhe, die der Mörder nach der Tat zurückließ, in Simpsons Villa gebracht und dort dann dessen Entdeckung vorgetäuscht haben. Aus rassistischen Motiven, wie der Verteidiger Simpsons zu belegen versuchte. Als das nicht gelang, setzte der Verteidiger die »N-Bombe« ein. Zwei Frauen erklärten vor Gericht, wie häufig der Detektiv bei verschiedenen Gelegenheiten das Wort »Nigger« gebraucht habe. Von da an galt er als Rassist. Die Geschworenen sprachen Simpson vom Vorwurf des Mordes frei.

Und schließlich war da jener Mann, der einen Verlag in

Chicago auf Schadenersatz in Höhe von vierzig Millionen Dollar verklagte. Vierzig Millionen Dollar für das »N-Wort«. Das, gab er vor, habe er in seiner auf CD-Rom gespeicherten Enzyklopädie so häufig entdeckt, daß seine Seele verletzt sei. Zweimal war das Wort gespeichert. Einmal in der Angabe des Titels eines Romans von Joseph Conrad: »The Nigger of the Narcissus«. Und das weitere Mal in Erinnerungen Martin Luther Kings, der berichtet hatte, so als Junge von Weißen beschimpft worden zu sein.

Die Dummenquote

Rassismus erzeugt Rassismus erzeugt Rassismus. Noch ist jener Rassismus der Weißen, den die Schwarzen zu Recht beklagen, nicht überwunden, da entsteht durch einseitige Bevorzugung der Schwarzen und durch den ihrerseits entwickelten Rassismus neuer Rassenhaß im weißen Teil der Bevölkerung.

Statt zusammenzufinden, entfernen sich die Rassen wieder voneinander. Wer die weiße Kultur vollkommen ablehnt und eine Gegenkultur proklamiert, nimmt Abschied von der Gemeinsamkeit. Die afrozentristischen Vertreter der Schwarzen verhalten sich wie pubertäre Jugendliche, die sich von den Eltern abnabeln: Alle Rechte und Zuwendungen selbstverständlich für sie – und der Rest in den Müll.

Political correct sind die Vorrechte und Sonderzuwendungen für die Schwarzen, sie werden mit Selbstverständlichkeit verlangt von den amerikanischen Universitäten, im Arbeitsleben, in der Wirtschaft. Das schlechte Gewissen wird überstrapaziert, wenn mit zweierlei Maß gemessen wird.

Für die Anhänger der reinen Lehre der Political Correctness sind die Schwachen immer ein Opfer ihrer Umwelt, niemals ihrer eigenen Beschränktheit. Ein Dummer (den es

144

pc ohnehin nicht gibt) ist nicht dumm, weil er dumm ist. Der scheinbar weniger Begabte konnte nur seine Begabung nicht entwickeln, weil er ein Opfer seiner Umwelt, weil er sozial schwach ist oder weil er schwarz ist oder weil er (meist) alles ist. Folglich dürfe der Schulabschluß auch nicht über die Zulassung zur Universität entscheiden. Doch als sich erwies, daß nicht einmal die nachträgliche Angleichung der Startvoraussetzungen ausreichte, die Anteile der Studenten gemäß der Anteile der einzelnen Rassen an der Gesamtbevölkerung auch nur annähernd zu erreichen, wurden zusätzliche Förderungen für die aufgrund ihrer Hautfarbe Benachteiligten gefordert. Der Quotenstudent wurde erfunden. Und mit ihm die Rassendiskriminierung guten Gewissens. Ihre Erfinder waren von ihrer gerechten Sache so überzeugt, daß ihnen nicht einmal Zweifel an der Formulierung einer »positiven Diskriminierung« kamen.

Die Universität von Berkeley regelte Ende der achtziger Jahre den Zugang für neue Studenten in diesem Sinne. Künftig sollten sich Studenten – Schwarze, Latinos, Asiaten und Weiße – nur noch anteilsmäßig in etwa der demographischen Verteilung dieser Volksgruppe in der nordkalifornischen Gesellschaft einschreiben können. Über diesen Versuch der »positiven Diskriminierung« berichtet Robert Hughes:

»Dummerweise konnten sich aber von den Schulabgängern, die sich in Berkeley bewarben, unter den Asiaten – chinesisch- und japanischstämmigen Amerikanern – 30 Prozent qualifizieren, dagegen nur 15 Prozent der Weißen, sechs Prozent der Chicanos und ganze drei Prozent der Schwarzen. Der Grund lag auf der Hand: Die asiatischstämmigen Jugendlichen waren fleißig und kamen in der Regel aus Elternhäusern, in denen der Familienzusammenhalt stark und harte Arbeit an der Tagesordnung war. Also änderte Berkeley einfach die Aufnahmebedingungen. Fürderhin mußten Schwarze nur noch 4800 von 8000 erreichbaren Punkten vorweisen, um zugelassen zu

werden, während die Mindestpunktzahl für chinesisch-
und japanischstämmige Amerikaner auf 7000 hinaufgesetzt
wurde. Als sich das in der asiatischen Gemeinde herum-
sprach, waren Entrüstung und Protest natürlich groß.«

Dieser Rassismus unterzieht sich nicht einmal mehr der
Mühe, sich zu tarnen. Und die gemachten Erfahrungen
schrecken keineswegs ab. Aber wem Leistung verdächtig
und Elite ein Vorwurf ist, wer die Erde nach Quoten ord-
nen will, der will nicht Gerechtigkeit, sondern seinen Willen durchsetzen. Neue Diskriminierung gilt als Wiedergut-
machung.

»Affirmative action« heißen in den USA die Programme,
mit denen die Sünden der Vergangenheit getilgt werden sollen. Sie sollten den Weg in die »farbenblinde Gesellschaft«
ebnen, von der die Bürgerrechtsbewegung der sechziger
Jahre träumte. Der Traum hat sich nicht erfüllt, trotz einer
Unzahl verschiedener Maßnahmen, mit denen Minderheiten gefördert werden, trotz zahlreicher Gesetze zur Gleichstellung, trotz Quoten über Quoten in den Schulen, in den
Hochschulen, im öffentlichen Dienst. Allein die amerikanische Bundesregierung weist einhundertsechzig solcher Programme aus, mit denen die ethnische und geschlechtliche
Gleichstellung gefördert werden soll. Mehr als einhundert-
tausend Unternehmen und Universitäten sind verpflichtet,
eine bestimmte Quote von Schwarzen, Latinos und Frauen
zu beschäftigen und sie bevorzugt zu befördern.

Das Gegenteil der Absicht wurde erreicht. Die Förderung nach Quoten unterstreicht die Unterschiede. Der
Widerstand formiert sich, die »angry white males«, die
»ärgerlichen weißen Männer«, formulieren ihren Ärger
lautstärker und stellen verwundert die Frage, warum die
Weißen sich beinahe dreißig Jahre lang diese Diskrimini-
rung gefallen ließen, warum sie sich so in die Defensive
drängen ließen. Die Hautfarbe ist als Argument nicht verschwunden, sondern wird stärker denn je betont.

Groß war die Überraschung, als das Oberste Gericht der

Vereinigten Staaten im Sommer 1995 anders entschied, als bis dahin der political correcten Regel entsprach. Ein weißer Bauunternehmer hatte gegen seinen hispanischen Konkurrenten geklagt, der den Auftrag zum Bau einer Straßenbrücke in Colorado erhalten hatte, obgleich sein Angebot höher lag als das des weißen Konkurrenten. Die Verkehrsbehörde als Auftraggeber hatte sich darauf berufen, daß nach den »Affirmative action«-Bestimmungen zehn Prozent aller Aufträge an »benachteiligte Personen« vergeben werden müssen. Die Richter gaben dem Kläger recht. Das gleiche Gericht verwarf ein Urteil der Vorinstanz, in dem der Staat verpflichtet worden war, eine Schule in einem überwiegend von Schwarzen bewohnten Bezirk zehn Jahre lang mit dem doppelten Betrag zu fördern, der der benachbarten Schule im weißen Bezirk zugesprochen worden war. Begründung der Doppelförderung: Die Schulnoten sollten verbessert werden.

»Alle rassischen Klassifikationen« durch Regierungsbehörden, hieß es in der Urteilsbegründung, seien »ihrem Wesen nach suspekt und vermutlich ungültig ... Wenn die Regierung eine Person aufgrund ihrer Rasse benachteiligt oder bevorzugt behandelt, stellt dies eine eindeutige Verletzung des Wortes und des Geistes der in der Verfassung enthaltenen Garantie der Gleichbehandlung dar.«

Förderprogramme »stempeln Angehörige von Minderheiten als minderwertig ab, können sie dadurch abhängig machen oder ihnen das Gefühl geben, daß sie ein Recht auf Bevorzugung haben«, sagte der Richter Clarence Thomas nach dem Urteil. Er war gerade in den Kreis der Obersten Richter bestellt worden. Seine Stimme gab bei der Fünf-zu-vier-Entscheidung gegen »affirmative action« den Ausschlag. Richter Clarence Thomas ist in dem Gremium als Farbiger der einzige Angehörige einer Minderheit.

Political correct sind alle gleich – und die anderen besser

»Der verklemmte deutsche Selbsthaß«

Das Lied »Zehn kleine Negerlein« klingt Tugendwächtern garstig in den Ohren. Ein »rassistisches kleines Lied« ist es für die »Zeit«. Sich vor dem schwarzen Mann zu fürchten, ist auch nicht correct. Und was ist mit solch einer Zeile aus dem Struwwelpeter?: »Es ging spazieren vor dem Tor ein kohlpechrabenschwarzer Mohr. Die Sonne schien ihm aufs Gehirn, da nahm er seinen Sonnenschirm.« Wie incorrect sind Mohrenköpfe und Negerküsse am Schwarzen Freitag? Schwarze Seelen, Schwarzseher, Schwarzfahrer, Schwarzarbeiter, Schwarzhändler, schwarze Schafe und am Ende bleibt der Schwarze Peter. Alles negativ. Rassismus, wohin man blickt?

Beim Fahnden nach den schwarzen Flecken auf dem Gewissen lassen sich Deutsche so schnell von niemandem überbieten. Das wird angesichts der globalen Ausbreitung der Political Correctness zunehmend schwieriger. Aber solange an der Universität Bremen eine Studentin noch als Rassistin beschimpft werden kann, weil sie die Bezeichnung »Jude« gebraucht hat, und amnesty international ausländerfeindliche Stimmung und rassistische Gewalt in Deutschland in alarmierendem Maße feststellt, können wir uns der Spitzenposition des selbstanklägerischen Zeigefingers gewiß sein.

Botho Strauß macht einen »verklemmten deutschen Selbsthaß« aus, »der die Fremden willkommen heißt, damit hier, in seinem verhaßten Vaterland, sich die Verhältnisse endlich zu jener berühmten (›faschistoiden‹) Kenntlichkeit entpuppen, wie es einst (und heimlich wohl bleibend) in der Verbecher-Dialektik des linken Terrors hieß. Intellektuelle sind freundlich zu Fremden, nicht um des Fremden willen, sondern weil sie grimmig sind gegen das Unsere und alles begrüßen, was es zerstört ...«

Strauß hat sich für diese Bemerkung in seiner Schrift »Anschwellender Bocksgesang« den Zorn zugezogen, den er heraufbeschwor. Einen der zentralen Nerven deutscher Lust zur Schuld legt niemand ungestraft bloß.

Im Verhältnis zwischen Deutschen und Fremden besteht eine andere Kontinuität, als sie heute begriffen wird. Die neue deutsche Zeitrechnung beginnt 1933. Als gäbe es keine Brücken des Denkens zwischen der Zeit vor 1933 und der nach 1945. Als seien alle Schuld und Scham aus den Jahren dazwischen abzuleiten. Als gäbe es keine Zeit davor, nur noch die danach. Die Empfindungen heute wurzeln auch in der Zeit vor 1933.

Mühelos ist der Brückenschlag zurück von Botho Strauß zu Thomas Mann. In seinen »Betrachtungen eines Unpolitischen« beklagt Mann, »daß es beinahe zur deutschen Humanität gehört, sich undeutsch, und selbst antideutsch aufzuführen; daß eine den Nationalsinn zersetzende Neigung zum Kosmopolitischen nach maßgeblichem Urteil vom Wesen der deutschen Nationalität untrennbar ist; daß man seine Deutschheit möglicherweise verlieren muß, um sie zu finden; daß ohne einen Zusatz von Fremden vielleicht kein höheres Deutschtum möglich ist; daß gerade die exemplarischen Deutschen Europäer waren und jede Einschränkung ins nichts als Deutsche als barbarisch empfunden« hätten.

Gegenwärtig klingt dies, und doch liegt beinahe ein Jahrhundert dazwischen. Vor allem aber zwölf nationalsozialistische Jahre, die als Barriere der Schuld alles davor von der Gegenwart trennen. Als die Schlachten des Ersten

Weltkrieges tobten, hat Thomas Mann dies formuliert. Die Zeit hat ihn sehr bald gelehrt, Abstand zu nehmen von den »Bekenntnissen«. Erst mehr als zehn Jahre nach dem Zweiten Weltkrieg hat er sie als »historisches Dokument« wieder zugelassen. Ob er es heute noch täte, ist zumindest als Frage zulässig. Zehn Jahre nach dem Zusammenbruch der barbarischen Diktatur der Nationalsozialisten war die Hoffnung auf eine tolerante Welt groß genug, um auch eine strittige Arbeit als historisches Dokument neu aufzulegen. Zensoren der Political Correctness würden anders urteilen.

Franz Werfel schrieb seinen utopischen Roman »Stern der Ungeborenen« unter dem Eindruck des Zweiten Weltkrieges. Als die europäische Kultur in Trümmer fiel, machte er sich mit seinem Roman davon ins Jahr 100 000. Zu dieser Zeit ist die Welt vereinheitlicht, wird alles zentral geregelt. Es ist die Welt der Gleichen, in der alles schematisiert ist. Alles Persönliche ist aufgehoben. Die Welt der guten Menschen unter Aufsicht der Tugendwächter. 1946, ein Jahr nach Werfels Tod, erschien der Roman, in dem es heißt:

»Zwischen Weltkrieg Zwei und Drei drängten sich die Deutschen an die Spitze der Humanität und Allgüte. Der Gebrauch des Wortes ›Humanitätsduselei‹ kostete achtundvierzig Stunden Arrest … Die meisten Deutschen nahmen auch, was sie unter Humanität und Güte verstanden, äußerst ernst. Sie hatten doch seit Jahrhunderten danach gelechzt, beliebt zu sein. Humanität und Güte erschienen ihnen jetzt der beste Weg zu diesem Ziel.«

Botho Strauß, Thomas Mann, Franz Werfel – drei Texte zu einem Thema, in gründlich unterschiedlichen Situationen verfaßt und doch mit sich deckender Aussage. Was formt denn nun die Seele dieses Landes gegenüber dem Fremden? Die Überheblichkeit der unverständigen Ablehnung oder die Überheblichkeit der »humanitätsduselnden« Unterwerfung?

Sicher ist: Deutsche und Ausländer in Deutschland waren sich schon einmal näher. Die Toleranz nimmt ab, je mehr sich das Zusammenleben verdichtet. Bei einer durch das Magazin »Focus« veröffentlichten Umfrage stimmten der Aussage »Wenn der Anteil der Ausländer weiter zunimmt, wird es zu schweren Konflikten in unserem Land kommen« 1992 sechsunddreißig Prozent der Befragten zu, 1994 waren es vierundvierzig Prozent. Gleichzeitig geht die Hoffnung auf eine Besserung zurück. Der Aussage »Mit etwas mehr Toleranz auf beiden Seiten wird es schon in wenigen Jahren kein Ausländerproblem mehr geben« stimmten 1992 noch vierundfünfzig Prozent zu, 1994 war der Anteil der Zustimmung auf neunundvierzig Prozent gesunken.

Also doch die Überheblichkeit der unverständigen Ablehnung? Nein, Skepsis ist noch keine Ablehnung, und die Angst, beim Verteilen des abmagernden Wohlstandes den kürzeren zu ziehen, ist kein Fremdenhaß, sondern Futterneid.

Dieses Land erleidet immer wieder Fälle von Rassismus. Und es praktiziert doch überwiegend ein freundliches Miteinander im Alltag. Wer nur das eine beklagt und das andere nicht wahrnimmt, schadet der guten Nachbarschaft des Alltags. Das dauerhafte Nörgeln schafft den gegenseitigen Überdruß.

Ein westfälischer Kurde

Der dritte Bürgermeister der Stadt Bielefeld heißt Mehmet Kilicgedik. Er war Spitzenkandidat der Grünen und kam als erster mit einer doppelten Staatsangehörigkeit in das Amt eines Bürgermeisters einer deutschen Großstadt. Geboren wurde er in Kurdistan, mit achtzehn Jahren kam er nach Bielefeld. Als er vierzig Jahre alt war, hatte er gut die Hälfte seines Lebens unter Westfalen verbracht. Er kennt die beiden widersprüchlichen Seiten der Deutschen im Umgang mit Fremden. Mehmet Kilicgedik erhält widerliche

Briefe, in denen »aufrechte Deutsche« ihren Haß und ihre Frustration absondern, ihn fragen: »Was willst du Türkenlümmel eigentlich hier?« Die drohen: »Du alte Türkensau, verschwinde ganz schnell aus Deutschland, besonders aus Bielefeld.« Der Unrat der Wörter in solchen Sudeleien ist immer der gleiche. Doch wofür soll er stehen? Für den deutschen Rassismus, eifern die Mahner. Auch dafür. Aber auch für beschränkte Kleingeister und Spießer. Blinde Spiegel reflektieren den deutschen Rassismus. Als Beispiele für den »Haß« der »aufrechten Deutschen« werden sie benutzt, von den Mahnern und Warnern öffentlich geschwenkt. Aber die Pamphlete sind nur schmutzige Botschaften aus dem Unverstand.

Gedacht wird im Land anders. Mehmet Kilicgedik ist Bürgermeister. Von den Bürgern in sein Amt gewählt. Die Wähler, die sich für einen türkischstämmigen Vertreter entschieden, sind Deutsche.

Sommer war, als über die thüringische Gemeinde Vachdorf die nationale Schande hereinbrach, als der Achthundertfünfundachtzig-Seelen-Flecken heimgesucht wurde von den correcten Warnern und Mahnern, als die Dörfler die Verwünschung »Vachdorf verdient es, von der Landkarte ausradiert zu werden« in einem Radiokommentar hörten. Das Dorf hatte sich schuldig gemacht, weil einer von ihnen den schwarzen Aushilfsbriefträger Julius Zime angebrüllt hatte: »Was willst du Neger hier. Hau ab, du Negersau. Von einem Neger nehme ich keine Post.« Das hat Julius Zime seinem Vorgesetzten erzählt, und der hat ihn in den Fahrdienst versetzt. Jemand anders hat das dann der örtlichen Zeitung erzählt, und dann wurde Vachdorf zur »Schande für Thüringen«, wie der CDU-Fraktionsvorsitzende im Erfurter Landtag seiner Betroffenheit den correcten Ausdruck verlieh.

In den Straßen des Dorfes wurden bald mehr Journalisten als Einwohner gesehen. Der Bürgermeister sagte der »Süddeutschen Zeitung«: »Von dieser Geschichte kommen wir nie mehr runter. Da können wir machen, was wir wollen; unser Ruf ist dahin. Unsere Kinder werden bedroht in den Schulen, Rassisten nennt man sie alle. Das Puppentheater Meiningen hat die Vorstellung für unsere Kinder ... abgesagt, und der Kück vom Konsum kriegt noch nicht mal mehr Getränke geliefert, weil er ein Vachdorfer Faschist ist.«

Nur einer blieb vernünftig, Julius Zime. Der machte seine Erfahrung mit den Warnern und Mahnern der Medien: »Tausendmal habe ich diese Geschichte erzählt, und tausendmal haben sie alles falsch geschrieben und gesendet. Wollten die das alle falsch schreiben? Nie habe ich gesagt: ›Die Vachdorfer haben mich beschimpft!‹ Ich hab immer nur gesagt: ›Das war ein Mann! Ein einziger! Nur der eine!‹ Und jetzt müssen alle die Unschuldigen darunter leiden.«

Ohne Verkrampfung scheint die alltägliche Begegnung in Deutschland zwischen Bürgern und Mitbürgern nur möglich zu sein, wenn die Political Correcten zufällig einmal nicht zusehen oder zuhören.

In Hamburg wollten, wie die »taz« berichtete, »ÄrztInnen sich nicht länger als Erfüllungsgehilfen der Justiz mißbrauchen lassen.« Die Ärztekammer forderte ihre Mitglieder auf, »sich nicht an der Feststellung des biologischen Alters« bei jungen Flüchtlingen durch Röntgen der Hände zu beteiligen. Diese ärztliche Handlung sei »berufsrechtlich als Körperverletzung anzusehen ... Die Altersfeststellung wird von der Justiz gerne bei minderjährigen Flüchtlingen angeordnet, um nachzuweisen, daß es sich um Jugendliche über 16 Jahre handelt. Dann nämlich unterliegen die Flüchtlingskinder nicht mehr dem Schutz Minderjähriger, sie müssen einen eigenständigen Asylantrag stellen und können außerdem sofort abgeschoben werden.« Auch die von den Gerichten angeordnete Röntgenuntersuchung zur Feststellung des Alters, um eine Strafbarkeit nach Jugend- oder Erwachsenenstrafrecht zu erkennen, verstößt nach

Ansicht der Gruppe »Ärzte Opposition« gegen das Arzt-recht.

Als Roman Herzog nach seiner Wahl zum Bundespräsi-denten versicherte, er wolle helfen, die Ost-West-Kluft zu überwinden, und »der Bundespräsident aller Deutschen sein«, da belehrte ihn die »Frankfurter Rundschau«: »Da fehl-ten sechs Millionen Ausländer.« Damit handelte Herzog sich den Vorwurf der »Diskriminierung ausländischer Mitbürger« durch den Bundestagsabgeordneten Freimut Duve ein.

Außenminister Klaus Kinkel beeilte sich, gegenüber dem türkischen Botschafter in Bonn »seine Trauer und seine Scham« auszudrücken, nachdem bei dem Brand eines Hau-ses in Lübeck eine junge Deutsche und ein Türke ums Le-ben gekommen waren, mehrere Türken erheblich verletzt wurden. Das Feuer hatten Brandstifter gelegt. Wenige Tage später waren sie ermittelt. Es waren Libanesen, die in dem Haus ein Bistro betrieben und in finanziellen Schwierigkei-ten steckten. Doch da hatte der Außenminister bereits dafür gesorgt, daß seine Scham über die vermeintlich von Deut-schen verursachte Untat per Pressemitteilung öffentlich zur Kenntnis genommen wurde.

Getadelte Presse

Die Diskriminierung ist überall. Das Wort wird so abge-nutzt, daß ihm der Schrecken abhanden kommt. Der deut-sche Presserat entscheidet zunehmend über Klagen von Lesern, die über Fälle von Diskriminierung Beschwerde führen. Wie abwägend und unterscheidend die Entschei-dungen ausfallen, sei an drei Beispielen aus dem Jahr 1993 aufgezeigt. Die beiden ersten sind unter dem Stichwort »Diskriminierung« im Jahrbuch des Presserats aufgeführt, der dritte Fall hat nach dem Verständnis der Autoren offen-bar nichts mit Diskriminierung zu tun, er befindet sich nicht unter diesem Sammelbegriff.

1. Weil er einen Pappkarton auf die nicht ausgeschaltete Platte des Elektroherdes setzte, verursachte ein Mann einen Brand. Darüber berichtete die örtliche Zeitung und bemerkt: »Mit den Feinheiten eines Elektroherdes war ein ägyptischer Asylbewerber ... offenbar nicht vertraut.« Ein Leser reichte Beschwerde beim Presserat ein mit der Begründung, unachtsamer Umgang mit Hausgeräten sei kein Verhalten, das gerade für Asylbewerber typisch wäre. Die Häme, die aus der inkriminierten Passage spreche, wiege gerade in einer Zeit schwer, in der der sensible Umgang mit dem Thema Ausländer/Asylbewerber oberstes journalistisches Gebot sein müsse.

Das sah auch die zu einer Stellungnahme aufgeforderte Redaktion ein. Zur Förderung von Vorurteilen sei ihr Text geeignet, bekannte sie reuevoll, unbedacht formuliert sei der Text, keineswegs spiegele er die Grundhaltung der Zeitung zu diesem Thema wider.

Solche Reue stimmt milde. Zwar erkannte der Presserat einen Verstoß gegen Paragraph 12 des Pressekodex, weil keinerlei Anlaß bestanden habe, die Nationalität des Betroffenen zu nennen, noch die Tatsache zu erwähnen, es handele sich um einen Asylbewerber. »Dennoch verzichtet der Presserat auf eine Maßnahme: Die Redaktion ist einsichtig und bedauert. Sie hat den sorgfältigen Umgang mit diesem sensiblen Themenbereich bei allen Mitarbeiterinnen und Mitarbeitern angemahnt und in einem persönlichen Schreiben an den Betroffenen den Vorfall bedauert.«

Soweit der Presserat. Die Formulierung des Textes in der Zeitung war hämisch. Ein Rüffel wäre verdient gewesen. Aber ist es wirklich unerheblich zur Erklärung, daß ein Ägypter und/oder Asylbewerber den Karton auf die heiße Platte stellte? Kann nicht zwischen dem einen und dem anderen ein Zusammenhang bestehen?

2. Über die Zustände in Asylbewerberheimen der Stadt berichtet eine Lokalzeitung: »Rumänen prügeln Albaner und umgekehrt, Serben gegen Kroaten und Bosnier ...

und was sonst noch an Kriminellen sich dabei so finden mag.«

Eine kritische Presse finde dort ihre Grenzen, wo sie sich bewußt und gezielt gegen ethisch-moralische Grundsätze und die die freiheitlich-demokratische Grundordnung prägende Würde aller Menschen richtet, befand ein Leser und legte Beschwerde beim Presserat ein. Der Verfasser dieses Artikels zeigte sich uneinsichtig. Mit Erfahrungen aus dem eigenen Umfeld rechtfertigte er die Formulierung »Kriminelle«. Mit einem kommentierenden Artikel habe er aufzeigen wollen, wohin die Versäumnisse der Verwaltung führten. Die Zeitung sei gezwungen, Stellung zu nehmen.

In diesem Fall erteilte der Presserat eine öffentliche Rüge: »Angehörige verschiedener Volksgruppen werden mit Kriminellen gleichgesetzt. Der Presserat sieht durch diese pauschale und undifferenzierte Verunglimpfung von Volksgruppen den Grundsatz des Diskriminierungsverbots verletzt.«

Dem wäre nichts hinzuzufügen. Die Rüge ist gründlich verdient. Eines allerdings ist bemerkenswert: Der Presserat hat das Recht auf freie Meinungsäußerung, auf das sich der Verfasser mit seinem Hinweis auf den kommentierenden Charakter des Artikels beruft, nicht gelten lassen. Der Presserat hat den Vorwurf der pauschalen Diskriminierung gegenüber Ausländern höher bewertet als das Recht auf freie Meinungsäußerung. Das ist für den dritten Fall wichtig.

3. »Eine Tageszeitung kritisiert, daß ein Landtagsabgeordneter für die umstrittene Rettung von 42 Waisenkindern aus Sarajevo mit dem Bundesverdienstkreuz ausgezeichnet werden soll. Dabei wird u. a. über die nicht erfolgte finanzielle Absicherung der damaligen Aktion berichtet. In einem nebenstehenden Kommentar werden Namen zwielichtiger Personen genannt, die gleichfalls Träger des Bundesverdienstkreuzes sind. Der Abgeordnete beklagt sich in einer Beschwerde beim Deutschen Presserat, daß er mit Krimi-

nellen in Verbindung gebracht wird. Die Redaktion entgegnet, sie habe sorgfältig recherchiert. Sie behaupte ausschließlich Tatsachen.«

Diesmal senkte sich der Daumen der Hüter von Moral und Sitte nicht: Auch diese Begründung, so wie die anderen, im Originaltext des Jahresberichts des Presserates: »Der Presserat weist die Beschwerde als unbegründet zurück. Er stellt fest, daß die Beiträge keine ehrverletzenden Beschuldigungen beinhalten und durch die Veröffentlichung nicht in das Persönlichkeitsrecht des Beschwerdeführers eingegriffen worden ist. Beide Beiträge enthalten keine falschen Tatsachenbehauptungen. Und der Kommentar wird von der Freiheit der Meinungsäußerung gedeckt. Die Behauptungen, soweit sie nicht aus Drittquellen stammen, sind dem Autor zuzuordnen und werden von dieser Freiheit getragen. Der Beitrag basiert auf allgemein zugänglichem Archivmaterial. Eine Verbindung zwischen dem Politiker und den in dem Text genannten ›kriminellen‹ Ausgezeichneten kann der Presserat nicht feststellen.«

Selten entlarvt sich die political correcte Doppelmoral deutlicher. Die pauschale Verbindung von Kriminellen und Ausländern wird zu Recht gerügt, das Recht der Meinungsfreiheit deckt diese Ausfälle nicht. Die Verunglimpfung eines namentlich Erwähnten wird nicht gesehen; den Mann in die Nachbarschaft von »Kriminellen« zu stellen, erlaubt die Meinungsfreiheit. Der Abgeordnete hatte zu einem sehr frühen Zeitpunkt Kinder aus Sarajevo herausgeholt, deren Eltern, wie ihm gesagt wurde, nicht mehr lebten. Profilierungssucht wurde ihm anschließend vorgeworfen, und er habe nicht in jedem Fall geklärt, ob die Kinder wirklich Waisen seien. Und finanziell abgesichert sei die ganze Aktion auch nicht gewesen. Währenddessen ging das Sterben in der eingeschlossenen Stadt Sarajevo weiter und weiter. Hierzulande wurden Pazifisten zu Bellizisten, die erkannten, daß Zurückhaltung erst Unrecht und Gewalt wachsen lasse. Nein, einen Zusammenhang zwischen dem Text und dem Kommentar vermochte der Presserat nicht zu erkennen.

Zuviel verlangt

Der »Zigeunerbaron« müßte längst von den Spielplänen aller Operettenbühnen gestrichen sein. Das Lied »Lustig ist das Zigeunerleben« sollte auf dem Index stehen. Ohnehin hat der Zentralrat Deutscher Sinti und Roma das Bestreben, samt allen Stämmen aus dem Bewußtsein fortzuziehen. Durch unermüdlichen Einspruch gelang es ihm, das Wort Zigeuner derart zu belasten, daß niemand, der sich political correct verhalten will, noch wagt, es auszusprechen. Statt dessen eben Sinti und Roma, wenn auch die wenigsten wissen, warum sie das nun zu sagen haben. Die landläufige Erklärung: Weil das Zigeuner bedeutet.

Bei zunehmend correctem Verhalten und ständig schlechtem Gewissen der Deutschen sahen die Zigeunerfunktionäre ihre Chance, gänzlich aus den negativen Schlagzeilen zu verschwinden (gegen die positiven hat niemand etwas einzuwenden). Das sollte nach bewährtem PC-Muster funktionieren, bei dem bekanntlich nicht die Veränderung des Tatbestandes, sondern die Umbenennung des Tatbestandes die Veränderung schafft. Der Zentralrat forderte den Deutschen Presserat auf, dafür zu sorgen, daß künftig bei Berichten über kleine Tricks und Gaunereien nicht mehr auf die Volkszugehörigkeit der Täter oder Verdächtigten verwiesen werde. Der Presserat wies das Ansinnen zurück. Es müsse, argumentierte er, der Presse die Möglichkeit offenbleiben, bei Berichten über Straftaten auch zu erwähnen, daß einzelne Täter und Verdächtige einer bestimmten soziologischen Gruppe angehören, wenn es der Zusammenhang erfordere.

Solche Härte überrascht. Allerdings nur, solange die

Begleitumstände nicht bekannt sind. Der Zentralrat Deutscher Sinti und Roma hatte den Bogen ganz einfach überspannt. Vierhundertsiebzehn Artikel aus deutschen Zeitungen beanstandete er auf einen Schlag. Ein Zeitungsausschnittsdienst hatte sie im Auftrag des Zentralrates nach Stichworten ausgeschnibbelt. Da die Ausbeute eines Jahres offenbar nicht als ausreichend angesehen wurde, machte man die Vorwürfe gleich en bloc für die Jahre 1987 bis 1990. Bei genauerem Hinsehen erwiesen sich achtzig Beanstandungen als derart geringfügig, daß der Presserat von einer weiteren Prüfung absah. Zweihundertsiebenundachtzig wurden auf den zweiten Blick aus unbegründet zurückgewiesen, zwölf betrafen nicht Publikumsorgane, die vom Presserat überprüft werden. Zweiunddreißig wurden schließlich in das Beschwerdeverfahren aufgenommen.

Auch Wohlmeinen kann überstrapaziert werden. Seither hat die Empörung der Roma/Sinti-Funktionäre wenig Echo. Die Schlagzeile »Zigeunerin zauberte Feind weg – und 1000 Mark« passierte den Presserat fast unbeanstandet. Selbst »Zigeunerin« stufte er ebenso wie »Landfahrerin« nicht als diskriminierend ein. Bei einer »glutäugigen Wahrsagerin« und »rassigen Südländerin einer jugoslawischen Roma-Familie« empfiehlt er allenfalls, »bei der Nennung der ethnischen Herkunft und bei der Erwähnung typischer äußerer Merkmale unter dem Gesichtspunkt der pauschalen Vorverurteilung einer Menschengruppe besondere Sorgfalt walten zu lassen. Das stilistisch reizvolle Sprachspiel ›glutäugig/gutgläubig‹ kann in der Verbindung mit ethnischen Zuordnungen auch als diskriminierend verstanden werden.«

Die Rasterfahnder der Diskriminierung legen Schablonen an, um die Herabwürdigung zu erkennen. Was nicht in diese Schablonen gestanzt ist, bleibt unbeanstandet, weil es nicht als diskriminierend eingestuft ist: Die »Tausend Russinnen«, die »Hübschen Damen aus Osteuropa«, die »Traumfrauen aus Brasilien, Philippinen«, die in Kuppler-

anzeigen zu Markte geführt werden, sie sind herabgewür-
digt. »Teilweise deutschsprachig« verstehen sie nicht, wie
sie multikulti für Bett und Herd angepriesen werden: »Es
gibt sie noch, Ihre Traumfrau ... Sie finden sie unter den
zahlreichen Mädchen und Frauen, die über uns den Mann
fürs Leben suchen. Frauen, die durch Herkunft und Erziehung ganz Frau geblieben sind, für die der Mann noch das
Zentrum ihres Lebens ist! Rassige Brasilianerinnen – bild-
hübsche Kolumbianerinnen – temperamentvolle Ungarin-
nen – sanfte und gebildete Bulgarinnen und Russinnen –
nennen Sie uns Ihre Wünsche!«

Aktionswochen auf dem Weltmarkt der Frauen. Da sind
sie noch zu haben, in allen gängigen Farben, die zur Demut
erzogenen Frauen, die zum Mann aufblicken, gemeinsam
mit dem Schäferhund.

Eine Frage der Intelligenz

Die Volkswirtin Charlotte Höhn hätte wissen müssen, was
sie tat, als sie, Direktorin des Instituts für Bevölkerungsfor-
schung, 1994 in einem Gespräch mit zwei Historikerinnen
»mit einer gewissen Bekümmernis Denkverbote in der Wissenschaft« beklagte, »zum Beispiel, daß man sagt, daß die
durchschnittliche Intelligenz der Afrikaner niedriger ist als
die anderer«. Ein Tonband lief bei dem Gespräch mit. Zwei
Monate später erschien es, nicht autorisiert, in der »taz«.
Der Zeitpunkt war perfide gewählt. Charlotte Höhn befand sich als Mitglied der deutschen Delegation auf der Be-
völkerungskonferenz in Kairo. Da war nun alles falsch, der
Ort, der Zeitpunkt, die Gesprächspartner und die Aussage
sowieso. Die Delegierte Höhn mußte Kairo vorzeitig verlassen. Da nutzt ihr auch eine schriftliche Erklärung nichts
mehr, in der sie betonte, sie habe sich »eine solche Position
nicht zu eigen gemacht«.

Wie sehr die Professorin gegen alle Political Correctness

verstoßen hatte, verdeutlichte ungewollt einer ihrer Verteidiger. Er versuchte statistisch zu belegen, was gemeint gewesen sei, und kam zu dem Schluß: »Da gibt es ein paar Völker, bei denen das mit der niedrigen Intelligenz zutrifft. Das mag statistisch relevant sein, doch bevor ich das ausdrücke, muß ich die ethischen Schlußfolgerungen erwägen.«

Charlotte Höhn wurde maßlos beschimpft, niedergemacht, vom Dienst suspendiert, als »Erbin Hitlers« beleidigt. Aber sie konnte weiter ohne Polizeischutz aus dem Haus gehen, sie wurde verbal, aber nicht tatsächlich gesteinigt. Wer »Denkverbote« beklagt, muß auch damit rechnen.

Glaubensgrundsätze entziehen sich dem kritischen Denken. Sie sind, wie sie sind. Wer daran rüttelt, vergeht sich. Charlotte Höhn hat es gewußt, sonst hätte sie sich nicht beklagt. Die Frage, ob Intelligenz stärker durch die Gene oder durch das Milieu beeinflußt wird, ist uralt. Wobei sich die Vorurteile gründlich verschoben haben. Noch ganz im Einklang mit seiner Zeit, durfte Johann Joachim Winckelmann 1764 in seiner »Geschichte der Kunst des Altertums« so fabulieren: »Regelmäßiger aber bildet die Natur, je näher sie nach und nach wie zu ihrem Mittelpunkt geht ... Folglich sind unsere und der Griechen Begriffe von der Schönheit ... richtiger, als welche sich Völker bilden können, die ... von dem Ebenbild ihres Schöpfers halb verstellt sind.

Was für das Ebenmaß des Körperbaus galt, galt für den Verstand allemal. Und welcher Verstand war denn zu vermuten hinter solchen Visagen: »Die gepletschte Nase der Kalmücken, der Chinesen und anderer entlegener Völker ist eine Abweichung der Natur: denn sie unterbricht die Einheit der Formen. Der aufgeworfene schwülstige Mund, welchen die Mohren mit den Affen in ihrem Lande gemeinsam haben, ist ein überflüssiges Gewächs, welches die Hitze ihres Klimas verursacht.« So war das Bild, das sich der Präsident der Altertümer des Vatikans aufgrund der Beschreibungen von Reisenden machte.

Ein dauerhaftes Bild, das dann auch der Philosoph Friedrich Hegel übernahm: »Wenn man die fürchterliche Erscheinung der menschlichen Natur will kennenlernen, in Afrika kann man sie finden.« So setzt sich das fort und fort bis zu so unausrottbaren Fehlurteilen wie das Arnold Toynbees: »Wenn wir die Menschheit nach der Hautfarbe klassifizieren, ist die einzige der Primärrassen ... die nie einen kreativen Beitrag zu einer unserer einundzwanzig Zivilisationen geleistet hat, die schwarze Rasse.«

1969 veröffentlichte die Zeitschrift »Harvard Educational Review« einen Aufsatz des Pädagogikprofessors Arthur Jensen. Die Zeitschrift ist kein spektakuläres Massenblatt, und die Frage, die Jensen stellte, war auch nicht gerade schlagzeilenträchtig: »Wie weit können wir den Intelligenzquotienten erhöhen und schulische Leistungen verbessern?« Vielleicht hat Jensen die Wirkung seiner Antwort nicht so abschätzen können, wie Charlotte Höhn es ein Vierteljahrhundert später möglich gewesen wäre. Aber etwas weltfremd muß der Pädagogikprofessor auch gewesen sein. Seine Botschaft lautete: Intelligenz wird im wesentlichen durch die Gene bestimmt. Deshalb schlügen die Bemühungen, Kinder aus unterprivilegierten Schichten durch eine bessere Ausbildung zu fördern, nur mit mäßigem Erfolg an. Er berief sich dabei auf Statistiken, denen zufolge bei Intelligenztests die Ergebnisse schwarzer Amerikaner im Durchschnitt fünfzehn Prozent unter denen ihrer weißen Mitbürger lagen.

Der Pädagoge bekam den Stempel »Rassist« aufgebrannt. Mochte er sich auch noch so sehr von jeder Diskriminierung distanzieren, er wurde mit Steinen beworfen, boykottiert; seine Entfernung von der Universität wurde verlangt.

Seither ist das Thema mit einem betonierten Tabu belegt. Anderen Wissenschaftlern, die der Versuchung nicht widerstehen konnten und sich an das Thema heranwagten, erging es nicht anders als Jensen. Sie mochten noch so vorsichtig formulieren, mit ihren Fakten sprachliche Eiertänze aufführen, betonen, daß der größere Einfluß der Gene auf die Intelligenz nichts mit der Rasse zu tun haben müsse – es nutzte ihnen alles nichts: Sie wurden boykottiert, ihre Vorlesungen wurden abgesetzt, sie wurden verprügelt, mit Mord bedroht. Sie sind die neuen Ketzer.

Pc muß alles gleich sein. Und wo sich das Ungleiche gar nicht mehr verbergen läßt, da trägt die Gesellschaft die Schuld. Sind es wirklich nur die sozialen Bedingungen, wenn eine Untersuchung in den USA an Einundzwanzig- bis Fünfundzwanzigjährigen gravierende Unterschiede in den Kenntnissen und Fähigkeiten zwischen den Rassen ergab? Von den befragten Weißen konnten sechzig Prozent, von den Latinos vierzig Prozent und von den Schwarzen fünfundzwanzig Prozent den Inhalt eines Zeitungsartikels erfassen. Wieviel Wechselgeld sie zu erhalten haben nach dem Bezahlen einer Rechnung, vermochten vierzig Prozent der Weißen, zwanzig Prozent der Latinos und acht Prozent der Schwarzen zu sagen. Beim Lesen eines Busfahrplanes kamen gerade noch fünfundzwanzig Prozent der Weißen, sieben Prozent der Latinos und drei Prozent der Schwarzen über die Runden (aber das spricht eher gegen Busfahrpläne).

Es ist nicht alles gleich und doch anders. Alles ist anders. Nicht nach mehr und nicht weniger Begabung ist zu fragen. Vielleicht ist es zulässig, nach der anderen Begabung zu fragen. Es ist allerdings wirklich nicht einzusehen, daß gemäß der Winckelmannschen Lehre das Maß aller Begabung europäisch sein soll, warum alle anderen Begabungen daran gemessen und als anders erkannt werden sollen. Ebenso kann der weiße Mann der anders Begabte sein. Darum muß man nicht streiten. Aber daß wir alle alles gleich schlecht können sollen, das ist nicht plausibel.

Schwarz denken

Wahrhaft Political Correcte geben sich im Stammland USA mit solchen ausgleichenden Formulierungen nicht mehr ab. Die Welt hat ihre Ordnung oben und unten, gut und böse. Die Weißen in ihrer andauernden Schuld stehen den Farbigen gegenüber wie einst die Bourgeoisie dem Proletariat. PC überschlägt sich zum umgedrehten Rassismus: Nur wer schwarz denkt, denkt richtig. Mit dieser Begründung werden von den Extremisten unter den Correcten alle Zertifikate und Prüfungen abgelehnt. Sie sind nach des weißen Mannes Normen gemacht und darum falsch. Auf jeden Fall ohne Aussage über Fähigkeiten und Leistungen. Falsches weißes Vorrecht kehrt sich um in falsches schwarzes Vorrecht. Tatsächlich, so behaupten schwarze Amerikaner, arbeite der schwarze Verstand anders. Das sei genetisch bedingt. Sie bedienen sich dabei genau jenes Arguments, mit dem einst die Weißen in den Südstaaten die Sklaverei zu rechtfertigen versuchten. Das Ergebnis solcher Erklärungen zum Ausgang des Jahrhunderts ist schwarzer Rassismus pur. Schwarze Haut, wird argumentiert, enthalte mehr Melanin. Dieser Stoff beeinflusse die Intelligenz. Folglich seien die Schwarzen den Weißen überlegen.

Wo bleiben all die Trommler wider Rassismus und Diskriminierung? Schweigen herrscht. In den Ohren der Political Correcten klingt solche Botschaft allenfalls ein wenig befremdlich, aber wenn die Nachkommen der einst Unterdrückten sich so äußern, ist das akzeptabel, kein Fall für einen Vorlesungsboykott, für Gegendemonstrationen. Wenige Kritiker finden sich, die solchen Rassismus gleichsetzen mit nationalsozialistischen Wahnvorstellungen.

Von solchen Vorwürfen fühlen sich die schwarzen Rassisten nicht betroffen (das haben sie mit den weißen Rassisten gemeinsam). Denn Rassismus, argumentieren sie, setzt Macht voraus. Die Macht ist weiß, darum kann Rassismus nicht schwarz sein. Sie wiederholen den Winckelmannschen Zentrismus. Dabei entfernen sie sich räumlich noch nicht einmal sehr weit von dem deutschen Archäologen, der den Mittel- und Ausgangspunkt aller Kultur in Griechenland sah. Doch mit dem gleichen Gedankenansatz kehren die Afrozentristen unter den schwarzen Intellektuellen Amerikas das Weltbild um.

Für sie ist alle Kultur von Haus aus schwarz. Die Erklärung ist einfach und waghalsig: Die erste Kultur war die ägyptische. Die Ägypter kamen aus dem Sudan und aus Äthiopien. Dort ist die Hautfarbe der Menschen schwarz. Folglich waren auch die Ägypter schwarz. Die griechische Kultur war ein Ableger der ägyptischen. Folglich ist alle Kultur schwarzen Ursprungs. Von da an ist es nicht mehr weit bis zu dem Vorwurf, die Weißen hätten den Schwarzen die Kultur geraubt. Sie seien nicht in der Lage gewesen, eine eigene Kultur zu entwickeln, und darum auf die intelligenteren schwarzen Vorbilder angewiesen gewesen.

Wenn die Rassen sich auch unterscheiden, in Dummheit, Ignoranz und Überheblichkeit stehen sie sich in nichts nach. Oder wo ist der Unterschied zwischen Arnold Toynbee, der nicht eine einzige Kultur in Afrika ausmachte, und jenem ehemaligen Leiter des Afro-American Studies Department der Universität von New York, Leonard Jeffries, der die Menschheit in »sun people« und »ice people« einteilt? Die Sonnenmenschen sind die guten, die menschlichen, die fürsorglichen. Die Sonnenmenschen sind schwarz oder braun oder anders getönt. Sie haben ihre Heimat in Afrika, in Asien und Lateinamerika. Die Eismenschen sind die schlechten, die materialistischen, die egoistischen, die Unterdrücker. Die Eismenschen sind weiß.

Dr. Leonard Jeffries, der solche Erkenntnisse für den Schulunterricht vorbereitete, war übrigens an derselben Universität tätig, in deren Bibliothek ein Aufsatz aus einem Band entfernt wurde, in dem ein weißer Anthropologe zaghaft auf einen möglichen Zusammenhang zwischen genetischen Faktoren und dem schlechten Abschneiden von

Schwarzen bei Intelligenztests hinwies. Arthur Jensen bleibt tabu.

Die allgütigen Vereinten Nationen geben dem Kampf der Rassen eine absolut political correcte Wendung. Sie lassen die Rassen verschwinden. Die »American Association of Physical Anthropologists« legte ein Konsenspapier vor, in dem sie erklärt, unterschiedliche Menschenrassen gebe es nicht. Jede Rassenlehre sei ein Irrglaube ohne biologische Basis. Denn: Alle Menschen stammen von den gleichen Ahnen ab (was ja schon in der Bibel steht), sind also genetisch identisch. Unterschiede seien nur äußerlich, unter der Haut seien alle gleich. Das Papier ist Grundlage eines »Dokuments über biologische Aspekte der Rassen« der Vereinten Nationen.

Das alles hätte Charlotte Höhl wissen und kennen müssen, als sie ein Denktabu beklagte. Sie kam einfach von der falschen Seite.

Political Correctness bereitet mit Güte die Gewalt vor

Schöne neue Multikulti-Welt

Haß gegenüber dem Fremden ist Angst. Nicht immer, aber meist. Mag der Haß auch noch so brutal und dumm daherkommen. Er entspricht furchtsamem Mißtrauen. Der Verhaltensforscher Irenäus Eibl-Eibesfeldt rechnet die Fremdenfurcht zu den natürlichen Anlagen, die in jedem Menschen stecken. Als die Höhle noch das Eigenheim der Sippe war, sicherte solche Vorsicht vor unliebsamen Überraschungen. »Wir sind in unseren genetischen Programmierungen auf ein Leben in Kleingruppen vorbereitet«, stellt der Ethnologe Eibl-Eibesfeldt fest. Da aber beginnt das Dilemma, warum die Freude über Multikulti nicht bei allen zu überschwenglicher Freude anwachsen will. Die wenigsten sind fähig, auf dem innig verwobenen Flickenteppich der Völkerfreundschaft, den die Prediger der Political Correctness unablässig ausbreiten wollen, fröhlich zu wandeln.

Daran sind die Gene schuld, sagt Eibl-Eibesfeldt. Damit schwenkt er heraus aus dem correcten Meinungsstrom. Für ihn gibt es »genetische Programmierungen«, die den Menschen prägen. Das schränke die Handlungsfreiheit ein. Niemand kann heraus aus seiner Haut. Wir empfinden noch wie in der Steinzeit. Die freundliche Zuwendung zum Fremden und eine mißtrauische Distanz liegen im natürlichen Widerstreit.

Wer des Guten zuviel will, richtet Schaden an. Wir le-

167

ben nicht mehr in der Kleingruppe, sondern, wie Eibl-Eibesfeldt es formuliert, in einer »anonymen Miß-trauensgesellschaft«. Nicht Integration der Zuwanderer, sondern Konfrontation sei die Folge der »multikulturellen Immigrationsgesellschaft« in den ohnehin stark übervölkerten Saaten. Das ist für die allbesserwissenden Wunschdenker der Political Correctness übergenug, um Eibl-Eibesfeldt zu diffamieren, ihn als Rassisten zu bezeichnen. Konflikte werden beseitigt, indem sie geleugnet, die Warner stigmatisiert werden. Positives Denken im Sinne von Political Correctness ersetzt das Denken durch die glückliche Erwartung. Und das Wort »Humanitätsduselei« wird unter Strafe gestellt. DieWarnung vor zuviel Zuwanderung auch. Aber Weglügen beseitigt die Probleme nicht.

»Unübersehbar ist der soziale Konfliktstoff durch Zuwanderung«, schrieb Wolfgang Jacobmeyer, Professor an der Universität München, in einem Aufsatz für die »FAZ«. »Vielfach treffen sich die Zuwanderer mit den sozial Schwächeren der Aufnahmegesellschaften auf derselben Ebene, so daß hier zwischen beiden Gruppen eine erbarmungslose Konkurrenz der Not heranwächst.«

Wenn zwei Komponenten zusammenkommen, die miteinander reagieren, können die Auswirkungen katastrophal sein. In diesem Fall sind es das einprogrammierte Miß-trauen gegenüber Fremden und die Angst derer, die im Vergleich zur Mehrheit nichts haben und das auch noch teilen sollen. Alle anderen geben ab vom Überfluß. Geteilt wird ganz unten, dort wo die einheimischen und die einreisenden Habenichtse unter sich sind. So wird den Fremden die Schuld an allem Elend zugeschoben. Würde den Ankömmlingen nicht der Weg bereitet in das Land voll Milch und Honig, dann bliebe genug für die im Lande Deutschland. Aber weil sie von allen Seiten an die fetten Suppenschüsseln, an die Milch, an den Honig drängen, werden die in den Wohlstand Geborenen ins Elend abgedrängt. Erst wenn die

Eindringlinge wieder herausgeprügelt sind, kann der Friede der Satten herrschen.

Dieses Bild aus der unteren Perspektive ist falsch. Es ist ebenso falsch wie die Happy-Multikulti-Show aus den Rängen der Staatsversorgten.

Wer die soziale Gefahr leugnet, fördert die soziale Explosion. Wer Fremden helfen will, muß zuallererst dafür sorgen, daß er dazu weiter in der Lage bleibt.

Der große Treck

Die Bundesforschungsanstalt für Landeskunde und Raumordnung veröffentlichte 1995 eine Studie über die Bevölkerungsentwicklung in Deutschland bis zum Jahr 2010. Die magische 2000 wirkt wie Zukunft, aber sie ist bereits Gegenwart. 2010, das ist in fünfzehn Jahren! Was ist das schon. Wer heute geboren wird, ist bis dahin nicht volljährig (wenn die Grenze nicht herabgesetzt wird, wie es Niedersachsens SPD im Jugendwahn durchsetzte), hat bis dahin nicht das Abitur gemacht (wenn es dann noch das Abitur als Leistungsstatus gibt). Auf dem Weg der nächsten fünfzehn Jahre gibt es noch viele Unsicherheiten, die politisch machbar sind. Erwartete Fakten: Bis 2010 wächst die Zahl der Menschen in Deutschland um fünf Millionen auf dann fünfundachtzig Millionen. Ursache: Die Zahl der alten Menschen nimmt zu. Aber gleichzeitig verringert sich die Zahl der jüngeren. Und zwar unverhältnismäßig rapide. Die Zahl der Deutschen nahm seit 1972 um fast vier Millionen ab. Bis 2015 werden es noch einmal 2,6 Millionen weniger sein. Die Deutschen stellen viel auf die Beine, nur nicht ausreichend Nachwuchs.

Deutschland ist Einwanderungsland. Auch wer die Bezeichnung nicht mag, kommt an den Fakten nicht vorbei. Die machen Deutschland zum Einwanderungsland, auch ohne Einwanderungsgesetz. Das ist auch notwendig, wenn das soziale System noch einigermaßen funktionieren soll. So gesehen wäre die soziale Furcht berechtigt, wenn die Fremden wegblieben.

Doch sie werden kommen. Acht Millionen ziehen hinzu, schätzt die Studie. Den Sozialstatistikern genügt das noch nicht. Sie errechnen bis zum Jahr 2030 einen zusätzlichen Bedarf von weiteren fünfzehn Millionen. Von heute zehn Prozent wird der Anteil der ausländischen Bevölkerung auf dreißig Prozent gewachsen sein. Andere Prognostiker sehen solche Zahlen schon 2015 erreicht. Sie schätzen, daß bis dahin fünfundachtzig Millionen Menschen in Deutschland leben werden, von denen fünfunddreißig Millionen Ausländer sind. Die meisten werden in den großen Städten leben. Bereits heute gibt es in Hamburg, Frankfurt/Main, München, Stuttgart und Berlin Stadtteile, in denen zwischen dreißig und mehr als fünfzig Prozent der Bewohner Ausländer sind.

Die kommen werden, stammen vorwiegend nicht mehr aus den europäischen Kulturkreisen. Es werden Menschen sein, die vollkommen anders denken, die anders leben. Vorerst kommen sie vor allem aus Osteuropa. Und später aus Nordafrika. Je älter das einundzwanzigste Jahrhundert wird, desto ferner die Regionen, aus denen Menschen zu uns ziehen.

Das Zusammenleben mit den nahen Fremden, jenen sieben Millionen, die sich bisher in Deutschland eine neue Heimat schufen, bringt inzwischen alltägliche Probleme. Um wieviel schwieriger wird das Zusammenleben mit den fernen Fremden? Wir sind darauf nicht vorbereitet. Und es gibt auch keine Vorbilder, die Orientierung böten. Ein Land auf höchstem kulturellem und wirtschaftlichem Stand muß sein Überdauern sichern durch die Aufnahme der Armutswanderer. Das wird Deutschland verändern und noch häufig überfordern. Die Betroffenheitsprediger werden viele Gelegenheiten finden, ihre Betroffenheit mitzuteilen. Lichterketten allein genügen nicht.

Es wird schwieriger werden, die Menschen zu integrieren. Bei einem Anteil von dreißig oder fünfzig Prozent stellt sich allerdings die Frage, wer wen in was integriert. Der Konflikt ist vorprogrammiert, die frontalen Zusammenstöße scheinen unvermeidbar – aber das Thema, das dieses Land mehr beschäftigen wird als die meisten gegenwärtigen Aufregungen, bleibt ausgeklammert. Die Güte wird's schon richten. Und die Betroffenheit von Mal zu Mal?

Mit gefälligem multikulturellem Gleichheitsgeplapper lassen sich Spannungen nicht wegreden. Das Motto »Alles anders – alles gleich«, unter das der Europarat 1995 eine Sternfahrt für Jugendliche stellte, klingt gut und taugt doch nur fürs Sommerlager. Europa ist voll von Minderheiten, denen die Bewahrung kultureller Eigenständigkeit oberstes Gebot ist – Südtiroler in Italien, Basken in Spanien, Deutsche in Rumänien, Dänen in Deutschland. Mehrheitlich leben sie in guter Nachbarschaft und wahren doch den Abstand. Der Abstand vor Ort wird um so größer werden, je unterschiedlicher die Kulturkreise sind, die aufeinandertreffen. Döner und Bulette, Pizza und Borschtsch machen noch keine Multikulti-Welt. Die Toleranz ist bereits erschöpft, wenn Türken in den Parkanlagen des Berliner Tiergartens einen Hammel auf den Spieß stecken. So viel Brauchtum überfordert. Die Vorurteile werden sich als hartleibiger erweisen als der Wille zum Verstehen. Denn es begegnen sich nicht Gleiche. Es begegnen sich Gebildete und Ungebildete, Welterfahrene und entwurzelte Bodenständige, die ihre Erinnerung als kostbarsten und einzigen Schatz mitbringen. Den möchten sie bewahren, um jeden Preis.

Die multikulturelle Welt von morgen ist eine schöne Illusion. Auf dem Weg in die Zukunft stehen mehr Wegweiser, die in die umgekehrte Richtung zeigen, in der engstirnige Grenzen dichter gemacht werden. Das ist bedauerlich, aber auch die schönste Hoffnung muß an der Wirklichkeit scheitern, wenn sie die Realitäten nicht zur Kenntnis nimmt. Die Realität heißt Bosnien, sie heißt Algerien, sie heißt Ruanda, sie heißt Tschtschenien. Die Realität ist fundamental und blutig national.

Die multikulturelle Welt muß man sich leisten können. Wo niemand Not leidet, kann viel gegeben werden. Das Teilen ist keine fröhlich-bunte Folkloreveranstaltung.

Im Ghetto

Frankreich hat ein neues Ministerium eingerichtet, bislang einmalig in Europa: das Ministerium für Integration. 6,4 Prozent der in Frankreich lebenden Menschen sind Ausländer. Sie kommen vor allem aus Nordafrika. Viele von ihnen sind schon sehr lange in Frankreich, aber ihr Lebensstil unterscheidet sich erheblich von dem der Franzosen. Die meisten von ihnen wohnen in den Vorstädten der großen Städte. Dort sind Ghettos des Elends entstanden. Die Gestrandeten, die Arbeitslosen, die ohne alles sammeln sich dort. Fünfhundert solcher Problemviertel gibt es in Frankreichs Städten. Die Zahl der Einwanderer liegt dort teilweise über zweiundzwanzig Prozent. In dem Elend gedeiht der Rassenhaß. Die Situation ist explosiv. Immer wieder kommt es zu Prügeleien, Schießereien, Plünderungen, tagelang andauernden Krawallen – Jugendliche gegen die Polizei, Franzosen gegen Nordafrikaner. Es hat Tote gegeben.

Multikulti? In der Trostlosigkeit der Ghettos spricht niemand von Multikulti. Erst kommt das Fressen, dann kommt die Moral.

Offenbar ist es im angeblich zusammenwachsenden Europa noch nicht angesagt, gelegentlich zum Nachbarn zu sehen, um eventuell von ihm zu lernen. Und sei es aus seinen Fehlern.

Denn in Deutschland liegen auch Ghettos vor den

großen Städten. In ihnen gärt die Konkurrenz der Habenichtse. Noch prügeln sie sich untereinander, die Deutschen die Deutschen aus Kasachstan, die Deutschen aus
Kirgisien die deutschen Türken. Zweihundertzwanzig-
tausend deutsch-russische Aussiedler werden jährlich ins
Land gelassen. Drei Millionen möchten noch kommen. Am
unteren Rand der Gesellschaft mischt es sich nicht multikulti, sondern in der Brutalität der Not. In der Gemeinde
Belm bei Osnabrück leben dreizehntausend Menschen.
Zweitausend davon kamen aus Kasachstan, Usbekistan und
Kirgisien. In einer Untersuchung zu der dortigen Situation
stellte die Universität Hannover fest: »Jugendliche Aussiedler treten zunehmend als Gruppen auf, die zum Teil
durch hohe Gewaltbereitschaft und Kriminalität Aufmerksamkeit erregen. In manchen Wohngebieten wird der soziale Friede durch Keller-Gangs gestört, das sind Gruppen
jugendlicher Aussiedler, die von leerstehenden Kellern aus
ihr Wohngebiet tyrannisieren.«

Political correctes Übersehen beseitigt solche Probleme
nicht. Die Probleme bleiben auch nicht in den Ghettos vor
den großen Städten. Sie sind bereits Bestandteil des Alltags,
wenn es kaum mehr Erwähnung findet, daß die Staats-
grenze noch schärfer kontrolliert wird, daß die Polizei in
Berlin die Zahl der Fahnder, die in Betrieben nach illegal
beschäftigten Ausländern suchen sollen, auf einen Schlag
von fünfundzwanzig auf einhundertfünfundsiebzig auf-
stockt. Wenn offiziell darauf hingewiesen wird, daß pro
illegal Beschäftigten im Jahr ein Verlust von Steuern und
Sozialabgaben von achtundzwanzigtausend Mark entsteht.
Vor allem auf dem Bau und in den Kneipen jobben die
Illegalen für Billigstlohn. Auf der Großbaustelle Berlin
buddeln und mauern einhundertachtzigtausend reguläre
Bauarbeiter plus sechzigtausend aus Ländern der Europäischen Union plus zwölftausend aus Osteuropa mit
Werksverträgen plus fünfzigtausend illegale Arbeiter.

Die Begrenzung des Zuzugs sichert auch jene Ausländer,

die bereits im Land sind. Sie werden um so eher akzeptiert, je weniger das Teilen spürbar ist. Dumm, alt, verknöchert sind den PC-Gerechten alle diejenigen, die nicht in dem Empfangskomitee sein möchten, die die Begrenzung des Zuzugs anmahnen. Man muß nicht zu jenen gehören, die lamentieren: »Es sind sowieso schon zu viele Ausländer hier«, um auf die Warnung dieser Stimmen zu hören. Denn wenn sie auch nicht richtig sind, spiegeln sie doch Stimmung. Und die könnte kippen in der Konkurrenz des Elends. Einer findet sich immer, den man auf der sozialen Treppe eine Stufe unter sich stellen kann. Auch die Herabstufung ist grenzenlos. Dann bleiben von der schönen neuen Multikulti-Welt bosnische Trümmer.

Notruf

Wenn im Iran Ehebrecherinnen zum Tod durch Steinigen verurteilt werden und die Größe der zu verwendenden Steine bestimmt ist – nicht so groß, daß sie sofort töten könnten, nicht so klein, daß sie nicht verletzen –, dürfen wir uns dann moralisch einmischen? Ist das multikulti in Anerkennung fremder Kultur? Und wenn vor der erregt schnaufenden Menge dem Dieb die Hand abgeschlagen wird? Wie ist es da mit Multikulti? Oder ist das einfach nur barbarisch?

Nach unseren Begriffen ist es barbarisch. Wir müssen nicht in die eigene Barbarei zurückfallen, weil andere dort sind. Und deshalb müssen wir auch nicht bedingungslos fremde Barbarei akzeptieren. Die Welt ist kein zoologischer Garten, durch den wir mit ethnologischem Interesse staunend spazieren können.

Anerkennung und Hochachtung vor fremden Kulturen müssen nicht einhergehen mit der Akzeptanz eines fremden Primitivismus. Eigenen haben wir selbst genug. Jeder hat das Recht, anders zu sein, jeder Mensch, jede Kultur. Aber das ist nicht gleichbedeutend damit, daß sich jeder überall so ausleben kann, wie es seinem kulturellen Selbstverständnis entspricht.

Die Grenzziehungen sind schwierig. Für die Mehrheit ist hierzulande die Grenze schon überschritten, wenn im Park der von der türkischen Familie umlagerte Hammel am Spieß brutzelt. Andere halten das noch für den Ausdruck eines neuen Lebensgefühls mit Nachahmungswert. Eine gesicherte Grenze ist das nicht. Wo also verläuft sie? Und ist nicht islamisches Recht auch Recht? Warum also nicht steinigen lassen?

Distanz erleichtert Toleranz, macht aber nicht alles tolerabel. Distanz verwischt auch die Unterschiede. Das erleichtert das Zusammenleben. Nähe hebt die Bequemlichkeit der Unkenntnis auf. Wer in der Güte der Political Correcten nicht sehen, nicht hören und nichts sagen will, um sich in die sogenannte kulturelle Selbstbestimmung nicht einzumischen, macht sich schuldig. Die Grenzen zwischen Toleranz und Verantwortungslosigkeit sind fließend.

Eine Lehrerin in Hamburg, die das Elend vieler ihr anvertrauter Kinder nicht mehr ertragen konnte, sandte einen erschütternden Bericht an die Schulsenatorin. Darin beklagte sie die Verwahrlosung und die Nöte der Kinder, deutscher und ausländischer.

Auszüge aus diesem von der »Bild«-Zeitung veröffentlichten Brief: »Ein Mädchen mußte an der Hüfte operiert werden. Erst im Krankenhaus blühte es auf. Kurz vor der Entlassung ließ sich das Mädchen aus dem Bett fallen und drohte mit Selbstmord. Es wollte nicht wieder nach Hause. Ihr Vater, ein Türke, war gegen die Operation gewesen. Es gab einen erbitterten Machtkampf, bis er endlich einwilligte. Sein Argument war: Wenn meine Tochter hinkt, wird sie später eine bessere Ehefrau – weil sie sich leichter unterordnen wird.

Meine Schülerin S. wurde, als sie 13 war, mit einem 15jährigen verheiratet, der wegen Gewalttätigkeit polizeibekannt ist. Sie kam in eine Familie, die mit sieben Personen in einem Hotelzimmer lebt. Ihr Schwiegervater stand wegen Mißbrauchs seiner Stieftochter vor Gericht.

Schon als Zehnjährige mußte die kleine S. den gesamten Haushalt führen, für Vater, Mutter, zwei kleine Schwestern und den kleinen Bruder, den ›Kronprinzen‹. Das hieß einkaufen, Kohlen hochtragen, heizen, abwaschen, Wäsche waschen, Treppenhaus sauberhalten. Der Vater sagte mir im Beisein seines Kindes: ›Ich wollte, die wäre tot, denn sie ist ja nur ein Mädchen‹.

Besonders türkischen Mädchen fehlt häufig der wichtigste Schlaf vor Mitternacht. Z. B. eine sechsjährige Schulanfängerin, die immer erst nach 22 Uhr dazu kam, ihre Hausarbeiten zu machen, weil der kleine Bruder nicht eher ins Bett wollte. Nicht selten befindet sich der Schlafplatz der Kinder im Wohnzimmer, wo die Erwachsenen bis spät in die Nacht fernsehen.

Die Mädchen meiner Klasse liebten die Schultoilette als Ort des Mal-für-sich-sein-Könnens. Sie kamen auch mit hohem Fieber, um sich, wie sie sagten, ›in der Schule mal richtig auszuruhn‹! Da durften sie den Kopf auf die Arme und ein Kissen auf den Tisch legen und schlafen, oder sie durften sich mit einer Freundin in die Sonne setzen. Sie kennen von zu Hause keine Ruhe, keine Entspannung.

Für die zwölfjährige V. waren 30 000 Mark (als Mitgift, d. Red.) vereinbart worden. 13 000 Mark waren bei der Hochzeit (!) bezahlt worden. Der Rest sollte nach Geburt des ersten Kindes fällig werden. Sie wollte zu ihrer Mutter zurück, aber die Mutter konnte die 13 000 Mark nicht zurückzahlen. Sie mußte bleiben.

L. wurde mit 15 Jahren zum zweiten Mal verheiratet. Mit 14 war sie aus der ersten Ehe weggelaufen. Nun hatte sie mit ihrer zwölfjährigen Schwägerin eine neunköpfige Familie zu versorgen. Wehe, es war nicht alles fertig, wenn nachmittags die Schwiegermutter kam. Das Mädchen mußte auch für den 13jährigen Bruder des Ehemanns sorgen, ein schwer geistig behindertes Kind. Es kann nicht sprechen, näßt und kotet ein, läßt sich nicht saubermachen. Sein einziges Vergnügen ist, alle erreichbaren Gegenstände auf den Boden zu werfen.

Um es klar zu sagen: Es gibt auch deutsche Familien, in denen katastrophale Verhältnisse herrschen. Aber: Nach meinem Eindruck haben selbst ganz linke Politiker keinen Mut, diesen Kindern beizustehen. Ihr Argument ist, daß sie nicht in die kulturelle Selbstbestimmung eingreifen wollen.«

Soweit der Brief aus der deutschen Gegenwart, Hamburg 1995. Kulturelle Selbstbestimmung oder Verantwortungslosigkeit? Die Beobachtungen wurden gemacht an einer Schule im Stadtteil St. Georg. Das ist eine Problemzone, in der der Drogenhandel floriert, die Fixer sich in Telefonzellen den Schuß setzen und die süchtigen Wracks anschaffen. Über fünfzig Prozent der Menschen in diesem Quartier sind Ausländer. Beschrieben wird nicht der Normalzustand, sondern die Ausnahmesituation. Der Bericht schildert Jungen, die auf den Strich gehen, die dealen, er beschreibt Kinder in abgerissener, schmutziger Kleidung, die vor Hunger zu rauchen beginnen. Und das betrifft ausländische wie deutsche Kinder. Im Elend sind sie gleich. Doch was ist, wenn Kinder verkauft werden? Wenn Mädchen wie Sklaven gehalten werden? Wie blind macht Multikulti?

Allerdings: Wer nicht die von unserer Gesellschaft entwickelten Werte zu seinem Maßstab macht, sondern political correct die soziale oder ethnische Identität anderer Gruppen höher bewertet, den rührt der Vorwurf der Blindheit nicht an. Sie salbadern vom Schutz der Schwachen und liefern sie der Willkür der Stärkeren aus.

Die westliche Kultur hat ihre qualvolle Vergangenheit. Sie hat an sich selbst gelitten, hat sich schuldig gemacht und hat ihre Schuld erkannt. Sie hat geraubt und dafür bezahlt. Sie hat über sich nachgedacht und sich gezähmt. Das Ergebnis ist nicht perfekt, aber es ist das Beste, was sie bis heute zustande bringen konnte. Sie ist anders als andere, vielleicht nicht besser und schon gar nicht überlegen. Aber alle Proklamationen der Menschenrechte gingen von ihr aus. Sie entwickelte Toleranz, gelegentlich bis an die Grenze der Selbstaufgabe. Aber wenn diese Kultur sich selbst aufgibt, wird es diese Toleranz nicht mehr geben. Dann darf auch im Berliner Tierpark gesteinigt werden – mit nicht zu großen und nicht zu kleinen Steinen.

Der gute Nachbar

Das Zusammenleben unter deutschen Dächern (schon falsch, unter Dächern in Deutschland muß es pc heißen) sortiert sich nach sehr einfachen Kriterien und etlichen unausrottbaren Vorurteilen. Aber so primitiv, wie das Bild vom ausländerfeindlichen Deutschen unablässig gezeichnet wird, ist es absolut nicht. Das überwiegend brave deutsche Wesen lernt rasch, was gehörig und was ungehörig ist. Das fließt dann auch in Umfragen mit ein, bei denen nicht immer klar ist, wie ehrlich die Antworten waren. Als sich 1992 jeder ordentliche Deutsche von den sogenannten »anständigen Deutschen«, die »Deutschland den Deutschen« an die Wände schmierten, mit Empörung und Abscheu abwandte, da erfragten die Meinungsforscher von Allensbach, wen denn die Deutschen keinesfalls zum Nachbarn haben möchten.

Der Schock der Brandanschläge gegen ausländische Mitbürger, das Bild der Kahlköpfe in Springerstiefeln und der immer wieder im Fernsehen gezeigten bierdumpfen Brüller mit ausgestrecktem Arm wirkten. Siebenundsiebzig Prozent der Befragten gaben an, sie möchten keinesfalls einen Rechtsextremisten zum Nachbarn haben. Dem folgten dann mit sechsundsechzig Prozent die Rauschgiftsüchtigen und mit vierundsechzig Prozent die Säufer. Dann, immer noch weit oben, aber doch mit deutlichem Abstand, mit zweiundsechzig Prozent die Linksextremisten. Es entstand eine große Lücke, bis dann mit neunundzwanzig Prozent die Vorbestraften als unbeliebte Nachbarn genannt wurden. Keiner der Spitzenränge wurde im angeblich Ausländern feindlich gesinnten Deutschland von einer ihnen zuzuordnenden Gruppe eingenommen. Erst mit siebzehn Prozent tauchten dann die Muslime auf und mit vierzehn Prozent die Hindus. Schließlich dann mit acht Prozent Leute mit vielen Kindern (die in Deutschland inzwischen ja auch fast den Ausländern zuzurechnen sind) und mit sieben Prozent Juden.

Die Ablehnung aufgrund einer politischen Extremhaltung oder eines sozialen Problems rangiert deutlich vor der Zugehörigkeit zu einem anderen Kulturkreis (der mit dem Glauben des Moslems oder des Hindus verbunden wird).

Bei einer Umfrage des Emnid-Instituts mit ähnlicher Fragestellung gaben aber auch elf Prozent der Westdeutschen an, sie möchten keinen Ossi zum Nachbarn haben, und der gleiche Anteil der Ostdeutschen lehnte einen Wessi als Nachbarn ab.

Fremdenfeindlichkeit? Wenn man das Einander-fremd-Sein denn so interpretieren will, wenn man die Distanz der gegenseitigen Unkenntnis so nennen will, bitte sehr. Aber wer Abstand hält, muß noch nicht feindlich gesinnt sein. Mancher Türke ist einem Wessi näher als dessen ostdeutscher Landsmann, mancher Vietnamese einem Ossi näher als dessen westdeutscher Bruder.

Je mehr Fremde nach Deutschland kommen und bleiben, desto mehr muß die Bereitschaft wachsen, sie vollständig in die Gemeinschaft aufzunehmen. Mit allen Rechten und mit allen Pflichten. Und das bedeutet: mit einer Staatsbürgerschaft.

Die Aufforderung zur Entscheidung zwischen Bosporus und Berlin ist nicht political correct. Der wohlmeinende Weg führt über die doppelte Staatsbürgerschaft – nicht ganz dies, nicht ganz das und immer unentschieden. Jede Entscheidung kann sich einmal als falsch erweisen. Gleichwohl muß sie getroffen werden. Die doppelte Staatsbürgerschaft hebt diese Entscheidung auf und verlängert damit das Fremdsein. Sie begegnet nicht, wie sie vorgibt, damit der Fremdenfeindlichkeit, sondern schreibt sie fort, weil Fremdenfeindlichkeit vorhanden sein wird, solange die Fremden Fremde sind.

Integration heißt nicht, daß jegliche Identität aufgegeben werden soll oder muß. Warum auch? Wer sich unter den Schutz des deutschen Grundgesetzes stellt, ist in seiner eigenständigen Würde unantastbar, erhält Freiheiten und Rechte, die in den wenigsten Ländern dieser Erde zu finden sind. Die Freiheit, die Identität zu wahren, gehört dazu.

Staatsbürgerschaft bedeutet noch nicht Heimat. Der abstrakte Rechtsbegriff gibt das nicht her. Heimat ist Nähe, ist Teilhabe. Es sind die deutschen Türken oder die türkischen Deutschen, die in der dritten Generation in diesem Land leben und die abwechselnd in deutsch und türkisch träumen, die sich wieder ihrer Wurzeln erinnern, die die Gemeinsamkeit der Türken in Deutschland zu formen beginnen. Die Türken bleiben zunehmend unter sich. Weil man sie nicht will, oder weil sie es so wollen? Sie sagen, sie wollten es so, aber das mag nur zum Teil richtig sein. Sie wollen eine eigene Partei gründen, ziehen sich auf den Islam zurück, haben ihre eigenen Sportvereine. Aber was machen sie anderes, als ihnen multikulti eingeredet wird? Die gestückelte Gesellschaft der autonomen Minderheiten, identitätsstark und gemeinschaftsschwach.

Nun muß nicht in jeder Diskothek mit türkischer Popmusik sogleich die ethnische Abkehr von Deutschland vermutet werden. Wer würde dem italienischen Pizzabäcker Derartiges nachsagen oder sähe den Koch beim Chinesen derart motiviert?

Das Asyl der Kirche

Eine Frontlinie des türkisch-kurdischen Konflikts verläuft durch Deutschland. »Deutschland ist Kriegspartei im Völkermord in Kurdistan – militärisch, ökonomisch, politisch«, kreischte ein Bekennerschreiben 1994 nach einem Bombenanschlag. Seitdem werden nachts Brandsätze gegen türkische Reisebüros geschleudert, Brandbeschleuniger vor türkischen Lokalen gezündet. Die PKK zündelt in Deutschland, und nicht eine Lichterkette glimmt irgendwo gegen diese Gewalt. Keine Empörung, kein Wehgeschrei all derer, die immer guten Willens sind? Doch, gewiß, es ertönt. Als unbegreifliche Parteinahme für jene, die den Frieden in diesem Lande mit nächtlichen Brandsätzen in die Luft jagen. Nicht Härte gegenüber kurdischen Attentätern, sondern fürsorglicher Schutz ist für die PC-Gerechten das Gebot. Es werden nicht die außer Landes gejagt, die den Krieg hereintragen, sondern es wird versucht, sie mit Finten und Tricks vor der Abschiebung zu bewahren. Damit werden jene Kurden in Verruf gebracht, die still hoffen, daß im deutschen Asyl ihr leidensvoller Weg ein vorläufiges Ende findet. Sie sind innerhalb ihrer Minderheit die große Mehrheit. Aber Political Correctness fragt nicht nach Mehrheiten.

»Die Asylanten« sind anonym. Nicht Menschen, Zahlen. Gelegentliche Begegnungen. Wohncontainer am ausfransenden Rand der Stadt. Wäschestücke auf dem Hof einer verlassenen Kaserne. Nur flüchtige Bilder im Vorüberfahren. Zu Menschen werden Asylanten erst bei der Begegnung mit dem einzelnen. Dann ist wohl niemand da, der sein Herz vor dem Schicksal verschließen könnte. Einzelschicksale haben einen Namen. Beispielsweise den der Familie Simsek.

Fariz Simsek ist untergetaucht. Der Kurde sollte in die Türkei abgeschoben werden. Schwerer Landfriedensbruch wird ihm vorgeworfen. Als Simsek verschwand, blieb seine

Familie. Auch sie sollte in die Türkei gebracht werden. Die Kirchengemeinde Steppach in Augsburg nahm Frau und Kinder auf ins Kirchenasyl.

Juristisch ist das zwar ohne Bedeutung, aber moralisch wiegt es um so schwerer. Kirchenasyl ist immer Schutz vor den weltlichen Gesetzen gewesen und stand somit in Opposition zu ihnen. Ein rechtlich abgesichertes Kirchenasyl wäre ein Widerspruch in sich. Kirche ist moralische Instanz, und wer unter ihrem Schutz steht, steht auf der Seite der Moral. So einfach geht das? So einfach.

Jedenfalls in Augsburg, wo der Gütigen mehr und mehr wurden, die das Schicksal der Simseks anrührte. Katholische Professoren forderten die christlichen Pfarrgemeinden (warum nur die?) auf, endlich wieder gesellschaftskritisch zu sein, sich zu Anwälten für jene Menschen zu machen, die keine Lobby haben. Ein Aufschrei aller Christen müsse die Politiker zur Vernunft bringen. Sie erklärten das Kirchenasyl als durch das Grundgesetz abgesichert. Wer behaupte, die Flüchtlinge befänden sich in einem rechtsfreien Raum, der stelle die Sache auf den Kopf. Das Asyl der Kirche, so belehrten sie, sei schon in der Antike der einzige Raum gewesen, in dem der Mensch zu seinem Recht kommen konnte: »Kirchenasyl muß also nur gegeben werden, wenn der Staat selbst rechtsfreie Räume aufweist.«

Was ist das? Die Gnade des Vergessens der eigenen Geschichte, in der Menschen vor dem Recht der Kirche gerettet werden mußten? Oder Heuchelei wider besseres Wissen, weil jeder, der sich auf die Willkür früherer Staatswesen beruft, dem gegenwärtigen Staat gleiches unterstellt? Oder nur Anmaßung? Oder auch nur eine Liebe, die blind macht?

Wenn Menschen gegen diesen Staat geschützt werden müssen, dann ist etwas falsch gelaufen. Wenn in diesem Staat Unrecht zu Recht erklärt wird, haben alle versagt, die diesen Staat tragen. Wer das Kirchenasyl zum einzigen Schutz gegen den Staat erklärt, nennt dieses Gemeinwesen einen Unrechtsstaat. Und er spricht ihn schuldig.

Auch vor Gott machten sich Vertreter dieses Staates schuldig, geißelten die Wohlmeinenden den bayrischen Innenminister Günther Beckstein. Der ließ die Simseks und andere abgelehnte Asylbewerber im Kirchenasyl, weil ein bayrischer Minister ja schlecht seine Polizei in kirchliche Räume schicken könne. So wurde der rechtsfreie Raum zum freien Raum. Bis auch dieser Minister entgegen seinen bis dahin abgegebenen Erklärungen, jeden abgelehnten Asylbewerber unverzüglich auszuweisen, den political correcten Ausweg fand. Er bot der Kirche an, Asylbewerber aus der Abschiebung freizukaufen. In einem Interview mit der »Süddeutschen Zeitung« begründete er das: »Wenn es für das Selbstverständnis der Kirchen erforderlich ist, daß jemand hierbleibt, wenn die Kirchen sagen, ihre Existenz als ein der Sittlichkeit verpflichtetes Gemeinwesen wäre dadurch gefährdet, daß jemand außer Landes gebracht wird, dann sollte die Möglichkeit geschaffen werden, daß jemand dann die entsprechende Aufenthaltserlaubnis bekommt. Das bedeutet, daß ich das nicht als eine Art humanitäre Härtefälle sehe, denn humanitäre Fragen werden im Asylrecht in einer weltweit einmaligen Weise geprüft, mit einer Sorgfalt, wie das keine Kirche kann.«

Der Spagat war gewagt, Überdehnung selbst für das politisch erprobte Gewissen unausweichlich. Handelt der Staat gewissenlos? Schlägt das Gewissen nur noch bei anderen, bei Greenpeace für die Umwelt, in der Kirche für die Asylanten, bei der Tierbefreiungsfront für die Legehennen?

Sahize Simsek (20) aber verließ nach sieben Monaten das Asyl der Gemeinde St. Raphael in Steppach bei Augsburg. Heimlich sei sie geflüchtet, wurde verlautbart. Mit ihren beiden Kindern Bilal (4) und Leyla (3). Weil sie in Deutschland keine Hoffnung mehr auf eine juristische und humanitäre Lösung gehabt habe. Weshalb ihr neuer Aufenthaltsort nicht verraten werde. Auch das wurde verlautbart.

Jährlich eintausend abgelehnte Asylbewerber bot der

Minister den Kirchen zum Freikauf an. Doch die griffen nicht zu. Und der Minister bemerkte offenbar die Gefahr der Überdehnung bei seinem Spagat. Er zog seinen Vorschlag zurück.

Aber warum eigentlich? Warum nicht die Green Card aus dem Kirchenkontingent für die Einwanderer in das Nicht-Einwanderungsland Deutschland? Mit Arbeitserlaubnis und Dauerwohnrecht.

Warum nicht? Wenn es doch für die »Existenz der Kirche als ein der Sittlichkeit verpflichtetes Gemeinwesen« wichtig ist. Nur ihr soll solch ein Kaufrecht vorbehalten bleiben. Weil sie öffentlich-rechtliche Körperschaft ist, wurde argumentiert. Aber ist Humanität an eine öffentlich-rechtliche Institution gebunden? Warum denn nicht die Arbeiterwohlfahrt oder das Deutsche Rote Kreuz, wenn sie denn möchten? Sie haben zwar kein Kirchenasyl, um mit Scham Druck zu machen, aber alle auf ihrer Seite, die ein dauerhaft schlechtes Gewissen plagt, die unentwegt Wohlwollenden. Erfüllung wäre es für sie, die Gnade der Liebe als letzte Instanz spenden zu können, die Gnade vor dem Recht walten zu lassen. Denn rechtens wäre die Ausweisung gewesen, verfügt durch den Staat. Aber es gibt sie eben, die höhere Instanz, die mit der Lizenz zur Gnade. Und die kann sagen: »Bleib«, wenn einer gehen müßte.

Und die keine Gnade fänden, nur unerbittliches Recht? Pech gehabt?

Political Correctness weicht der Wirklichkeit aus

Der Täter als Opfer

Wenn Täter sich zu Opfern lügen und das allgemeine Bedauern einsammeln, müssen andere den Part des Täters übernehmen. Der Ruf »Haltet den Dieb« hat stets seine ablenkende Wirkung getan.

Um den Ruf der Polizei in Deutschland steht es nicht gut. Die Beamten mögen noch so wacker ihre Arbeit tun, mögen für Sicherheit und Ordnung sorgen wollen, der Titel »Freund und Helfer« kam ihnen abhanden. Als zweifelhaft werden sie dargestellt, als zweifelhaft ihr Tun. Recht und Ordnung sind suspekte Begriffe geworden. »Law and Order« heißt das verrufene Zwillingspärchen, und jedermann weiß, daß es nur Schlechtes bedeuten kann, wird es genannt.

Jede ordentliche Gewerkschaft schlägt sich mit den Arbeitgebern um Arbeitsbedingungen und Tarife herum. Die Gewerkschaft der Polizei ist offenbar die einzige, die in der Öffentlichkeit für Ruf und Ansehen ihrer Mitglieder streiten muß. Meist ist sie damit allein.

Polizisten sind Bullen. Wenn es fast freundlich gemeint ist. Sonst sind sie »Scheißbullen«, immer häufiger auch »Faschisten« oder »Nazis«. Täter sind sie, nicht Beschützer. Alle kennen doch die Bilder der martialischen Plastikwehr der Polizei gegen die hilflosen Steinewerfer in schlotternden Hosen, von der Macht der Wasserkanonen, die ihre Opfer in wirbelnder Flucht hetzen. Alle haben sie doch gesehen, die Bilder von den verdrehten Köpfen, von den gelederten Knien im Nacken der Opfer, von den brutal zur Seite geschleiften Frauen. Immer waren die Kameras zur Stelle, und immer haben sie dies eine Bild aufgenommen: Die Brutalität unterdrückt die Hilflosen.

Und als alle glaubten, dieses Einkesseln, Verprügeln und Verschleppen sei nicht mehr zu steigern, da fielen die Schüsse von Bad Kleinen. Dagegen war alles, was bis dahin geschehen war, nur Lappalie. Bei dem Versuch, auf dem Bahnhof der kleinen mecklenburgischen Stadt einen gesuchten Terroristen festzunehmen, sei der Mann erschossen worden. Kaltblütig hingerichtet von einem Beamten der Spezialeinheit GSG 9. Hingerichtet wehrlos am Boden, eiferten sich die Medien. Immer neue Zeugen meldeten sie (und behielten deren Namen so lange wie möglich für sich), immer neue Theorien entwickelten die Redaktionen. Die Frage war schon bald nicht mehr, ob, sondern wie der Terrorist hingerichtet wurde. So wurden aus den »Helden von Mogadischu« die Killer von Bad Kleinen. Auch eine deutsche Karriere. Eine political correcte dazu.

Am Ende der Untersuchungen erwiesen sich die Vorwürfe als nicht haltbar. Aber da hörte schon niemand mehr so genau hin. Medienskandale haben nun einmal keine große publizistische Verbreitung.

Die permanente Demontage

Das Vertrauen in die Institution Polizei schwindet. Sie wird in Frage gestellt – keineswegs nur von jenen Rändern der Gesellschaft aus, die den »Scheißbullen-Staat« vorführen wollen. Da ist ohnehin niemals etwas anderes als Mißtrauen gewesen. Wenn solches Mißtrauen nicht inzwischen in alle Schichtungen gewuchert wäre, hätten die Behauptungen über die Hinrichtung von Bad Kleinen nicht mit solcher Dreistigkeit verbreitet werden können, und sie hätten nicht so ein langes Leben gehabt. Die Gesellschaft muß die Ungeheuerlichkeiten für möglich gehalten haben. Über die Ursachen eines so fehlgesteuerten Mißtrauens ist nachzudenken.

Eine deutsche Polizeikarriere: erst Bulle, dann Rassist und am Ende Täter. In welchem Abschnitt befinden wir uns augenblicklich? Ziemlich nahe am Ende? So viele basteln daran mit Schreckensbildern, mit Gebührenrechnungen für Polizeieinsätze, mit immer neuen Einfällen für künftig straffreie Delikte – von Schwarzfahren bis zum Ladendiebstahl unter zweihundertfünfzig Mark –, und schließlich auch jener lustlose Polizist selbst, der sich weigert, eine Diebstahlsanzeige aufzunehmen, weil er weiß, daß niemand sie verfolgen wird. Die Verunsicherung der Polizei ist zur Selbstlähmung ausgewachsen.

Auch Verbrechen ist Spiegelbild der Gesellschaft. Das organisierte Verbrechen strebt nach Gewinnmaximierung wie jede ehrenwerte Gesellschaft. Mafia ist beinahe eine zu biedere Bezeichnung für die internationalen Konzerne des Verbrechens. Die faxen mehr, als daß sie schießen. Sie agieren mit weltmännischer Geschäftsläufigkeit, und so fühlen sie sich auch. Wie der Chef von nebenan. Die Grauzonen breiten sich aus.

Dieser Entwicklung gegenüber stehen Polizisten, die ihre gestörte Befindlichkeit abfragen, die der Seelenmassage bedürfen. Sie haben dazu auf Seminaren Gelegenheit. Ansonsten hört ihnen niemand so richtig zu. Polizisten sind nicht nur während der Ausbildung kaserniert. Sie bleiben es auch später gesellschaftlich, ständig in Gefahr, den Stempel »rechtsradikal« oder »rassistisch« aufgedrückt zu bekommen. Nicht Opferschutz, sondern Täterschutz ist in Abwägung zwischen der personifizierten Staatsmacht und dem Verfolgten political correct. Die Täter werden zu Opfern korrigiert.

»Heruntergespielt, ja teilweise sogar verschwiegen wird … der beträchtliche Anteil, den Ausländer an der organisierten Kriminalität haben. Allen Ernstes haben Innenminister und ehemalige Bundesverfassungsrichter gefordert, in Statistiken und Berichten auf die Angabe der Herkunft von Straftätern zu verzichten, weil sie fürchten, daß dieses Wissen Fremdenfeindlichkeit fördern würde«, schrieb der ehemalige Oberlandesgerichtspräsident Rudolf Wassermann in einem Aufsatz.

Für Heiner Geißler hingegen ist die hohe Kriminalitätsrate der Ausländer »eine statistische Lüge«, in der er eine der »Hauptursachen für die Übergriffe und Mordanschläge gegen die Ausländer« sieht.

Wer die Begriffe »Ausländer« und »Kriminalität« koppelt, sticht in ein Wespennest, aus dem die Hüter der political correcten Glaubenssätze wütend hochfahren. Dabei ist nach Angaben des Bundeskriminalamtes mittlerweile mehr als jeder zweite unter den Tatverdächtigen der organisierten Kriminalität in Deutschland ein Ausländer. Vor allem Banden aus der Türkei, dem ehemaligen Jugoslawien, Italien und Polen haben in Deutschland ihr Operationsfeld.

Die Medien machen gemeinhin einen weiten Bogen um das Thema. Die Begründung ist political correct: Dem Rechtsruck der Gesellschaft solle kein Vorschub geleistet werden. Als beweise diese Gesellschaft nicht täglich durch ihr Verhalten, daß sie zwischen Ausländern und kriminellen Ausländern unterscheidet. Pc aber ist der Ausländer an sich gut.

Der Deutsche Presserat mußte sich erstmalig 1994 mit einer Beschwerde befassen, in der ein Ehepaar die Benutzung des Wortes »Ausländer« im Zusammenhang mit einer Straftat beanstandet hatte. In ihrem Jahrbuch 1994 berichten die Anstandshüter der deutschen Presse über den Vorwurf und ihre Entscheidung:

»Kleiderdieben wird ihre Eitelkeit zum Verhängnis – erkannt, weil sie Hemden aus der Beute trugen‹ lautet die Überschrift eines Polizeiberichts in einer Lokalzeitung. Der Autor schildert den Einbruch in eine Kleiderboutique und erwähnt dabei, daß ›die beiden mutmaßlichen Einbrecher, zwei 19 und 20 Jahre alte Ausländer‹, exklusive und ausgefallene Herrenhemden aus der Beute selbst angezogen hätten. Ein Ehepaar beanstandete in einer Beschwerde an den Deutschen Presserat die Fomulierung ›Ausländer‹. Dies hält es für diskriminierend in einer Zeit, in der Ausländerfeindlichkeit leider zu unserem Alltag gehört. Wenn in einem Bericht mitgeteilt werde, daß der größte Teil der Beute in einer Asylunterkunft gefunden worden sei, müsse wohl auch zwingend erwähnt werden, daß es sich bei den mutmaßlichen Tätern um Ausländer handelt. So die Stellungnahme der Zeitung.«

Da irrte die Zeitung. Der Presserat sprach ihr gegenüber einen »Hinweis« aus. Das ist in der Abstufung des Tadels nicht so peinlich wie eine Rüge. Es entspricht in etwa dem Auf-die-Finger-Klopfen mit anschließender Drohung mit erhobenem Zeigefinger. Dazu ermahnte er: »Der Presserat trifft die Feststellung, daß jede Erwähnung nationaler Zugehörigkeit, aber auch die Bezeichnung ›Ausländer‹ immer im konkreten Einzelfall beurteilt werden muß. Der Presserat schließt sich nicht der Stellungnahme der Zeitung an, die davon ausgeht, daß die Mitteilung, der größte Teil der Beute sei in einer Asylunterkunft gefunden worden, zwingend auf die Zulässigkeit der Erwähnung schließe, bei den mutmaßlichen Tätern handele es sich um Ausländer. Mit dieser Feststellung grenzt der Artikel deutsche Tatverdächtige positiv aus, was unmittelbar zu einer Diskriminierung aller nichtdeutschen Kreise führen muß.«

Da half es der Zeitung auch nicht, auf die selbstauferlegten political correcten Redaktionsrichtlinien zu verweisen, nach denen »nur bei schweren Straftaten erwähnt werden (darf), daß es sich bei dem Tatverdächtigen um einen Ausländer oder Asylbewerber handelt«.

Bei jedem tabuisierten Thema ist eine sachliche Diskussion nicht mehr möglich. Wenn schon die Erwähnung des Begriffs »Ausländer« in Zusammenhang mit einer Straftat das Gewissen in Angstzustände versetzt, wie soll dann Sachlichkeit aufkommen?

Wenn schon die in Deutschland anwesenden Ausländer in diesem Zusammenhang nicht besonderer Erwähnung teilhaftig werden sollen, dann mag es vielleicht doch mit den nicht anwesenden zulässig sein, mag sich Bundesinnenminister Manfred Kanther gedacht haben, als er die Kriminalstatistik 1994 vorlegte. In seinen Erläuterungen betonte Kanther nachdrücklich, ein leichter Rückgang der Straftaten gegenüber dem Vorjahr sei im Zusammenhang mit der Abnahme der Asylbewerberzahlen zu sehen. Vor allem die Zahl der Diebstahlsdelikte war um 6,9 Prozent rückläufig. Kanther erkannte hierin einen »eindeutigen Zusammenhang«. Auf einer Pressekonferenz sagte der Innenminister: »Es liegt auf der Hand, daß, wenn wir im Oktober 1992 rund 50 000 Asylbewerber hatten und jetzt 10 000, die von dieser Bevölkerungsgruppe ausgehende Kriminalitätsentwicklung zurückgeht. Da Kriminalität in der polizeilichen Statistik zu zwei Dritteln Diebstahlskriminalität ist und diese Kriminalität dort besonders hoch ist, zeigten sich schnell Zusammenhänge.«

»Rassisten« in Uniform

In der verlogenen Schweigezone der prinzipiellen Unterstellung sollen Polizisten für Ordnung sorgen, argwöhnisch beobachtet, verdächtiger als diejenigen, deren Verbrechen sie verfolgen sollen, schärfer kontrolliert als die auffälligsten Kriminellen.

Es gibt Plätze, da hat es die Polizei offenbar aufgegeben, noch für Ordnung sorgen zu wollen. Der Hamburger Stadtteil St. Georg ist solch ein Platz. Am Hauptbahnhof und hinter dem Schauspielhaus werden die Drogen offen angeboten. An keinem anderen Platz sind Kokain, Heroin und Haschisch billiger, werden mehr Täter zu Opfern gelogen. Nirgendwo sonst ist das System so deutlich sichtbar, wird die Lüge erkannt und wohlmeinend als Wahrheit genommen.

In der offenen Drogenszene am Bahnhof machen sich die Dealer kaum mehr die Mühe, ihren Handel zu verheimlichen. Jeder kennt sie, die minderjährigen Kurden mit dem Heroin, die Algerier mit dem Haschisch, die Schwarzafrikaner mit dem Kokain. Jeder weiß, daß sie ihre Ware im Mund tragen, mit dem Stoff gefüllte Plastikkügelchen. Jeder kennt die gängige Handelsgröße: »Halfs« zu fünfzig, »Bigs« zu dreißig und »Smalls« zu zwanzig Mark. Jeder weiß, daß die Dealer Asylanten sind. Aber jeder schweigt. Und sieht weg.

Weil die Polizei zwar soll, aber nicht kann und nicht darf.

Manchmal kann auch ein Polizist nicht so viel wegsehen, wie notwendig wäre, um eine Festnahme zu vermeiden. Aber wozu? Die Dealer wissen so gut wie die Polizei, daß ihnen wenig passieren kann. Vielleicht ein paar Stunden in der Zelle, bis ihr Zimmer im Asylheim durchsucht wurde, vielleicht ein kurzer Arrest, vielleicht ein Platzverweis für die Dauer von sechs Stunden.

Und warum denn auch, wenn ein Durchgreifen offenbar nicht erwünscht ist? Wenn die Drogenberatungsstelle Fluchtpunkt für verfolgte Hasch-Dealer ist? Wenn die geschlossenen Heime für gefährdete Jugendliche abgeschafft wurden unter dem political correcten Motto: »Menschen statt Mauern«? Wenn die Menschenwürde der Dealer angeblich leidet, wenn sie ein Brechmittel nehmen müssen, um die von ihnen auf der Flucht verschluckten »Halfs« und »Bigs« zwecks Beweissicherung zu erbrechen. In Hamburg ist das nicht mehr erlaubt. Die political correcten Menschenfreunde haben dafür gesorgt.

Im benachbarten Bremen ist das Brechmittel namens »Ipecacuanha« noch im Einsatz. Zwei Löffel von dem Sirup stülpen den Mageninhalt heraus. Da der Polizei hinreichend bekannt ist, daß Drogenschmuggler größere und

Dealer kleinere Mengen ihres kostbaren Handelsstoffes im Magen zu verstecken pflegen, wird er auf diese Weise wieder ans Licht des Tages gefördert. Noch kämpft die Polizei in Bremen den Kampf, den die Kollegen in Hamburg bereits verloren haben. Darum wird ihnen vorgeworfen, sie folterten die Dealer durch das Einflößen des Sirups. Pure Schikane sei das gegen Menschen schwarzer Hautfarbe. Denn verfolgt würden die Dealer nur, weil sie schwarz seien. Ein »Anti-Rassismus-Büro« der »Autonomen« fordert Ermittlung gegen Polizeiärzte und ermittelnde Beamte. Es kursieren Aussagen von Schwarzafrikanern, die zu Protokoll gaben, auch dann zum Erbrechen gezwungen worden zu sein, wenn sie ihre Päckchen freiwillig abgegeben hätten. Freude hätten die Beamten über die kotzenden Schwarzen gezeigt, Häme, Genugtuung. Und was so mehr zu den Abscheulichkeiten der Rassisten gehört.

Die Dealer aus Sierra Leone, Nigeria, Ghana, Gambia, dem Senegal oder von der Elfenbeinküste sind helle. Sie haben längst die Hemmungen erkannt, die die Warnung »Vorsicht, Farbe« bei den Polizisten auslöst, sie haben begriffen, daß bei den Worten »Rassist« oder »Nazi« in diesem Land alle Alarmglocken schrillen und manche Sicherung durchbrennt.

Der »Stern« zitierte aus der Lagedarstellung der Hamburger Polizei im September 1994: »Immer häufiger wurde festgestellt, daß sich ein beachtlicher Teil der Schwarzafrikaner gegen die rechtmäßigen polizeilichen Maßnahmen sträubt. So wird lautstark unterstellt, Überprüfungen erfolgen nur, weil sie dunkelhäutig seien. Es wird gefragt, ›ob man wieder geschlagen würde‹, und es wird Angst vorgeheuchelt, daß man sogar umgebracht würde (›You want to kill me at the police station‹).«

In einer Reportage über die Situation am Hamburger Hauptbahnhof berichtete Jochen Kummer in der »Welt am Sonntag«: »Wenn Polizeibeamte gegen ... Dealer einschreiten, rufen diese in zunehmendem Maß ›Nazi‹, lassen sich fallen und behaupten, sie seien mißhandelt worden. ›Es trifft zu, daß insbesondere kurdische und schwarzafrikanische Dealer der Polizei dreist und unverfroren begegnen‹, sagt der Hamburger Bezirksvorsitzende der Gewerkschaft der Polizei (GdP), Lothar Bergmann. ›Der Vorwurf des Rassismus wird von vornherein erhoben, Einschreiten wird oft von Anpöbeleien begleitet.‹«

Ohne realen Hintergrund sind Vorwürfe gegen die Polizei nicht. Nur stimmen die Relationen nicht. Aus dem Fehlverhalten einzelner wird die pauschale Verdächtigung aller abgeleitet. Gegen die Wache 11 in Hamburg ist die berühmte Davidswache an der Reeperbahn ein Ort für Kaffeekränzchen. Wache 11 ist die Wache in St. Georg, gleich am Hauptbahnhof. Wache 11 war Ausgangspunkt eines Polizeiskandals.

Was wirklich gewesen ist, wird vielleicht niemals vollkommen zu ermitteln sein. Was gewesen sein soll, reichte aus für einen Skandal. Und um in der Aufarbeitung einen neuen Skandal zu inszenieren. Den ersten Teil verschuldeten Polizeibeamte, den zweiten Politiker, in deren Fürsorge die Polizei stehen sollte.

Polizisten, denen ob der alltäglichen Frustrationen die Nerven durchgegangen waren, wurde vorgeworfen, als Dealer verdächtigte Schwarze schikaniert und bedroht zu haben. Angeblich seien Verdächtige zu Scheinhinrichtungen in einen abgelegenen Teil des Hafens gefahren worden. Bestätigt wurden diese Scheinhinrichtungen nie.

Die ungeprüften Vorwürfe veranlaßten den zuständigen Innensenator Werner Hackmann, seinen Rücktritt zu erklären. Und ganz political correct der Polizei in den Rücken zu fallen: Ein Zeichen wolle er setzen gegen Ausländerfeindlichkeit, Kameraderie und Korpsgeist in der Polizei. Er »hoffe, daß mit meinem Rücktritt innerhalb der Polizei etwas in Bewegung kommt, was mir in meiner Amtszeit nicht gelungen ist«. Von da an wußte jeder, wie schlimm es um die Polizei bestellt ist.

Der Bürgermeister suspendierte siebenundzwanzig Beamte vom Dienst, löste einen Einsatzzug auf, der Polizeidirektor flog aus dem Amt. Die Polizei war zur Fahndung ausgeschrieben. Ständig neue Verfehlungen wurden an die Öffentlichkeit gebracht. Das »Hamburger Abendblatt« veröffentlichte eine an der Landespolizeischule zusammengetragene Sündenliste. Darin wurde den Berufsanfängern vorgeworfen, sie seien ausländerfeindlich oder neigten zumindest zu Klischees gegenüber Ausländern, sie seien nicht bereit, sich mit der deutschen Geschichte auseinanderzusetzen, neigten zu einem latenten Antisemitismus, indem sie Vorbehalte gegen Wiedergutmachungszahlungen äußerten, sie dächten gemäß »Law and Order« und beklagten eine zu lasche Justiz, neigten zu Rigorismus in der persönlichen Position, hielten die eigene Anschauung für absolut. Die Gruppe sei kaum bereit, Kritik an radikalen Positionen zu üben. Lauter Vergehen wider die Political Correctness. Der Polizei wurde staatsbürgerliches Nachsitzen verordnet. Das Seminar »Polizei und soziale Minderheiten« wurde fest in das Programm der Polizeischule aufgenommen.

Wer in der Situation immer noch nicht begriff, daß Wohlverhalten wichtiger als Effizienz war, hatte die Folgen selbst zu verantworten. »Offenbar werden Beamte inzwischen vor zuviel Ausländer-Festnahmen gewarnt«, mutmaßte die »Bild«-Zeitung. Sie veröffentlichte den »verzweifelten Brief eines Polizisten« an den neuen Innensenator Hartmuth Wrocklage: »Ich bitte Sie um Ihre Hilfe! Im Mai 94 bin ich vom PR (Polizeirevier) XX wegen Bedrohung durch jugosl. Straftäter zum eigenen Schutz zum PR YY umgesetzt worden. Vom Mai 94–2.3.95 verrichtete ich meinen Dienst in der D-Schicht. In diesem Zeitraum hatte die D-Schicht Erfolge u. a. in Sachen gefälschte Pässe/Urkundenfälschung/Mehrfachbezieher von Sozialhilfe/gesuchte Personen. Am 2.3.95 wurde ich plötzlich zu einem Gespräch in die Direktion Ost gebeten. Herr Rürup (Claus Rürup, Leiter der Direktion Ost, d. A.) eröffnete mir, daß ich im vergangenen Zeitraum am PR YY über 100 Festnahmen überwiegend im Ausländerbereich getätigt habe. Dies passe nicht in die politische Lage, und er setze mich mit sofortiger Wirkung um ins PR ZZ.«

Fürsorglich, frank und frei bekam der Beamte dann noch mit auf den Weg, er möge sich am gleichen Abend im Fernsehen die Sendung »Panorama« ansehen. Sie beschäftigte sich in der ihr eigenen correcten Weise mit dem Skandal bei der Hamburger Polizei und war damit für eben diese Polizei Begründung, sich Asche auf das Haupt zu streuen.

Hätte der »verzweifelte Polizist«, wie es sich in solchen Fällen gehört, doch nur beamtenrechtlich geschwiegen. Zwei Tage später folgte nach der veröffentlichten Klage im Lokalteil der gleichen Zeitung die öffentliche Abmahnung. Gegenüber der »Bild«-Zeitung erklärte die Polizeiführung: »Der Beamte hatte sich zu sehr auf ausländische Verdächtige konzentriert. Er galt als Vorbild bei den Kollegen, wir mußten reagieren.« Und dann folgt im Wortlaut die Erklärung eben dieser Polizeidirektion »zum Brief eines Polizeibeamten in Bild-Hamburg: In seinem an Senator Wrocklage gesandten Brief behauptete der Polizist, ›zu einem anderen Polizeirevier umgesetzt worden zu sein, weil er über 100 Festnahmen überwiegend im Ausländerbereich getätigt habe‹. Diese Aussage verkürzt den Sachverhalt in verantwortungsloser Art und Weise. Richtig ist, daß der Beamte überdurchschnittliche Aktivitäten bei der Bekämpfung der Kriminalität, begangen durch Ausländer, entwickelt hat. Ihm wird vorgeworfen, bei der Festnahme von drei Schwarzafrikanern, Mitte Februar 1995 in Hamburg-Langenhorn, eine Dienstpflichtverletzung begangen zu haben. Während der Festnahme eines der Tatverdächtigen rauchte der Beamte eine Zigarette, die er auch während seines Einschreitens nicht aus dem Mund nahm. Als er einen der gefesselten Tatverdächtigen in den Streifenwagen setzte, blies er ihm Zigarettenrauch direkt ins Gesicht, wie eine Zeugin beobachtet hatte. Nach Abstimmung mit der ›Dienststelle

Interne Ermittlungen‹ lagen Anhaltspunkte für strafrechtliche Verfehlungen vor. Disziplinarische Ermittlungen wurden eingeleitet. Zur Entgegennahme einer Verfügung erschien der Beamte bei dem Leiter der Polizeidirektion Ost, dem Leitenden Polizeidirektor Klaus Rürup. Im Verlauf eines Gesprächs wurde er mit seinem Fehlverhalten konfrontiert und ihm wurde die Wirkung seines Verhaltens vor dem Hintergrund der aktuellen Vorwürfe gegen die Polizei aufgezeigt. In diesem Zusammenhang wurde er außerdem auf eine Panorama-Sendung am gleichen Abend hingewiesen. Da der Beamte zudem in seinem ganzen Verhalten an seiner bisherigen Dienststelle eine Vorbildfunktion einnahm, ordnete der Direktionschef vor dem Hintergrund des beschriebenen Vorfalls zunächst eine Umsetzung zu einem anderen Polizeirevier an.«

Political correcter geht es nicht. Unanständiger wahrscheinlich auch nicht.

Wen wird es noch wundern, wenn die Polizisten von der Wache 11 am Hamburger Hauptbahnhof zu glauben beginnen, was die Rechtsanwälte der Dealer schon lange behaupten: Die weißen Kügelchen, die die Dealer ausspucken, wenn ein Kunde kommt, sind Kaugummis. Und sonst gar nichts. Warum denn etwas anderes erkunden, wenn doch diese Antwort viel opportuner ist.

Der Lagebericht der Polizei registriert eine ständige Zunahme der schwarzafrikanischen Kokain-Dealer, der kurdischen Heroin-Dealer. Gleichzeitig weist die Statistik seit dem Polizeiskandal einen Anstieg der Anzeigen gegen Polizeibeamte um fünfzig Prozent aus. Und die Polizisten? Die mögen immer weniger das tun, wozu sie auf der Wache 11 sind. Sie sind demotiviert, überlegen sehr sorgfältig, bevor sie einschreiten, und wenn sich ein Schwarzer auf den Boden wirft und »Nazi« brüllt, dann hat er schon gewonnen. Und wieder einmal ist der Täter das Opfer. Am Hamburger Hauptbahnhof handeln die Opfer mit Kokain.

In allen siebzig Fällen, in denen laut amnesty international Ausländer in Deutschland von Polizisten in »grausamer, unmenschlicher und erniedrigender« Weise mißhandelt wurden, fanden Ermittlungen statt. Zwanzig endeten mit der Verurteilung der Täter. Einige Fälle hatten zudem eine Disziplinarstrafe gegen Polizeibeamte zur Folge. Jeder dieser zwanzig Fälle ist ein Fall zuviel. Mag es auch Erklärungen geben, Entschuldigungen gibt es nicht. Doch was folgert Amnesty aus dem Zahlenverhältnis siebzig zu zwanzig? Etwa, daß doch nicht jeder Fall so war wie dargestellt? Daß die Polizisten vielleicht zu Unrecht beschuldigt worden waren? Nein, die Organisation rügt die lasche Justiz.

Der Versuch der Täter, sich zu Opfern zu lügen, ist nicht neu. Den hat es zu allen Zeiten gegeben. Aber selten war eine Gesellschaft so opfergierig, daß sie ihren eigenen Schutz und ihre Interessen opferte. Jeder Mensch ist gleich. Aber jeder braune, gelbe, weiße oder schwarze Dealer ist ein Dealer. Und damit nach geltendem Gesetz ein Verbrecher. Auch der hat das Grundrecht auf menschenwürdige Behandlung, obgleich er ohne Skrupel die Würde anderer zerstört. Aber ein Gleicher ist er nicht. Er ist ein Dealer.

Political Correctness widerspricht der Dummheit nicht. Sie nennt den Irrtum correct

Das Recht auf Rausch

Zigarettenautomaten sollen nicht mehr an jeder Straßenecke hängen dürfen. Schnaps soll nicht mehr im Supermarkt angeboten werden. Haschisch und Marihuana sollen künftig in Apotheken verkauft werden. Drei Vorschläge von rot-grünen Weltverbesserern, gemacht in einem heißen Sommermonat 1995. Was soll das? Die Egalisierung der Drogen nach dem Motto »Alle Drogen sind gleich«? Ein bißchen Beschnitt bei den in Verruf geratenen Alt-Drogen, ein bißchen Förderung der leichtfüßig einhertänzelnden Neu-Drogen? Hier ein bißchen mehr, dort ein bißchen weniger, das macht die Summe aller Drogen denn auch wieder gleich? Und hält den Schaden auf dem üblichen Niveau? Es scheint, als hätten die Urheber das geforderte Recht auf Rausch schon mal ein bißchen vorweggenommen.

Doch Vorsicht, das Thema ist zu ernst. Während die Dealer ihre weißen Kokainkügelchen unter die Süchtigen spucken, wird von Vertretern dieses Staates vorgeschlagen, die weiße Fahne zu hissen. Die Kapitulation wird vorbereitet. Und wie das in der Phase des letzten Widerstandes zu sein pflegt, werden neue Taktiken versprochen, um das Zurückweichen zu tarnen. Die Konsumenten hatte Schleswig-Holsteins sozialdemokratische Sozial- und Gesundheitsministerin (nochmals: Sozial- und Gesundheitsministerin!) im Sinn, als sie vorschlug, Haschisch und

Marihuana in Apotheken verkaufen zu lassen. Damit, so argumentierte sie, sollten die Kunden davor bewahrt werden, »mit einem kriminellen Umfeld in Kontakt zu kommen«. Da diese Konsumenten überwiegend früh- und spätpubertären Alters sind, heißt das im Klartext des Eingeständnisses: Gebt den Kids, was sie wollen, wir sind nicht in der Lage, die Kriminellen von den Kindern fernzuhalten. Nachdem alle Schranken im unablässigen Wohlmeinen abgebaut wurden, ist zu erkennen, daß die Welt nicht so gut ist, wie man sie dachte. Und nun flüchten die Wohlmeiner, die Kids an der Hand, in die Apotheke zwecks Verabreichung der Genußdrogen.

Der Political Correcte widerspricht Schwächeren nicht. Der noch Correctere auch Dümmeren nicht. Der absolut Correcte nimmt die Unkenntnis des Unwissenden an, weil es laut PC-Wörterbuch die Kenntnisse eines Andersbegabten sind. Wo auf dieser Skala ist die Begründung einzusetzen, warum die Kids in die Apotheke sollen? Für Jugendliche, so wird wohlmeinend argumentiert, sei Vorbeugungsarbeit nur dann glaubwürdig, wenn nicht gegen deren Erfahrung argumentiert werde. Die Behauptung, Cannabis sei etwas ganz Fürchterliches, mache krank und abhängig, widerspreche aber der Erfahrung sehr vieler Jugendlicher.

Wenn viele Jugendliche – aber nicht alle – keine schrecklichen Erfahrungen machen, dann muß es auch die anderen geben, die eben doch solche Erfahrungen machten und jetzt an der Nadel hängen. Weiter: Die Erfahrungen der Jugendlichen sind auf ihre kurze Lebensspanne begrenzt. Und jemand, der auch weiß, wie es weitergeht, darf darüber nicht sprechen, weil es der Kenntnis der Jugendlichen nicht entspricht? Schließlich: Wenn es nichts Fürchterliches ist, sondern eine leichte Genußdroge, wer will dann noch abraten, frohen Herzens zu genießen?

Die einst gesellschaftlich geächteten weichen Drogen haben eine bemerkenswerte Karriere gemacht von der

Flower-Power-Empfehlung »Hast du Haschisch in den Taschen, hast du immer was zu naschen« über das vor den Bundesgerichtshof getragene »Recht auf Rausch« bis eben in die Apotheke. Was dort verkauft wird, ist nach landläufiger Auffassung im allgemeinen nicht gesundheitsschädlich, sondern der Gesundheit dienlich.

Neu ist der Vorschlag, weiche Drogen in Apotheken zu verkaufen, nicht. Er wurde schon früher gemacht. Und neu sind auch sozialdemokratische Anläufe nicht, die Drogen legalisiert unter die Leute zu bringen, beispielsweise in Hasch-Kneipen oder Coffie Shops. Die permanente Wiederholung der Behauptung, weiche Drogen seien harmlos, die von Gerichten heraufgesetzten Grenzwerte der Menge, die der Endverbraucher getrost bei sich tragen kann, gaukeln den Genuß ohne Reue vor. Die Bereitschaft, einmal auszuprobieren, worüber denn da eigentlich gesprochen wird, hat unter Jugendlichen deutlich wieder zugenommen. Nach einem Rückgang zu Beginn der neunziger Jahre, als etwa sechs Prozent der Altersgruppe zwischen vierzehn und fünfundzwanzig Jahren Hasch und Marihuana konsumierten, sind es mittlerweile zehn Prozent.

Warum denn auch nicht, wenn doch der Rocksänger Udo Lindenberg in einer Umfrage der Zeitung »Die Woche« von sich gab: »Apotheken machen immer so einen kranken Eindruck. Man sollte lieber Kneipen aufmachen, in denen es Gras und Haschisch gibt. Ich selbst würde gern eine lindgrüne Hanfkneipe eröffnen. Es ist absurd, daß es die Mörderdroge Alkohol an jeder Ecke gibt, während den gesunden Kiffern noch immer Probleme gemacht werden, nur weil sie, statt Schnaps herunterzugießen, lieber in Ruhe einen Joint rauchen.«

Der Paniker Lindenberg hat schon immer sehr genau gewußt, was correct angesagt ist. Der Vergleich zwischen Alkohol und Hasch ist absolut correct. Zwei Millionen Menschen sind in Deutschland alkoholkrank. Auch Ministerin Moser argumentierte mit ihnen. Und viele andere, die

Cannabisprodukte für weniger schädlich als Zigaretten und Schnaps erklären. Wenn die weichen Drogen nicht so schlimm sind, für wie viele zusätzliche Drogenkranke sind sie dann gut? Für eine Million? Oder fünfhunderttausend? Oder 1,2 Millionen? Für gar keine, folgt man Udo Lindenberg zu den »gesunden Kiffern«. Wer fortschrittlich und correct ist, redet die Drogen herbei. Natürlich nur die angeblich ganz harmlosen guten. Und auch nur, um sie unter Kontrolle zu haben. Und mit dem Gütezeichen »Aus biologisch-dynamischem Anbau«. Und aus Udos lindgrüner Hanfkneipe. Dann ist die gesunde Umwelt wieder in Ordnung.

Legalisierte Kriminelle

Jede Kultur hat ihre Droge. Die Droge dieser Kultur ist der Alkohol. Mehrheitlich haben die Menschen ganz gut gelernt, damit umzugehen. Warum müssen neue Drogen legalisiert hinzukommen?

Während der Prohibition war in den USA jeder Schnapsbrenner ein Verbrecher. Jeder Schnapsschmuggler sowieso. Und jeder Schnapshändler selbstverständlich. Als der heimlich gebraute Fusel legalisiert wurde, gab es plötzlich ehrenwerte Fabrikanten, leistungsstarke Transporteure. Zudem viele brave Kaufleute mit Schnapsläden. Aber keine Gangster mehr. Ist es das, was gemeint ist bei der Verbrechensbekämpfung durch Legalisierung? Simsalabim, fort ist die Kriminalität. Aber: Fortgemogelte sind nicht verschwunden.

Oder wie wäre es mit diesem Vorschlag: In den Korridoren der Schulen (ab der Grundschule aufwärts) sollten endlich Zigarettenautomaten hängen. Die wohlmeinende Begründung dafür wäre gleich doppelt vorhanden. Erstens müßten die Kinder in diesen aufregenden Jahren ab zehn, in denen sie alles sehen und hören, aber im Zweifelsfall nichts wahrnehmen, nicht wie angestochen im Streß während der Pause über die Straße rennen, um sich eine neue Packung zu ziehen. Wie leicht könnten sie dabei ein Opfer des Verkehrs werden, unter die Räder geraten. Mit Zigarettenautomaten in den Schulen hielte man sie vom Verkehr fern. Und unter Kontrolle hätte man den Zigarettenkonsum auch. Zweitens: Da Jugendliche noch nicht die Erfahrung gemacht haben, daß Rauchen schädlich sein kann (eine anfängliche Übelkeit wird lässig verdrängt), sollte auch kein reaktionärer Pauker auf den Gedanken kommen, von den Schädigungen des Rauchens zu sprechen (abgesehen von den überflüssigen Warnungen des Bundesministers für Gesundheit, nach denen Rauchen der Gesundheit schaden könne). Die Behauptung, Tabak sei etwas ganz Fürchterliches, mache krank und abhängig, widerspricht den Erfahrungen sehr vieler Jugendlicher. Denn schließlich: Lungenkrebs hat ein Zwanzigjähriger nicht im Schatz seiner persönlichen Erfahrungen. Der Raucherhusten, der sich bei älteren morgens aus der Kehle würgt, spuckt sich bei ihm noch ganz locker ab. Nein, seine Erfahrungen widersprechen ganz der Behauptung, Nikotin mache krank und abhängig.

Doch gemach, wirkliche Gefahr droht nicht. Der Zigarettenautomat kommt so wenig auf die Korridore der Bildungsanstalten wie der Schnapsspender. Die Droge Nikotin bepflastert Quadratkilometer an Werbefläche mit den Bildern von Cowboys, Transsexuellen und transsexuellen Cowboys; die Schnapsbrenner haben noch alle Medien, aus denen die Zigarettenindustrie längst verbannt ist, und lassen im Fernsehen die Hühner, die sich ja sonst nichts gönnen, zum Korn picken, bis ein Herr namens J. Walker kommt. Nur die weichen Drogen, soft und harmlos, wie sie nun einmal sind, haben niemanden. Warum sonst nähmen sich so viele Political Correcte für die Schwachen ihrer an? Sie haben eben, was andere nicht haben: ein Herz für Hasch.

Zeichen des Wohlmeinens

Für die Sanierung des beschädigten Teils der Gesellschaft werden neue Strategien versprochen. Und es sind doch die alten, genau jene, die die Geschwüre erst so unförmig groß wuchern ließen. Sie heißen: zurückweichen, verkleistern und bis zur Selbstverleugnung wohlmeinen. Oder hat es nichts mit Wohlmeinen zu tun, wenn für die fixen schwarzen Jungs aus Ghana und Nigeria in den Asylantenunterkünften eine ordentliche Basis bereitet wird, von der aus sie zum Kokain-Deal eilen? Niemand will das, und alle wissen, daß es so ist. Aber wie argumentieren die Wohlmeiner? Besser diese ertragen, als die vielen ordentlichen Asylanten peinlich zu überprüfen und einen Unschuldigen zu verdächtigen. Sie vergessen, daß der generelle Verdacht um so mehr alle überzieht, die Studenten, Geschäftsleute und Asylanten aus Ghana, Nigeria oder sonstwoher. Sie geraten unter permanenten Verdacht, weil die wirklich Verdächtigen nicht ausgesiebt werden. Zwar spricht niemand öffentlich darüber, aber der Verdacht liegt in vielen Blicken, die zufällig jemanden mit dunkler Hautfarbe streifen. Wer nicht unterscheidet zwischen Freund und Feind, kennt seine Freunde nicht.

Oder hat es nichts mit Wohlmeinen zu tun, wenn die Möglichkeiten, Verdächtige in Gewahrsam zu nehmen und ertappte Dealer für eine Weile festzusetzen, immer weiter beschnitten werden?

Oder hat es nichts mit Wohlmeinen zu tun, wenn Richter das Verbot von Haschisch und Marihuana für verfassungswidrig halten? Wenn andere den Handel mit vier Kilogramm Haschisch nicht mehr als Verbrechen, sondern lediglich als Vergehen ahnden? Wenn die für den Eigenbedarf erlaubte Menge Haschisch immer weiter heraufgesetzt wird, bis der Bundesgerichtshof die Traumtänzer wieder in die alten Grenzen verweist?

Oder hat es nichts mit Wohlmeinen zu tun, wenn Frankfurt als erste Stadt in Deutschland Fixerräume einrichtet? An drei verschiedenen Plätzen finden die Junkies die verspiegelten Räume, die es ihnen ermöglichen, den Schuß auch an einer noch nicht vollkommen zerstochenen Stelle des Körpers zu setzen. Inzwischen heißt die Linie 11 der Straßenbahn in Frankfurt »Junkie-Expreß«. An dieser Linie liegen die drei öffentlichen Fixerräume. Die Süchtigen benutzen die Tram. Die Dealer auch. Auf dem Weg zum Schuß wird der Stoff verkauft. Jeder Schuß kostet einhundert Mark, sehr häufig verdient mit Diebstählen, Einbrüchen oder Prostitution. Die Einrichtung der Räume wurde damit begründet, den Süchtigen solle es möglich sein, sich den Schuß in klinisch sauberer Umgebung zu setzen. Es kamen die Süchtigen. Und die Dealer. Drogenzentren sind gute Adressen. Coffie Shops auch. Fixpunkte im Marketing der Dealer. Die kennen ihre Kunden, künftige oder abgesprungene, die hippeligen, die kippeligen, die mit dem flackernden Blick.

Oder hat es nichts mit Wohlmeinen zu tun, wenn künftig auch der saubere Schuß mit cleanem Heroin gesetzt werden soll? Mit der Sorge um die Gesundheit der Süchtigen wurden die Fixerräume begründet. Sie sollten heraus aus den dreckigen Telefonzellen und Pissoirs. Was aber, wenn die Fixer sich hinter blanken sterilen Spiegeln dreckiges Heroin spritzen, das ihnen einer in der Straßenbahn angedreht hat? Sauberer Stoff in sauberen Räumen, heißt die neue wohlmeinende Forderung. Auch saubere Süchtige bleiben Süchtige. Und warum genügt Methadon als Ersatzdroge nicht mehr?

Oder hat es nichts mit Wohlwollen zu tun, wenn im Knast Automaten für Einwegspritzen aufgehängt werden sollen? Die Sucht ist im Gefängnis. In der Hamburger Anstalt »Santa Fu« ist ein Viertel der Gefangenen drogenabhängig. Viele Aufsichtsbeamte können den Widerspruch für sich nicht lösen: Sie sind angewiesen, jeglichen Stoff zu beschlagnahmen, und sollen Spitzen für den Schuß verteilen. Wenn schon nicht zum Schutz der Süchtigen allein, dann doch zum Schutz gegen die Gefahr der Ansteckung mit Aids durch die Gemeinschaftsspritze, die von Einstich zu Einstich gereicht wird. Der Stoff ist im Knast, und dort bleibt er auch. Wenn niemand in der Lage ist, in dieser abgeschirmten Welt das Rauschgift unter Kontrolle zu halten, wie soll das dann außerhalb der Gefängnismauern gelingen?

Oder hat es nichts mit Wohlwollen zu tun, wenn mit augenzwinkerndem Einverständnis über einen illegalen Coffie Shop in Hamburg berichtet wird, der selbstverständlich auch ein Zeichen für die Entkriminalisierung setzen will, und wenn als schlüssige Konsequenz aus der richterlichen Erlaubnis zum Haschischrauchen auch der freie Verkauf gefordert wird?

Und die Summe all des Wohlmeinens? Jeder der vielen kleinen Schritte sollte nur zu einem Ziel führen, mit jedem war die Annäherung erneut versprochen worden: zur Entkriminalisierung der Drogen. Und tatsächlich, die Drogen wurden entkriminalisiert. Der Drogenmarkt nicht. Er weitete sich aus, je mehr wohlmeinende Fürsprecher zwischen weichen und harten, zwischen guten und bösen, zwischen schmutzigen und sauberen Drogen unterschieden. Wer will es da ein paar aufmüpfigen Jungsozialisten verdenken, wenn sie unter dem Motto »Jusos wollen Hasch verteilen, laßt Blumen blühen, legalisiert Hanf« einmal so dreist sein wollen wie ihre Apo-Opas? Doch als eine Gruppe von Jusos ankündigte, bei einer solchen Aktion Hasch-Zigaretten auf der Straße verteilen zu wollen, da fuhren die Apo-Opas erschrocken auf. Die gleichen Erwachsenen, die Politiker und die Richter, die jahrelang von der Harmlosigkeit des verhaschten Glücks getönt hatten, gingen hinter den Gesetzen in Deckung. Sie werden auch nicht mehr zu sehen sein, wenn die bekiffte Gesellschaft zum fröhlichen Kehraus durch die Straßen tanzt.

Aber dann sind die Hasch-Opas mit ihrem Achtundsechziger-Traum von der großen Freiheit aus dem kleinen Joint sowieso schon im Panoptikum. Eine komische Gestalt, aber irgendwie wohlmeinend. Und wenn alles danebengegangen ist, wer kann dann dafür?

Wenn weniger Junkies der Polizei auffallen, muß es nicht weniger Junkies geben. Kann auch sein, daß die Polizei weniger genau hinsieht.

Kranke sind nicht schuldig, weil sie krank sind. Auch dann nicht, wenn sie sich die Krankheit wissentlich zugezogen haben. Von dem Augenblick an, an dem sie krank sind, sind sie nicht mehr verantwortlich. Vorher hätten sie es sein können. Aber das zählt absolut nicht mehr, wenn diese Verantwortung für sich selbst durch die Sucht aufgehoben ist.

Aber aus Verständnis für die Süchtigen darf die Gesellschaft nicht das Geschäft der Dealer übernehmen (auch wenn durch die Legalisierung des Kriminellen eine Entkriminalisierung am schnellsten zu erreichen wäre). Die Gesellschaft muß auch nicht den Weg in die Sucht immer weiter ebnen. Wer so handelt, macht sich schuldig. Wer würde dem Nikotinsüchtigen, der alle dreißig Minuten von flatternder Unruhe getrieben wird, während der Entwöhnung im Takt der Sucht eine Zigarette anstecken? Oder welcher Blaukreuzler stellte einem Alkoholiker einen Schnaps auf den Tisch? Ein Sadist würde der genannt. Ein Lump auch. Und einer ohne Verantwortung. Wohlgemeint ist nicht gut getan.

Die Techno-Generation schluckt ihr Glück mit der verbotenen Designer-Droge Ecstasy. Oder mit Fantany. Und immer anderen Mixturen aus dem Labor. Die Risiken und Nebenwirkungen der Pillen sind noch nicht vollständig bekannt, erste Tote nach Einnahme der Drogen gab es. Und schon melden sich neue und die altbekannten Fürsprecher der Drogenfreigabe, die das Recht auf Rausch durch das Recht auf Rave modernisieren möchten.

Political Correctness will nicht Partnerschaft, sondern Vorherrschaft

Frauen sind die besseren Männer

In allen Kulturen ist die Frau mit der Natur identifiziert worden. Weil aber Natur nach den Werten des Westens nicht so wichtig ist, werden die Frauen verachtet. So lehrte Catharina Halskes, eremitierte Professorin für »Feminismus und Christentum« an der Katholischen Universität Nijmegen in Holland.

Das geht tief, bis an die Wurzeln aller Political Correctness und dessen Hauptfiliale Feminismus. Die Frau als Teil der Natur, etliche Stufen unter der von Männern gemachten Kultur. Die Frau als Teil der Natur, nur gezähmt, kaum zivilisiert. Ein Macho-Bild, von Frau zu Frau. Ein Opfer ist sie, wie alle Kreatur ein Opfer des Mannes ist. Wer so tief schürft, muß den Opferstatus nicht mehr belegen.

Untersuchungen über die Unterdrückung der Frau überall auf der Welt füllen Regalkilometer. Vierzigtausend Frauen fliehen in Deutschland in jedem Jahr vor der Gewalt ihrer Männer in die Frauenhäuser, gedemütigt, geschlagen, vergewaltigt, mißhandelt an Leib und Seele. Die Wunden der Seele sind häufig die schlimmsten, sie heilen nicht.

Nach einer 1995 veröffentlichten Studie des Familienministeriums wurde jede siebte Frau im Alter zwischen zwanzig und neunundfünfzig Jahren in Deutschland einmal oder auch mehrere Male Opfer einer Vergewaltigung oder sexueller Nötigung. Siebzig Prozent davon geschahen, wie es im Erhebungsdeutsch heißt, im sozialen Nahbereich. In diesen Fällen war der Täter der Ehemann oder ein Verwandter. Während eines Untersuchungszeitraums von fünf Jahren (zwischen 1987 und 1991) errechnete das Kriminologische Forschungsinstitut Niedersachsen aufgrund einer repräsentativen Befragung dreihundertfünfzigtausend Fälle, in denen die Frau von ihrem Ehemann vergewaltigt wurde, plus einhundertsechzigtausend Fälle, in denen der Vergewaltiger der geschiedene oder der getrennt lebende Ehemann war. Die Frauen aber schwiegen. Die Scham war größer als der Wunsch nach Bestrafung. Darum blieben dreiundneunzig Prozent der Fälle ohne Anzeige.

Die Hälfte der Frauen, die vor dem erzwungenen Beischlaf, den Schlägen und Tritten, den Beschimpfungen und dem Suff in ein Frauenhaus flüchteten, kehrt nach einer Atempause zu ihrem Partner zurück. Der Kinder wegen, der Wohnung wegen – und auch des Kerls wegen. Weil sie Hilflosigkeit mit Liebe verwechseln. Die Männer waren die Täter, die Frauen waren die Opfer. Sie haben erduldet. Und sie werden weiter erdulden, verzweifelnd und hoffend von Mal zu Mal.

Diese Frauen werden benutzt und ausgenutzt von zwei Seiten. Von Männern. Und von Feministinnen. Denen taugen sie nur als Zeuginnen der Anklage. Als Beweis fortdauernder männlicher Schuld, für die Erbsünde der Sexisten und Erniedriger. Zu mehr genügen sie ihren kämpferischen Schwestern nicht, diese törichten Lämmer, die immer wieder zu ihren Schlächtern zurückkehren.

Feminismus will weiter, als diese Frauen in ihrer Anhänglichkeit zu gehen imstande sind. Es geht ja längst nicht mehr um den Aufbau einer gleichbestimmten Partnerschaft. Es geht auch nicht mehr um die gleichen Rechte. Es geht um nichts weniger als die neue Frau, den neuen Menschen. Und der muß in jedem Fall anders sein. Die wahre Feministin ist sich selbst verdächtig. Denn sie ist überzeugt, daß Frauen zu allen Zeiten nur von außen bestimmt wurden, also durch den Mann. Er hat die Frau geformt, wie sie ihm nützlich sein kann. Wie die Frauen sind, wer sie sind und was sie tun, alles ist ein Werk des Mannes, und darum kann es nicht gut sein, hat die Feministin erkannt. Folglich muß die Frau die Fremdbestimmung abschütteln und eine neue Selbstbestimmung entwickeln. Und bei der Gelegenheit auch gleich eine neue Gesellschaft.

Da vor dem Aufbau das Gelände erst durch den Abriß plan gemacht werden muß, werden die Rollen nach dem erfolgreichen Drehbuch der Political Correctness verteilt. Opfer: alle Frauen. Täter: alle Männer. Das Stück heißt Schuld und Sühne.

Es wird schon lange gegeben. Dabei ist erstaunlich, wie von den eigentlichen Zielen abgelenkt wird. Wie immer wieder glauben gemacht wird, oberstes Ziel sei die Gleichberechtigung. Aber es geht um Loslösung, um Trennung. Im Münchner Frauenjahrbuch 1976 hieß es: »Der Separatismus ist der Versuch, sich aus allen heterosexuellen Zusammenhängen möglichst weit zurückzuziehen, um sich dem Aufbau einer Frauenkultur zu widmen.«

Definition der Feministin Verena Krieger zehn Jahre später, gegeben bei der 1. Bundesfrauenkonferenz der Grünen 1985: »Feminismus steht im Gegensatz zu Gleichstellungspolitik. Feminismus heißt für mich: eine radikale Veränderung der Gesellschaft zugunsten der Frauen. Feministische Politik ist eine Politik, die an die Wurzeln der patriarchalisch-kapitalistischen Gesellschaft geht.«

Sexfrei sprechen

In seinem Roman »Der Campus« mokiert sich Dietrich Schwanitz, Professor an der Hamburger Universität, wider alle Correctness: »Über dem Portal des alten Universitätsgebäudes in Hamburg lief ein Band mit der Inschrift DER FORSCHUNG, DER BILDUNG, DER WISSENSCHAFT. Ironische

Gemüter hatten das Gerücht in Umlauf gesetzt, die Frauenbeauftragte der Universität, Frau Wagner, hätte die Inschrift als chauvinistisch denunziert und vom Präsidenten verlangt, daß dort DIE FORSCHUNG, DIE BILDUNG, DIE WISSENSCHAFT eingemeißelt würde.«

Nur ein Witz? Die sprachliche Gleichstellung schreitet fort. Die sprachliche Gleichmachung auch. Die feministische Sprachreform ist im Rahmen der gesamten political correcten Sprachnivellierung einer der wichtigsten Einsätze der verbalen Abrißbirne. »Man« kann viele Beispiele finden, in denen die Sprache maskulin bestimmt ist. »Man« muß nur suchen. Aber wird es besser, wenn »frau« sucht? Sind die maskulinen Wendungen nicht so abgegriffen und abgenutzt, daß sie zum unverbindlichen Neutrum werden? Beiläufig in der Form sind sie, passen sich allem an. Erst sprachforschender Fleiß macht wieder Konturen sichtbar.

Veränderung bedeutet zuerst Veränderung der Sprache. Die Feministin Luise Pusch formulierte das so: »Es besteht kein Zweifel, daß die Frau sprachlich (natürlich auch in jeder anderen Hinsicht) extrem benachteiligt ist. Was ihr zusteht und was sie braucht, ist nicht Gleich-, sondern Besserbehandlung, kompensatorische Gerechtigkeit … Es wird ihm (dem Mann, d. A.) guttun, es im eigenen Gemüt zu erleben, wie es sich anfühlt, mitgemeint zu sein, sprachlich dem anderen Geschlecht zugezählt zu werden, diesen ständigen Identitätsverlust hinzunehmen.«

Das große I wurde gefeiert wie die wichtigste Erfindung seit dem Rad. So einfach und so wirksam. Da sich die Tücken erst im alltäglichen Gebrauch des großen I und dessen sich fröhlich mehrender Sprößlinge zeigten, verirrten sich die Anwender bald im sprachlichen Labyrinth. Wegweiser wurden erforderlich.

Das erkannte auch der Magistrat der Stadt Frankfurt, in dessen Auftrag das »Handbuch zur nichtsexistischen Sprachanwendung in öffentlichen Texten« herausgegeben wurde. Nach dessen Erscheinen konnte niemand mehr sagen, er habe es nicht gewußt. Niemand mußte sich mehr sprachlich verirren, denn er besaß »ein Nachschlagewerk für alle, die mit öffentlicher Sprache umgehen: in Behörden und Verwaltungen, in den Büros der Frauenbeauftragten, in den Redaktionen und Schulbuchverlagen, in Sekretariaten, Ministerien und Universitäten, in Schulen und am privaten Schreibtisch«. Kurz: ein Pflichtenkanon für jede/n (eben nicht: jedermann), der/die der Sprachzensur nicht zum Opfer fallen wollte. Aber natürlich auch für alle, die auf das Tappen in die Sprachfalle lauerten. Denn nun waren die Anhaltspunkte gegeben, wann das »Splitting mit dem Schrägstrich« (die Mitarbeiter/innen) einzusetzen ist, wann dem »Binnen-I« (MitarbeiterInnen) der Vorzug zu geben ist. Zu erfahren ist auch, wie die Sprache entsext werden kann, befreit von diesen vielen kleinen phallischen Zeichen, die »man« an »jeder« Ecke vor Punkt und Komma findet. Sie werden geoutet, und es werden Ersatzredewendungen angeboten. Denn: »Sichtbarmachung von Frauen in der Sprache bedeutet, sie ausdrücklich und in nicht abwertender Weise zu benennen, zur Bezeichnung von Frauen keine männlichen Ausdrücke (Maskulina), sondern nur weibliche Wortformen (Feminina) zu verwenden und Feminina an erster Stelle zu nennen. Frauen müssen jederzeit eindeutig entscheiden können, ob sie gemeint sind.« Mit dem zweihundert Seiten umfassenden Handbuch zum besseren Fraudeutsch wird solche Eindeutigkeit jederzeit möglich sein. Wenn auch gelegentlich die Deutlichkeit dafür etwas vermindert wird. Sie ist nicht so wichtig.

Hamburg ließ sich mit der »Geschlechtergerechtigkeit«, wie die Textvorgabe für »Rechts- und Verwaltungssprache« dort heißt, bis 1995 Zeit. Seither wird in den Amtsstuben so »geschlechtsneutral« wie möglich formuliert. Läßt sich aber eine Zuordnung nicht vermeiden, werden »weibliche und männliche Formen in voll ausgeschriebener Form verwendet. Die Bezeichnungen sind je nach Sinngehalt durch ein

›und‹ oder ein ›oder‹, in Ausnahmefällen auch durch ›und/oder‹ oder ›bzw.‹ zu verbinden.« Wie schön, daß auch den Verbindungen noch so viel Aufmerksamkeit gewidmet wird. Das hervorragende große I fand in Hamburg keine Gnade. Einer Empfehlung des Bundestages folgend, erhielt es wie auch »Schrägstrich- und Klammerausdrücke« keine Aufnahme in Hamburgs »Geschlechtergerechtigkeit«.

Gelegentlich aber erweist sich die Sprache als hartleibig. An manchen Problemen scheitern die frauenbewegten Egalisiererinnen. Denn welches ist die weibliche Form von Mündel? Oder von Prüfling?

Und welch Erschrecken, als die Tücken des Plurals sichtbar wurden. Ausgerechnet am Beispiel der Lehrer. Solange es um eine Gruppe von Lehrern – männlich – geht, ist die Sache klar: die Lehrer. Wenn es um eine Gruppe von Lehrerinnen geht, ist die Sache auch klar: die Lehrerinnen. Sobald aber beide Gruppen zusammen stehen, wird der Plural männlich: die Lehrer. Auch dann, wenn sich ein Lehrer zu neunundneunzig Lehrerinnen stellt, wird aus neunundneunzig Lehrerinnen und einem Lehrer die Lehrer.

Die sprachliche Einebnung ist ohnehin nur der Weg, nicht das Ziel. Die fortschrittliche feministische Sprachlehre gibt sich nicht mehr mit Angleichung ab. Sie will, was Frauen zusteht: eine eigene Sprache. Weg und Ziel zeigt der Titel des Buches »Frauensprache – Sprache der Veränderung« auf. Darin heißt es: »Frauensprache bedeutet: Frauen reden mit Selbstvertrauen und Sicherheit, mit Autorität, mit Gefühl, mit Zärtlichkeit, entwickeln ihre eigenen Stile, literarische, alltagssprachliche, professionelle, poetische, werden hörbar, hören sich gegenseitig und werden gehört. Frauensprache heißt Veränderung.«

Gelegentlich scheitert die Veränderung an männlichen Barrieren, die noch nicht genommen sind. So konnte Waltraud Schoppe als grüne Frauenministerin in Hannover zwar in einem umfangreichen Regelwerk zur weiblichen Sprachkultur in den Amtsstuben festlegen, daß straffällig

gewordene Frauen künftig correct als »Straftäterin« ange-
sprochen werden; allein, weil sie als juristische Person noch
von der Frauensprache ausgenommen ist, durfte die Ministerin eine solche Verfügung nur als Dienstherr erlassen.

Frauensprache ist die Sprache der Veränderung

Frauensprache ist die Sprache der Veränderung. Sie ordnet
die Welt neu, sie definiert die Begriffe neu. Die Veränderung ist kein Vorhaben, sondern laufender Prozeß. In der
Frauensprache wird Geschichte neu geschrieben und daraus die veränderte Weltordnung entwickelt. Feministische
Geschichtsschreibung ist Definition ganz nach dem Grund-
muster der Political Correctness, ist Bewertung immer aus
der Sicht des Opfers, entweder durch die Darstellung fortlaufender Unterdrückung oder das Hervorheben der Leistungen, die trotz aller Unterdrückung vollbracht wurden.
Der Opferstatus aber ist Voraussetzung. Gestern und heute. Das unablässige Klagen, aus der Öffentlichkeit verdrängt zu werden, wieder in der Unsichtbarkeit von Heim
und Herd zu verschwinden.

Feministinnen sind alle wesentlichen Bilder und Symbole männlich und darum überfällig zur Veränderung. Die
feministische Theologin Catharina Halskes sagte in einem
Gespräch mit dem NDR: »Eigentlich (sind) alle symboli-
schen Aussprachen über Gott, über Gott Vater, Sohn und
Heiliger Geist, das Denken über Maria, das Denken über
Kirche ... nur in männlichen Bildern und Symbolen geschehen. Das ist schlimm, denn Menschen denken in Bildern, und wenn wir die Bilder so uns zueignen, so interna-
lisieren, dann denken wir wirklich, daß Gott Mann ist und
daß nur männliche Menschen Bilder von Gott sein können.
Und das ist nicht mehr rational. Die Theologie wird das
nicht mehr sagen. Aber das ist noch immer in den Herzen
und Köpfen der Menschen ... Darum ist natürlich auch

feministische Theologie ganz notwendig, um wirklich einen Durchbruch zustande zu bringen und bewußtzumachen, daß die Gottheit väterlich-mütterliche Züge hat und überhaupt nicht männlich-weiblich sei.«

Vom Deutschen Evangelischen Kirchentag 1995 in Hamburg war Vollzug zu vermelden. Martin Luthers Bibelübersetzung lag political correct bereinigt vor. Nicht länger war »Herr« gleich Gott. Das jüdische »Adonay« stand an der Stelle des Synonyms »Herr«. Über die Notwendigkeit des neuen Begriffs klärte das Kirchentagsprogramm auf: »Herr« sei »mit der feministischen Theologie problematisch geworden«.

Die Bibel steckt voller Begriffe, die den bewegten Frauen Qual sind. Aber die maskuline Dominanz wird ausgemerzt. Die Gläubigen müssen sich von »liebgewordenen Begriffen« verabschieden, kündigte die nordelbische Bischöfin Maria Jepsen an.

Auf dem gleichen Kirchentag begnügten sich die feministischen Theologinnen Dorothee Sölle und Luise Schottroff nicht mit einem geschlechtsneutralen Gott, wie die ökumenische Schwester Halskes ihn sieht. Ihr Gebet ging zur »Heiligen Geistin«. Sie entmannten damit radikaler, als es die »Kirche für Lesben und Schwule (MCC)« in Hamburg tut. Bei denen wird lediglich in einer Fußnote zum Glaubensbekenntnis darauf hingewiesen, daß »Heiliger Geist« im Hebräischen »ruach« heiße – und weiblich ist.

Partnerschaft nur gleichgeschlechtlich

Erst die fortlaufende Betonung des Unterschiedes macht den Sexismus. Solcher Unsinn verschafft dämlicher chauvinistischer Polemik einen beinahe seriösen Hintergrund: Ist das Ziel der Veränderung erreicht, wenn die Männer eliminiert sind? Erst in der Sprache, dann im Bewußtsein und schließlich aus dem Leben, abgeschoben in abgesicherte

Reservate? Die Frage ist billig, und sie ist polemisch. Sie geht an der Realität vorbei. Aber sie trifft ein dominantes feministisches Weltbild. Das ist ebenfalls nicht realistisch, aber tonangebend. Diese Form des Feminismus übt nicht gegenseitige Toleranz, sondern schaltet die Gegenseite aus. Gegenseite ist Gegnerseite, von der sie sich separiert. Das Glück gibt es nicht auch ohne Mann, sondern nur ohne Mann.

Frauensprache ist Sprache der Veränderung. Die Konsequenz ist lesbisch. Statt Gleichberechtigung Gleichgeschlechtlichkeit? Radikale Vertreterinnen des Feminismus gefallen sich zunehmend in Einseitigkeit. Lesbisch sein wird zum letztgültigen Nachweis vollendeter Emanzipation.

• Auf dem Deutschen Evangelischen Kirchentag berichteten feministische Theologinnen in der Bibelarbeit von einer »lesbisch lebenden Pfarrerin«, die ihre Gemeinde von ihrer Lebensform überzeugt habe. Im Konfirmandenunterricht sei darüber getuschelt worden, sie sei lesbisch. Das habe sie zum Anlaß genommen, über das sechste Gebot – »Du sollst nicht ehebrechen – Lebensform und Sexualität« zu sprechen. Und dann habe sie den Kindern von ihrer Lebensform erzählt. Die beglückende Erfahrung: Es sei »die beste und intensivste Stunde des gesamten Konfirmandenunterrichts gewesen«.

• Auszug aus dem »Frauenveranstaltungskalender« einer mittelgroßen Stadt, nicht typisch für die Stadt, sondern für die Szene, darum beliebig auswechselbar: »Krug & Schadenberg ist mein Lieblingsverlag. Schließlich gibt es sonst keine Verlegerinnen, die nur lesbische Literatur herausgeben wollen. Mit ihrem ersten Buch ›Susie Sexperts Sexwelt für Lesben‹ ist … dann auch ein sehr erfolgreicher Start gelungen. Das richtige Buch zur richtigen Zeit. Das trifft auf das zweite Buch dieses Verlages, Nancy Toders ›Wahl des Glücks‹, leider nicht zu. Eigentlich ist es der Stoff für einen klassischen Lesbenschmöker (!): Sandy und Jennifer gehen zusammen auf das College, teilen das Zimmer und bald auch das Bett miteinander. Während Sandy sich zu einer politisch aktiven Lesbe entwickelt, heiratet Jenny ...«

• Anzeige für das Buch »Zum Umbruch, Schätzchen«, veröffentlicht in der Verbandszeitschrift des Deutschen Journalisten Verbandes (djv): »Lesbische Medienfrauen. Das Buch versammelt 19 Biographien lesbischer Journalistinnen. Zu Wort kommen prominente und unbekannte Medienfrauen. Sie erzählen über ihren Redaktionsalltag, über ihr berufliches Selbstverständnis, über ihr Privatleben.«

So wird die Frage aus »My Fair Lady« überflüssig: »Warum kann eine Frau nicht so sein wie ein Mann?« Weil sie der bessere Mann ist. Gefühlt haben es alle Feministinnen schon lange, und nun haben sie den Beweis: Frauen denken anders als Männer, lockerer, leichter, gefälliger. Sie müssen sich weniger anstrengen, um zum gleichen Ergebnis zu kommen. Hirnforscher haben es ans Licht gebracht. In der Ruhephase ist der aktivste Teil des männlichen Hirns eine entwicklungsgeschichtlich uralte Region, die schon bei den ersten Reptilien aktiv war und über die Fressen, Fortpflanzung, Aggression und Flucht gesteuert werden. Reptilienhirn heißt jener Teil denn auch.

Bei Frauen hingegen ist jener entwicklungsgeschichtlich junge Teil namens Gyrus cinguli in der Großhirnrinde aktiv, aus dem heraus das zivilisierte Denken gesteuert wird.

So ist nun belegt, was jeder schon ahnen konnte: Frauen sind anders, Frauen denken anders. Aber während die Wissenschaftler noch vorsichtig betonen, anders denken heiße nicht besser und nicht schlechter, hat die feministische Zeitschrift »Opzij« (»Weg da«) in Holland ihren eigenen Schluß gezogen. Sie titelte: »Frauen sind zu schlau für Männer«.

Warum also sollte eine Frau so sein wie ein Mann (abgesehen davon, daß schon die Fragestellung in dem Musical die sexistische Überheblichkeit des Autors verrät)?

Frauen für Frauen

Der herbe Teil des Feminismus vertritt nicht den gesamten Feminismus. Nicht alle bewegten Frauen wollen die Gesellschaft verändern, nicht allen würde die Welt erst dann gefallen, wenn sie den Mann los sind. Den meisten genügte eine Partnerschaft unter Gleichen – und bis die erreicht ist, gibt es noch viel zu tun, auch unter den Männern. Die meisten Frauen haben längst bemerkt, daß es nicht mehr gilt, Barrikaden zu stürmen. Es genügt, die Spielregeln leicht zu verändern.

Aber: Die Moderaten haben niemals die Schlagzeilen, nur die verbindlichen Zwischentexte. Die Schlagzeilen haben die Radikalen, die Vorkämpferinnen des feministischen Diktats. Jene, für die nur von Frau zu Frau die Welt in Ordnung ist. Denen jeder Mann verdächtig ist.

• Es sind diejenigen, die so lange aus jedem Mann einen potentiellen Vergewaltiger oder doch wenigstens zehnhändigen Grapscher machen, über dessen Lippen nur obszöne Anzüglichkeiten kommen, bis selbst überschuldete Kommunen nächtliche Frauentaxen einrichten, in denen nur Frauen am Steuer sitzen dürfen.

• Es sind diejenigen, die in Broschüren und Zeitungsartikeln raten, wie sich Frauen vor sexueller Belästigung in der Bahn schützen können, und dabei empfehlen, im Falle einer Belästigung eine Mitfahrerin anzusprechen. (Offenbar ist jeder Mitfahrer ein potentieller Belästiger.)

• Es sind diejenigen, für die ein Hotel nur gut ist, wenn es ein »Frauenhotel« ist, die auf ihre »Frauenreise« nur in Begleitung eines »Frauenreiseführers« gehen, vor dem Einschlafen noch im »Frauenkrimi« lesen oder in einem Buch der Reihe »Die neue Frau«.

• Es sind diejenigen, die nun endlich auch als Partei ganz Frau sein wollen, für die Einseitigkeit Programm ist, die in einer »Feministischen Partei Die Frauen« alles das einbringen wollen, was ihnen zum wirklichen Glück der Frau noch fehlt: völlige Abschaffung des Paragraphen 218, autonome Frauenhäuser, rechtliche Gleichstellung außerehelicher und gleichgeschlechtlicher Lebensgemeinschaften. Und das alleinige Sorgerecht der Mütter für ihre Kinder, weil es »durch Schwangerschaft und Geburt« erworben wurde.

• Es sind diejenigen, für die die Welt voller männlicher Symbolik ist, bepflastert mit den Zeichen maskulinen Herrscheranspruchs, erniedrigend für jede Frau. Wenn sie es erkennt. Das zu erkennen, werden Frauenbeauftragte schließlich bezahlt. In Hannover erkannten sie den männlichen Herrschaftsanspruch in jenen Piktogrammen, mit denen Radwege gekennzeichnet sind. Eine Stange stach ihnen ins Auge. Die steht vom Sattel zum Lenker bei jedem Herrenfahrrad, und dieses Fahrrad eben steht als Symbol für Radwege. Auch für die von Frauen genutzten! »Auch in der Bildersprache muß deutlich werden, daß wir zwei Geschlechter haben«, forderte die Frauenbeauftragte und verlangte auf jedem zweiten Schild die Abbildung eines Damenrades. Abgelehnt. Statt dessen wurde die Stange überklebt.

• Es sind diejenigen, die sich an Plakaten stören, auf denen für Fleisch geworben wird mit dem anzüglichen Bekenntnis einer Frau »Ich mag es am liebsten schön scharf« und eines Mannes, der »es am liebsten mit jungem Gemüse« mag. In Ulm durften diese Plakate nur einen Monat lang hängen, statt wie vorgesehen drei. Der Frauenbeauftragten sei Dank. Später folgte in der Kampagne noch ein Plakat, auf dem ein Mann »es am liebsten schön spießig« mochte.

• Es sind diejenigen, die nach einer Zensur »frauenfeindlicher Äußerungen« verlangen.

Solche Äußerungen machen alle, die Einspruch erheben gegen die Einseitigkeit, gegen die unablässige Beweinung des Opferstatus, gegen den permanenten Zauber der Circe, die die Kerle in Schweine verwandelt, gegen die Ausmusterung des Mannes. Alles »frauenfeindlich« und damit strafbar?

Das Netzwerk

Das alles ist bewegter Alltag. Es passiert ständig neu. An der Spitze der Bewegung aber behaupten Frauen, der Rollback sei da, der Postfeminismus, der Mann habe es wieder, das blonde Dummchen, das Liebchen hinter dem Herd, die sexy Puppe. So wie ein richtiger Mann sich eine richtige Frau vorstelle. Behaupten die Postfeministinnen, die nun eben vorgeben, Opfer dieses Postfeminismus zu sein.

Das Verlangen nach Veränderungen ist nicht bei allen gleich ausgeprägt. Die wahren Postfeministinnen verfeinern die Strategie, selektieren die Ziele, bündeln die Kräfte. Sie spinnen weibliche Netzwerke, die sich ständig weiter ausdehnen. In Verbänden und öffentlichem Dienst wurde »Frauen für Frauen« zum Programm, inzwischen gibt es in der Wirtschaft viele Bereiche, über die solch ein Netz gespannt ist.

Den demonstrativen Ausschluß des anderen Geschlechts haben die weiblichen Interessengemeinschaften aus der bewegten Zeit übernommen. Jeder Mann, der seinen Klüngel derart sexistisch herausstellen würde, könnte dies nur in selbstmörderischer Absicht tun. Aber da die Frauen nun mal »dran sind«, ist solche Ausschließlichkeit durchaus correct. Die Frauenbünde haben zwischen vierzig und fünftausend Mitglieder. Sie heißen »Frauen im Management«, »Schöne Aussichten«, »Münchner Wirtschaftsforum«, »European Women's Development Network« oder »pömps«.

Das Ziel: Mehr Frauen in die Führungsetagen.

Richtig ist:

1. In den Führungspositionen Deutschlands sind wenig Frauen, in allen Bereichen.

2. Es wäre wünschenswert, wenn es mehr Frauen on the top gäbe. Das würde nicht nur das Klima verändern, die Wirtschaft würde profitieren.

3. Der Weg an die Spitze ist steinig. Top-Positionen müssen erworben, häufig erkämpft werden. Sie werden nicht zugeteilt.

Ganz nach der Lehre der hohen Schule ihrer Political Correctness machen Feministinnen wieder die Frau an sich zum Opfer, zur Behinderten, zur Verhinderten. Den »Betrug an den Frauen« machte die Zeitung »Die Woche« aus: »Die Führungsetagen von Wirtschschaft und Politik sind noch immer von Männern beherrscht – allen Quoten und Karriereplänen zum Trotz.« Der so eingeleitete Bericht machte auch die Schuldigen aus. Die Männer wollen »Keine Macht für Frauen«. Wer hätte etwas anderes erwartet? Und weil das Verbreiten von Klischees nicht strafbar ist und auch niemand nach einer Zensur für männerfeindliche Äußerungen verlangt, liest sich die Geschichte in Auszügen dann so:

»Es war einmal eine ziemlich gut erfundene Geschichte. Bis zum Jahr 2000, so ging die Mär, hätten es die Frauen geschafft. Ganz nach oben, in die Top-Etage der Macht. Dort nämlich fehlten spätestens zur Jahrtausendwende qualifizierte Männer ... Und alle, alle glaubten daran. Frauenzeitschriften übertrafen sich mit Karriere-Sonderteilen und ›Frauen lernen führen‹-Leserinnen-Workshops. ›Frauen sind nicht mehr zu bremsen‹, titelte der ›Stern‹, den ›Einbruch in den Herrenclub‹ verkündete ›Capital‹, und das Industriemagazin sah die Frauen gar ›Auf rotem Teppich in die Top-Etagen‹ schreiten. Das war vor zehn Jahren ... Es war – April, April – ein Märchen eben. Frauen ›lernten führen‹, aber man läßt sie nicht. Der ›Herrenclub‹ bleibt weiter unter sich, der ›rote Teppich‹ zusammengerollt. Von den Frauen als ›Begabungsreserve‹ schreiben jetzt die Medien – und Reserve bleiben sie auch ... Frauen, die es bis an die Spitze schaffen wollen, müssen hingegen immer noch knallhart entscheiden: Karriere oder Kinder? ... Doch diese Führungsfrauen haben ... niemanden, der ihnen den Rücken freihält. 62 Prozent der Frauen, aber nur

16 Prozent der Männer in Führungspositionen leben ohne Kinder ...«

Fazit: Die Männer wollen nicht. Die tun nur so. Obwohl eine Umfrage des Forsa-Instituts für »Die Woche« ergab, daß sich fünfundneunzig Prozent der Bevölkerung eine Frau an der Spitze eines großen Konzerns vorstellen können und zweiundneunzig Prozent auch damit einverstanden wären, eine Frau als Chefin zu haben. Aber die Männer lassen sie nicht. Auch so etwas ist offenbar per Umfrage zu ermitteln. Jedenfalls waren dreiundachtzig Prozent der Befragten der political correcten Ansicht: »Männer wollen ihre Macht nicht teilen.« Die Frauen sind und bleiben Opfer.

Konsequenz: Die Quote muß her. Erst dann kann die Welt in Ordnung sein, wenn alles einkassiert und neu verteilt wird. Das verordnete Leben wird über die Quote organisiert. Im verfügungs- und ausführungserprobten öffentlichen Dienst, der für jeden Atemzug seine Vorschriften hat, läßt sich so etwas am ehesten durchsetzen. Doch die Wirtschaft soll folgen.

Dabei ist der Chef – männlich – grundsätzlich suspekt. Ein hierarchisch denkender Saurier, von plumpem Machtanspruch und absolut überflüssig. Warum dann dies vehemente Eintreten für die Chefin? Ist sie denn so viel anders? Gelegentlich entsteht der Eindruck, daß sie eigentlich gar nicht gemeint sein kann. Jedenfalls nicht die Chefin – weiblich, wie sie heute bereits vereinzelt gesichtet wird. Die nämlich hat trotz anderen Denkens, trotz anderer Eigenschaften zum Führen fatale Ähnlichkeit mit dem Chef – männlich. Zudem vertritt sie die gleichen Ansichten. Jedenfalls, wenn es um die Quotierung der Welt geht. Da zeigt sie sich dann gar nicht mehr gemeinschaftsfähig, sondern von gleicher Egozentrik wie der Kollege. Ihre Erfahrungen haben sie gelehrt, daß »Leistung das einzige ist, was zählt«. Und das sagt sie auch. Oder wie es die RTL-Moderatorin Barbara Eligmann formulierte: »Mich hat nie jemand gefördert, sondern ich habe mich reingehängt in die Arbeit. Wer sich engagiert, macht seinen Weg – egal, ob Mann oder Frau.«

Aber es geht ja gar nicht um die Chefin. Es geht um die Quote, um die Möglichkeit, eingreifen zu können, die Welt nach der eigenen Vorstellung zu sortieren. Denn das, was ist, ist nicht gut und verlangt dringend nach Veränderung. Nicht fordern, sondern fördern, den guten Willen für die Tat nehmen – und wenn der überfordert, nicht ausreicht, die Anforderungen so weit senken, bis sie quotiert wieder erfüllt werden können.

Wer dem Inkubator der Quote entnommen wird, kann die gleichen fachlichen Qualitäten und Schwächen aufweisen wie die Mitbewerber/in, die sich im freien Spiel der Kräfte durchsetzen mußte. Aber die Quote lehrt nicht, sich nicht unterkriegen zu lassen, sich taktisch richtig zu verhalten. Im Schutz der Quotierung werden keine Abwehrkräfte entwickelt. Wer keimfrei aufwächst, hat selten ein stabiles Immunsystem. Sich durchsetzen, Druck standhalten, taktieren, das sind alles keine sehr netten Eigenschaften. Aber außerhalb der beschützenden Werkstatt sind sie überlebenswichtig. Es sei denn, Quote soll auf Quote folgen, denn die Förderung der einen benachteiligt immer die anderen.

Damit sind keineswegs die Männer gemeint, die sich durch eine Frauenquote benachteiligt fühlen. Die finden ohnehin gegenwärtig kaum Gehör. Allenfalls wird ihr Jammern mit political correcter Schadenfreude registriert. Sie müssen begreifen: »Frauen gehen vor«, sie »kommen langsam, aber unheimlich stark, sie sind jetzt eben dran«. Wer hat schon Mitleid mit den Männern, die sich beklagen, wenn an einer pädagogischen Hochschule, an der auf achtzig Prozent der Stellen Frauen arbeiten, eine Stellenausschreibung mit dem Zusatz versehen wird: »Bei gleicher Qualifikation erhalten weibliche Bewerber den Zuschlag.«

Als die Sozialdemokraten Schleswig-Holsteins diese Form von Sexismus per Gesetz festschreiben wollten, scheiterten sie bereits im ersten Anlauf vor dem Verwaltungsgericht. Zu offenkundig waren Ungerechtigkeiten sowie Verstöße gegen Verfassungs- und Bundesrecht. Den Urhebern war das zuvor bekannt, aber im political correcten Kampf der Geschlechter hielten sie alle Mittel für rechtens. So enthält das Gesetz zur Gleichstellung der Frauen im öffentlichen Dienst die Vorschrift, daß bei gleichwertiger Eignung, Befähigung und fachlicher Leistung Frauen vorrangig zu befördern seien, »wenn sich in dem angestrebten Beförderungsamt der Laufbahn im Geschäftsbereich der für die Personalauswahl zuständigen Dienststelle weniger Frauen als Männer befinden«. Eine umgedrehte Diskriminierung hatte die Frauenministerin in ihrem Gesetz nicht zu entdecken vermocht. Für sie stellte diese Ungerechtigkeit einen Akt der Kompensation für vergangenes Unrecht an Frauen dar. Mit dem gleichen Argument werden anderswo Ungerechtigkeiten zugunsten von Minderheiten zurechtgemodelt.

Geklagt hatte ein Regierungsdirektor gegen die Beförderung einer Regierungsdirektorin zur Ministerialrätin durch die schleswig-holsteinische Umweltministerin. Das Gericht untersagte per einstweiliger Anordnung diese Form des weiblichen Netzes. Dagegen legte die Ministerin Revision beim Oberverwaltungsgericht ein. Erst in diesem zweiten Verfahren stellte sich heraus: Über die Verfassung hätten sich die Richter keine Gedanken machen müssen. Weil die Frau auf jeden Fall befördert werden sollte, hatte sich die Ministerin gar nicht erst die Mühe gemacht, den aktuellen Leistungsstand des Mannes zu erfragen.

Eine so entlarvte sexuelle Diskriminierung ist den feministischen Urheberinnen keineswegs peinlich. Im Gegenteil: Da über eine Unterlassung und nicht über das Gesetz geurteilt wurde, besteht neue Hoffnung für die Kompensation mit viel feministischer Empörung und nur wenig Hoffnung für die Grundsätze der Bestenauslese und jene Gleichberechtigung, wie sie das Grundgesetz versteht.

Der Kampf um die Quote dauert an. Mit fünfzig Prozent weiblicher Mitarbeiter in den Amtsstuben als Peilmarke, nachdem die sechzig Prozent, die einst Hessens Frauenministerin Heide Pfarr innerhalb von sechs Jahren anstrebte, selbst unter Freundinnen zuviel waren. Oder der Kampf geht weiter mit Dressurakten, die auch die Unwilligen willig machen und sie beispielsweise von der Ausrede abbringen sollen, eine geeignete Bewerberin sei nicht zu finden gewesen. An den Universitäten in Hessen wird das so erreicht: Der Anteil der Professorinnen in einem Fach muß dem Anteil der Frauen unter den Habilitierten entsprechen. Ist die Professorin nicht zu finden, wird die Stelle gestrichen.

Von da an ist es nicht mehr weit bis zu der Forderung, in Büros, in denen heute noch mehrheitlich Männer arbeiten, freiwerdende Stellen mit Frauen zu besetzen. Möglichst bis das Verhältnis der Geschlechter in jeder Lohngruppe ausgeglichen ist. Und wenn sich nicht sofort eine qualifizierte Frau für die ausgeschriebene Stelle bewirbt, dann muß eben so lange gesucht werden, bis sie gefunden ist. Die Arbeit, die in der Zwischenzeit liegenbleibt, können ja die Kollegen miterledigen. Oder der Bürger kann warten.

Das ist nicht zuviel verlangt, wenn es um Höheres geht. Die Berufsfrauen mit der BAT-Versorgung in den Rathäusern sind dreist genug, Einseitigkeit zum Grundrecht machen zu wollen. Die klare Aussage des Artikel 3 im Grundgesetz – »Männer und Frauen sind gleichberechtigt« – genügt der Bundesarbeitsgemeinschaft kommunaler Frauenbüros nicht. Sie möchten den Artikel ergänzt haben: »Der Staat ist verpflichtet zur Gleichstellung von Frauen und Männern in allen gesellschaftlichen Bereichen. Zum Ausgleich bestehender Ungleichheiten sind Maßnahmen zur Förderung von Frauen zulässig.«

So wird auch abgestandener Zynismus political correct: Artikel 3, Grundgesetz – alle Menschen sind gleich, nur einige sind gleicher. Die feministischen Bannerträgerinnen sind bei ihrem Marsch durch die Instanzen auf den Gipfeln angekommen. Landesregierungen können sich den »Erkenntnissen der Frauenbewegung bezüglich der Differenzen zwischen Frauen und Männern und dem damit verbundenen gesellschaftlichen Wandel« nicht mehr entziehen (rot-grüne Koalitionsvereinbarung in Hessen), und selbst die CDU-Ministerin Claudia Nolte, geschäftsmäßig für die Frauen zuständig, sagt political correct, was zu sagen ist: »Wir Frauen müssen viel mehr eigene Netzwerke aufbauen und uns selber gegenseitig stützen und ein Stück weiter pushen.«

Aber so gut es sich bisher auch quotelt im öffentlichen Dienst (abgesehen von den Entscheidungen einiger bockiger Richter, denen nach einem entsprechenden Urteil des Europäischen Gerichtshofes Zweifel an den kompensierenden Förderungsquoten in diversen Landesgesetzen kommen), die Wirtschaft will nicht ran. Rare zweieinhalb Prozent der Positionen im Top-Management sind mit Frauen besetzt. »Anforderungsrelevante Kriterien« führen die Personalleiter uneinsichtig gegen die Quote ins Feld. Folglich müssen die eingesetzten Mittel verschärft werden. Die Bundesarbeitsgemeinschaft kommunaler Frauenbüros empfiehlt dazu, »die Vergabe öffentlicher Aufträge und Subventionen an Wirtschaftsunternehmen ... an frauenfördernde Auflagen zu binden«. Bedeutet: Den Auftrag erhält nicht der günstigste Betrieb, sondern der Betrieb, der am meisten begünstigt – die Frauen, selbstverständlich. Schmieren mit Quote? »Affirmative action« läßt grüßen. Von der anderen Seite setzen die Verbraucherverbände die Zange an, die die Ethik eines Produktes schließlich auch an der Frauenförderung bemessen.

Doch selbst guter Wille, den eine überzeugte Feministin schon aus Prinzip nicht in der männlich dominierten Wirtschaft ausmachen kann, bietet keine Garantie, daß die Quote hält, was frau sich von ihr verspricht. Nach fünfzehn Jahren Frauenquote bei der »taz«, ertrotzt nach einem »pornographischen Text« eines Kollegen mit dem Pseudonym »Gernot Gailer«, fiel die Bilanz recht kläglich aus. Zwar müssen zweiundfünfzig Prozent aller Stellen mit Frauen besetzt werden, aber das ist Quantität, nicht Qualität der Arbeitsplätze. Da gibt es »Männerreiche und Fraueninseln«, wurde in einer Untersuchung festgestellt. Zwar waren zum Zeitpunkt der Veröffentlichung die Hälfte der Mitarbeiter Mitarbeiterinnen, aber im Vorstand saßen vier Männer und eine Frau. In der Redaktion wurden von den acht Ressorts fünf von einer Frau geleitet. Insgesamt gaben jedoch zwei Drittel der Mitarbeiterinnen an, ihr Chef sei ein Mann. Im Layout, in der oberen Etage des Prestiges angesiedelt, arbeiteten nur Männer, im Souterrain des Ansehens, in der Korrektur, vor allem Frauen. Zustände, fast wie im richtigen Leben.

Fazit der »taz«: »Quoten helfen den Frauen also, können aber an der klassischen Rollenaufteilung zwischen Frau und Mann nicht viel ändern. Sie sind eben nur ein Mittel, um überkommene Strukturen zu verändern.« Wenn's die »taz« schreibt, ist es zumindest nicht verdächtig.

Starke Frau

Für die neue Generation der selbstbewußten Girlies stellen sich heute viele Probleme und Fragen nicht mehr, die ihre Mütter vor fünfzehn Jahren noch zu Kämpferinnen für die Frauenrechte machten. Den Girlies sind die sauertöpfischen Feministinnen ein Graus. Emanzipation ist für sie kein Thema mehr, und Frauenbeauftragte empfinden sie als überflüssig. »Das machen wir schon selbst«, erklärte ein Mädchen bei einem Hearing der Sozialdemokraten in

Bonn. »Wir Frauen müssen raus aus der Rolle der Schwächeren, raus aus der Opferrolle.« Die Quote ist für sie ein Thema, um darüber zu klagen, daß ein Junge nicht in den Juso-Vorstand kommen konnte, weil es »ein lahmes Mädchen« werden mußte.

Die emanzipierte Frau muß keine Feministin sein. Doch bei allem Selbstbewußtsein gefällt es ihr, den Mann gelegentlich alt aussehen zu lassen. Gewissermaßen als sportliche Ertüchtigung. Die Werbung hat sie als neue Zielgruppe entdeckt, tüchtig, schick und stets dem Mann überlegen. Mercedes läßt in einem Werbespot die Ehefrau ihren Mann ohrfeigen, Danone läßt ein Damen-Duo einen Mann prügeln, Peugeot will mit dem Spruch »Meine Mutter fährt Auto, und mein Vater schnarcht« gefallen, die Bankkundin wird mit dem Slogan »Das geht Männer nichts an« geködert. Und die Messe Düsseldorf umwarb mit der »top '95« die Frauen so: »Frauen sind stark. Früher waren sie im Schatten der Männer, heute treten sie selbst an die Öffentlichkeit. Trotz dieser Entwicklung ist eine echte Chancengleichheit noch nicht erreicht. Deshalb gibt es die top '95 in Düsseldorf.«

Echten Feministinnen aber ist so etwas viel zu sehr von Männern dominiert. Sie bleiben unter sich und finden es auch vollkommen in Ordnung, die Männer aus ihrem Klüngel rauszuhalten. Es gibt Frauenbuchläden, in denen nicht ein einziges Buch von einem Mann zu finden ist, es gibt Branchenbücher, ausschließlich von Frauen für Frauen. In der Frauenpartei dürfen Männer zwar mitarbeiten, aber ausdrücklich keine leitenden Positionen übernehmen. Wer wundert sich da noch über Anzeigenblätter, in die nur Inserate von Frauen aufgenommen werden?

Schwacher Mann

Political correct war Paulus auch nur einer von diesen ärgerlichen, alten, weißen Männern. Gewissermaßen ein Vor-WASP. Auf seinem Schuldkonto steht dieser Satz, den er im ersten Brief an die Korinther schrieb. »Der Mann ist des Weibes Haupt.«

Erasmus von Rotterdam ist einer der bedeutendsten Humanisten Europas. Doch auch er war ein Vor-WASP, der schrieb: »Es ist wider die Natur, daß eine Frau Macht hat über die Männer.« Ein Satz, bestens geeignet für die Schreibtische aller verklemmten und gebeugten Machos mit Chefin.

Wer solch ein Schuldenkonto hat, der wehrt sich nicht mehr. Mann weiß, daß er zu büßen hat für Paulus und Erasmus, daß er seinen Kreditrahmen schändlich überzogen hat. »Abschied von der Männergesellschaft« ist zu nehmen. Das hat Heiner Geißler gesagt, der seine Adam-Schuld sehr correct bekennt: »Vielleicht sollte man auch einmal darüber nachdenken, daß eine Gesellschaft, in der die Frauen mehr zu sagen hätten, besser, friedlicher, moderner und bürgernäher wäre.« Um diesen Traum zu erfüllen, müssen »Frauen ... sich zusammenschließen, streiken, sich verweigern und andererseits von den Männern mehr Beteiligung an der Macht und Ausgleich für Nachteile fordern«.

Der Schmeichler. Aber Geißler kann es noch correcter: »Wiederherstellung der alten patriarchalischen Ordnung, Machismus, Beseitigung der Gleichberechtigung von Mann und Frau, Antifeminismus, das alles ist rechtsradikal.« Das ist dann das Argument, gegen das keiner mehr etwas einzuwenden wagt.

Während die fortschrittlichsten Männer zu kompromißlosen Feministen mutieren, vergnügen sich emanzipierte Frauen beim Strip der »Dream Boys« an geölten Männerhintern. Und altgediente Feministinnen wie Catharina Halkes beklagen die allgemeine Ignoranz. Vor allem die der

Männer: »Die meisten Männer sind zu faul gewesen, um sich zu ändern. Es geschieht nicht, was wir gewollt haben, und es geht zu langsam.

Folglich müssen die Frauen den Part der faulen Männer übernehmen und einen Posterspruch verwirklichen, der augenblicklich sehr erfolgreich ist, weil er ein Gefühl der Zeit ausdrückt: »Ich werde allmählich zu dem Mann, den ich immer heiraten wollte.«

Political Correctness läßt die Sittenpolizei wieder schnüffeln

Küssen kann doch Sünde sein

Ach, Casablanca! Deine Geschichte wäre heute auch anders. Endlich political correct. »Ich schau dir in die Augen, Kleines«, grummelte Humphrey. Und Kleines wetzte zur Gesinnungs-Gestapo, von wegen der sexistischen Anmache mittels Augenschau und Antifeminismus mittels »Kleines«. Humphrey könnte noch so ölig grummeln, er käme an die Wand. Mit Augenbinde. Von wegen: »Ich schau dir in die Augen, Kleines.« Peng. Und Ruhe wär's.

20th Century Fox« in Hollywood und Bertelsmann in Gütersloh sind immer ganz Zeitgeist, Kleiner. Und der stellt dich an die Wand. Das füllt die Kinos und die Illustrierten. Großes Kino ist augenblicklich wenig Liebe und viel sexuelle Belästigung. Auch wer meint, die Feministin Andrea Dworkin übertreibe etwas, wenn sie behauptet, jeglicher Sex zwischen Mann und Frau sei Vergewaltigung: »Physisch gesehen ist die Frau beim Geschlechtsverkehr besetztes Gebiet, ein buchstäbliches Territorium, das im buchstäblichen Sinne vereinnahmt wird; selbst dann, wenn die vereinnahmte Frau sagt: ›Bitte, ja; bitte, mach schnell; bitte mehr.‹« Zu extrem? Gewiß. Aber unter Schwestern inzwischen ein gängiges Bild vom Opfer und dem Peiniger. Etwas bleibt doch immer hängen. Und was sagt die Extremistin Dworkin eigentlich anderes, als auch der vor-pc Dummspruch »Männer wollen immer nur das eine« ausdrückt?

Pornographie ist im Kampf der Geschlechter eine der Waffen, mit denen Männer Frauen unterdrücken. So lehrt es die feministische Juraprofessorin Catharine A. MacKinnon an der University of Michigan. Und weil dies eine von Männern beherrschte Welt ist, ist die ganze Welt pornographisch. Pornographie mache aus einem Teil der Menschheit eine Beute des anderen. Sie stelle die Frau zur Schau und damit dem Mann zur Verfügung. Besetzte Gebiete werden befreit. Auch in diesem Befreiungskampf ist jedes Mittel zulässig. Die Juristin MacKinnon plädiert für Sprachzensur. Sie auch. Das Grundrecht der Freiheit der Rede dürfe keine Lizenz zur Pornographie sein. Nach bewährter Grammatik der Political Correctness stellt sie die Pornographie in die Reihe der todsicheren Totschlagsvokabeln und verheißt nach der Beschneidung der Freiheit ein neues Paradies, die zurückgewonnene Unschuld in einer Welt ohne Pornos, »in welcher freie Rede nicht bereitwilligst die Aktivitäten der Nazis, der Klan-Männer und der Pornographen schützt und währenddessen nichts für die Opfer tut«.

MacKinnons Schwestern wachen überall. Und entdecken sexuelle Belästigung überall. Der in Paris lebende Künstler Jochen Gerz hatte während einer Gastprofessur an einer kalifornischen Universität Studenten aufgefordert, sich gegenseitig nackt zu fotografieren. Unter dem Arbeitstitel »How to be an image« sollten die Bilder in der Gegenüberstellung mit einem Text versehen werden, der sich auf die Biographie des Dargestellten bezog. Anschließend sollten Fotos und Texte ausgestellt werden. Dazu kam es nicht. Das Fotolabor der Universität weigerte sich, die Bilder zu entwickeln und zu vergrößern. Gerz erhielt eine Anzeige wegen sexueller Belästigung. Ein disziplinarischer Untersuchungsausschuß nahm sich des Falles lange und gründlich an, stellte seine Arbeit aber schließlich ein, ohne zu einem Ergebnis gekommen zu sein. Der PC-unerfahrene deutsche Künstler aus Paris be-

231

richtete, er habe das Gefühl gehabt, fortlaufend überwacht zu werden.

Die Sexual Correctness, auch ein wichtiger PC-Filialbetrieb, nimmt die seltsamsten Wirrungen und Verirrungen ihrer schnüffelnden Zensoren ernst. Der Kalauer, vor jedem Kuß sei eine schriftliche Einverständniserklärung einzuholen und jegliche Liebkosung auf dem Sofa sei von Griff zu Griff erneut abzustimmen und zu sanktionieren, ist keiner mehr. Nichts ist zu lächerlich, als daß sich nicht noch ein Correcter fände, der genau dies in eine Regel des Anstandes packen wollte. Neun Seiten umfaßt der »sexualpolitische« Kodex des Antioch College im Bundesstaat New York. Vor jeder »libidinösen Aktivität« verlangt er das ausdrückliche Einverständnis des Partners, auch vor einem Kuß. Wer in den Verdacht gerät, irgendwann geküßt zu haben, ohne zuvor zu fragen, ist verfemt.

»Oleanna« heißt ein Bühnenstück von David Mamet, das seit seiner Uraufführung 1992 mit großem Erfolg gespielt wird. Vor allem von Studentenbühnen in den USA. Auch durch Deutschland tingelten sie damit. Erzählt wird die Geschichte einer Auseinandersetzung zwischen einer Studentin und einem Professor: Die Studentin Carolyn hat bei einer Seminararbeit schlecht abgeschnitten. Ihr junger Professor John unterrichtet sie davon. Er versucht, das Mädchen zu trösten, und verspricht ihr bessere Noten, wenn sie ihn häufiger besuche. »Ich mag dich«, sagt er und legt den Arm um das Mädchen. Das genügt. Carolyn meldet die sexuelle Belästigung der Beförderungskommission, die gerade im Begriff ist, positiv über die lebenslange Anstellung des Professors zu entscheiden. Schließlich zeigt die Studentin ihn, unterstützt von einer feministischen Gruppe, wegen versuchter Vergewaltigung an. Der Professor ist ruiniert. Er liest in seinem Untersuchungsbericht: »Ich bin also ein Sexist. Ein Elitist. Ich weiß nicht, was das heißt, außer, daß es ein Schimpfwort ist und ›böse‹ bedeutet … war mit einer Studentin allein in einem geschlossenen Raum. Habe eine umständliche Geschichte erzählt, in der es um Art und Frequenz des Geschlechtsverkehrs unter den Reichen und den Armen ging ...«

Zur Absicherung ihrer Studenten hat die Harvard-Universität einen Ukas erlassen, in dem sie Beispiele sexueller Belästigungen auflistet. Darin enthalten sind unpassende Komplimente, Berührungen, Witze, mehrfaches Bitten um ein Rendezvous.

Alabaster-Schwehne

Was waren das für Zeiten, in denen die Kerle dichteten wie Arno Holz im barocken Ton seiner Davnis-Lieder: »Gönne, daß ich noch erwähne / jene Alabaster-Schwehne, / die auff deinem Marmol-Meer / langsam schauckeln hin und her.« Oder wie Johann Christian Günther im gelebten Barock: »Gute Nacht, ihr schönen Brüste / macht nun andere Hände voll.«

So sind sie in Wahrheit, die Kerle, hüben wie drüben. Ferkel allzugleich, die Hände voller Alabaster-Schwehne. Die vereinzelten Exemplare political correcter Männer erkämpfen sich ihr Ansehen mit vorauseilendem Gehorsam. Sie entdecken die Ferkeleien, wo selbst Feministinnen sie noch nicht wahrnehmen. Robert Hughes berichtet über ein Kolloquium im Whitney Museum, dem Musengral der Political Correctness, »bei dem fortgeschrittene Graduierte und Dozenten der Kunstgeschichte zum Thema ›Männlichkeit und Weiblichkeit: Konstruktion der Geschlechterrolle und Grenzüberschreitungen in der amerikanischen Kunst und Kultur des zwanzigsten Jahrhunderts‹ das Wort ergriffen«. Da »trug ein Doktorand der New York University namens Christopher Davis seine Theorie über die ›Konstruktion der Männlichkeit in der Stummfilmkomödie‹ vor. Er zeigte mehrere Filmausschnitte, darunter einen aus

›Wild and Wooly‹, in dem Douglas Fairbanks so tut, als reite er auf einem Pferd, und einen aus ›The Freshman‹, wo Harold Lloyd armeschwenkend ein Football-Lied herausschreit. Was trieben diese Knaben da? Abspritzen, was denn sonst, so rhythmisch, wie ihre Körper zuckten. Wer es noch nicht wußte: ›Die Masturbationsbildlichkeit in dem Harold-Lloyd-Film ist so dicht, daß selbst der geschriebene Text – die weißen Buchstaben der Zwischentitel – zu einer Art textuellem Ejakulat wird, einer graphischen Wortexplosion, die den Samenerguß des masturbierenden Jungen spiegelt.‹ Und was für ein Interesse konnten die jungen Männer der zwanziger Jahre daran haben, Harold Lloyd bei einer unterschwelligen Masturbation zuzusehen? Ganz einfach: Während ›Männlichkeit traditionell aufs engste mit Grundbesitz verknüpft war‹, fehlte den Bewohnern eines industrialisierten, urbanisierten Amerika ›dieser Erlebnisraum zur Formung ihrer Maskulinität … Der notwendigen strukturellen Voraussetzungen zur Mannwerdung und der Kontrolle über ihr Arbeitsumfeld beraubt, fanden viele im Kino einen simulierten Freiraum, in dem die Männlichkeit … sich entfalten konnte.‹ Und in dem man sich im Zweifelsfall einen runterholen konnte, ohne daß es die Mama merkte.

Solch Geseire, solches Patchwork undefinierbarer ›radikaler‹ Aperçus, das sich auf keinerlei Beweise stützen kann, tritt zunehmend an die Stelle kritischer Betrachtung – Davis' Referat war bei weitem nicht das absurdeste, das damals im Whitney Museum zu Gehör kam.«

Bliebe noch hinzuzufügen, daß diese Ersatzbefriedigung mangels männlichen Grundbesitzes auch eine Vorübung zur Besetzung des weiblichen Gebietes ist.

Denn es bleibt dabei: Die Männer wollen immer nur das eine. Nichts anderes haben sie im Kopf. »Jeder zweite war schon im Bordell« verkündete »Bild«. Sechzigtausend Prostituierte handeln mit der Ware Liebe. Unzählige stöhnen ihren Sex ins Telefon. Die Kerle holen sich ihren Porno aus dem Computer, machen ihre lustvollen Sexspielchen mit der klickenden Maus und suchen Befriedigung mittels Datex-J-Anschluß. Und wenn sie mal etwas anderes als einen Porno lesen, dann müssen sie bei der Stange gehalten werden: In erfolgreichen Thrillern tritt alle fünfzig bis achtzig Seiten eine nackte Frau auf. So sind sie in Wahrheit, die Kerle. Aber sie werden nicht so bleiben. Die Prüden, die Heuchler und die Political Correcten sind im Kampf der Geschlechter vereint. Mit gleichen Mitteln und gleichen Zielen.

• Die religiöse Rechte in den USA attackiert Schulleitungen, denen sie vorwirft, die Kinder müßten sexuell obszöne Literatur lesen. Sie setzt Steinbecks »Von Menschen und Mäusen« wegen »blasphemischer Flüche« und Salingers »Fänger im Roggen« wegen »flegelhafter« Sprache auf den Index.

• Das Bilderbuch »Where's Waldo« mußte aus einer Schulbibliothek entfernt werden, nachdem eine Mutter Alarm geschlagen hatte. Auf den Bildern des Buches versteckt sich eine Figur namens Waldo. Die Kinder müssen sie finden. Auf einer Abbildung befindet er sich mitten in einem Menschengewühl am Strand. Bei seiner Suche nach Waldo fand ein Junge etwas anderes, sehr Interessantes: die rechte Brust einer der Frauem am Strand war nicht bedeckt. Aus für Waldo.

• Die »American Family Association« fordert ihre Mitglieder auf, den Unilever-Konzern zu boykottieren. Der Lebensmittelmulti sponsert Fernsehsendungen. Vorwurf der Organisation: zuviel Sex in den Filmen.

• Den wahren Kampf gegen die Ware Liebe aber ficht »Emma« aus. Bericht einer Aktivistin vom FrauenStreik-Tag 1994: »13.45 Ekelhaft, aber nötig: Wir machen uns auf den Weg. 13.50 Im Kalker Sexshop brennen rote Lampen über den besetzten Kabinen, aber rechte Lust scheint bei dem Getrommle und Gepfeife nicht aufzukommen. Wir gehen, ohne daß sich einer der Helden gezeigt hat. (Aber aufgepaßt: Wir kommen wieder!) 13.51 Ich wette, daß die Schwänze noch nie so schnell erschlafft sind.«

Bravo, Mädels.

6,9 Millionen Dollar Buße

Die penisphoben Schwestern bewahrten sich eine ursprüngliche Primitivität. Ihr Kriegsruf »Schwanz ab« ist barbarisch schlicht. Weiter entwickelte feministische Kulturen setzen feinere Instrumente ein. Sie haben die sexuelle Belästigung am Arbeitsplatz zu einer der wirksamsten Waffen im Kampf der Geschlechter entwickelt. Amerika macht es wieder einmal vor.

1994 verurteilte ein Gericht die Anwaltssozietät Baker & McKenzie in Chicago zu einer Geldbuße von 6,9 Millionen Dollar. Die Geschworenen befanden die Sozietät für schuldig, ihre Verantwortung gegenüber einer Mitarbeiterin vernachlässigt zu haben, die wegen sexueller Belästigung durch einen der Anwälte geklagt hatte. Der Anwalt selbst wurde zu einer zusätzlichen Geldbuße von zweihundertfünfundzwanzigtausend Dollar verdonnert. Und schließlich sprach das Gericht dem Opfer ein Schmerzensgeld von fünfzigtausend Dollar zu, doppelt soviel, wie die Klägerin gefordert hatte.

Baker & McKenzie ist die größte Sozietät der Welt. In ihr arbeiten eintausendsechshundert Rechtsanwälte. Die vierzigjährige Klägerin war als Rechtsanwaltsgehilfin angestellt. Sie beschuldigte einen neunundvierzigjährigen Anwalt, sie sexuell belästigt zu haben. Beispielsweise habe er ihr Bonbons in die Tasche ihrer Bluse gestopft, ihr die Arme nach hinten gezogen, um ihren Busen zu betrachten, die Oberweite mit den Händen vermessen. Zeuginnen gaben an, der Anwalt habe auch sie in der Vergangenheit sexuell belästigt. Sie hatten sich darüber bei der Personalleitung des

Unternehmens beklagt, diese habe ihre Beschwerden jedoch nur in ihren Personalakten festgehalten, nicht in der des Beschuldigten.

Die zwölf Geschworenen, sechs Frauen und sechs Männer, hielten diese Vernachlässigung der Fürsorge für ausreichend, zehn Prozent des geschätzten Firmenvermögens als Geldbuße zu verhängen.

Das Urteil basiert auf einem 1991 erlassenen Gesetz. Danach ist es möglich, ein Unternehmen zu belangen, das seine Mitarbeiter nicht hinreichend vor sexueller Belästigung schützt. Die Zahl der Klagen über sexuelle Belästigung am Arbeitsplatz hat seither stark zugenommen. Die sexuelle Belästigung als Tatbestand kennt die amerikanische Rechtsprechung schon lange. Seit 1986 gehört sie zu den Formen verbotener Diskriminierung.

Die Rechtsprechung unterscheidet zwei Formen sexueller Belästigung:

• Sex »quid pro quo«, Sex als Gegenleistung für eine bevorzugte Behandlung, beispielsweise eine Beförderung. Oder aber auch, um auf der erreichten Position bleiben zu können.

• Sex als Ursache für ein gestörtes Arbeitsklima, das als feindlich, einschüchternd oder beschämend empfunden wird. Beispielsweise, weil Zoten erzählt oder anzügliche Kommentare abgegeben werden. Oder wenn sexuelle oder andere eindeutige Abbildungen zur Schau gestellt werden. Jedes Poster eines nackten und halbnackten Mädchens genügt. Körperliche Berührung gehört in diese Kategorie ebenso wie die mehrfache Aufforderung zu einer Verabredung. Kneifen selbstverständlich auch. Und hinterherpfeifen. Oder die Beschreibung von weiblichen Rundungen unter Zuhilfenahme der Hände.

Das alles ist vor Gericht verhandelt worden, und für jeden dieser Tatbestände wurden Strafen ausgesprochen. Ein Kompliment zur falschen Zeit, ein unerwünschter Flirtversuch, eine zurückgewiesene Verabredung, ein unbedachtes Wortspiel reichen aus, um neue Täter und Opfer zu schaffen. Es genügt, sich belästigt zu fühlen, um Opfer zu sein.

Nach einem Urteil des Obersten Gerichts der USA muß eine Klägerin nicht nachweisen, daß sie durch eine sexuelle Belästigung schweren seelischen Schaden erlitten hat. Es genügt, wenn die Klägerin auf die seelische Bedrängnis im Augenblick der sexuellen Belästigung verweist. Nach dem einstimmigen Urteil wird die Anklage bereits zum Beweis.

Das Delikt der sexuellen Belästigung schwillt zur Flutwelle an. Die Equal Employment Opportunity Commission (EEOC) nimmt als staatliche Stelle die Klagen an. 1991 registrierte sie sechstausendneunhundert Fälle. Zwei Jahre später waren es bereits zwölftausendfünfhundert Klagen. Und die Zahl wird weiter steigen. Bei Umfragen antworteten vierzig bis sechzig Prozent der befragten berufstätigen Frauen, sie seien wenigstens einmal am Arbeitsplatz sexuell belästigt worden. Aber nur zehn Prozent haben sich bisher beschwert. Das kann sich ändern, denn die Schmerzensgelder wachsen wie die Zahl der Fälle. Die EEOC nennt für 1993 die Summe von 25,2 Millionen Dollar, die für die Beilegung solcher Klagen gezahlt wurde. Ein Jahr zuvor war es noch die Hälfte.

Die Unternehmen sind alarmiert. Die Verhinderung der sexuellen Belästigung wird zur Pflichtaufgabe der Personalabteilungen. Die Unternehmensleitungen erklären das Arbeiten ohne Anmache zum integrierten Bestandteil der Firmenphilosophie. Wenige Probleme seien heimtückischer – und auch kostspieliger – als sexuelle Belästigung, klagen sie. Hilfe versprechen Ratgeber im boomenden Markt. Die Bosse lernen von ihnen auf Seminaren, wie sie sexuelle Übergriffe aus ihrem Betrieb heraushalten können; Anwälte versenden regelmäßig Informationsbriefe an ihre Klienten, in denen die aktuellen Urteile kommentiert werden und auf mögliche Konsequenzen hingewiesen wird. Auf dem Stundenplan des betriebsinternen Aufklärungsunterrichts steht nur ein Fach: Wie kommen wir uns nicht zu nahe? Die Anstandsbeauftragten veröffentlichen Fallbeispiele in der Betriebszeitschrift oder am Schwarzen Brett. Einige Unternehmen belassen es bei dieser Warnung. Andere geben den Mitarbeitern die Möglichkeit, jeden Verstoß zu melden. Etliche Unternehmen setzen Aufpasser gegen verbale und handgreifliche Grapscher ein. Als optimaler Schutz gilt Sex-Watch allerdings nicht.

Wer das Problem verschleppt, dem ergeht es wie dem Ölkonzern Chevron, der nur mit einem kostspieligen Vergleich aus der Bredouille kam. Eine Mitarbeiterin erhielt mehrfach mit der Hauspost selbstgemalte obszöne, teilweise sadistische Bilder. Andere Mitarbeiterinnen hatten plötzlich auf dem Bildschirm ihres Computers die Darstellung onanierender Männer. Sie forderten das Unternehmen auf, für ein Ende der Belästigungen zu sorgen. Als sich nichts änderte, verklagten vier Frauen das Unternehmen. Sie warfen ihm vor, nicht mit genügend Nachdruck nach dem Täter zu fahnden. Nach dreijährigem Streit vor Gericht endete die Auseinandersetzung – ohne daß der Täter erwischt wurde – mit über zwei Millionen Dollar Schadenersatz für die vier Klägerinnen.

Die Verhinderung sexueller Belästigungen gilt als produktivitätsfördernd. Mit entsprechenden Untersuchungen wollen die Initiatoren belegen, wie teuer sexuelle Belästigung ist, auch wenn sie nicht bestraft wird. Sexuell belästigte Frauen, so die Studie, sind abgelenkt, machen Fehler, bleiben nicht in der für die Arbeit vorgegebenen Zeit. In fünfhundert untersuchten Unternehmen sei ein Schaden von 6,7 Millionen Dollar entstanden.

Und schließlich stehe ein Unternehmen in der Öffentlichkeit vorzüglich da, wenn keine sexuellen Belästigungen vorkämen. Und das Management erhalte gute Zensuren. Unter dem Strich also, so werben die Hüter der Moral am

Arbeitsplatz, bringe der Schutz vor sexueller Belästigung mehr ein, als er koste.

Gelockt und bedroht, versuchen die Unternehmen mit präventiven Arbeitsverträgen die Anmache zu verhüten. Sie untersagen den Vorgesetzten romantische oder sexuelle Beziehungen zu den Mitarbeitern grundsätzlich. Und die Mitarbeiter müssen sich verpflichten, nicht miteinander anzubändeln. Denn wenn es auch wie Liebe scheint, irgendwann kann die Affäre zu Ende sein, und dann ist es sexuelle Belästigung. So belehren die Personalmanager – und beugen vor. Wer Opfer oder Zeuge einer sexuellen Belästigung ist, hat dies dem Unternehmen unverzüglich zu melden. Die Unternehmen schulen ihr Personal oder zeigen auf Videos, worum es geht. Um auch noch dem letzten potentiellen Grapscher auf die Schliche zu kommen, werden anonyme Umfragen gemacht. Besondere Kommissionen verfolgen jede Anzeige. Und setzen Strafen aus.

Das hilft, aber nicht immer. Bei einem Limonadenabfüller machten zwei Arbeiter auf der Laderampe anzügliche Bemerkungen über die Kollegin neben ihnen. Sie betätschelten die Frau. Das Unternehmen kostete der Fehlgriff 1,6 Millionen Dollar, weil es die Mitarbeiterin nicht ausreichend geschützt habe.

Nur ein »American way of sex«? Keinesfalls. Auch hierzulande entdecken sich zunehmend mehr Frauen als Opfer sexueller Belästigung. Die feministische Aufklärungsarbeit trägt Früchte. Umfragen zeigen in Deutschland die gleiche Tendenz wie in den USA. Die Sozialforschungsstelle Dortmund ermittelte, dreiundneunzig Prozent der berufstätigen Frauen seien sexuell belästigt worden. Entweder der vielbesungene neue Mann ist in Wahrheit ein verklemmter Grapscher, oder die Toleranzschwelle der Frauen ist unter den Prüderiepegel gesunken. Oder aber die Antworten bei Umfragen spiegeln die Tendenz der Frage. 1984 gaben dreißig Prozent der befragten Frauen an, am Arbeitsplatz sexuell belästigt worden zu sein. 1991 klagten darüber zweiundsiebzig Prozent. Und nun dreiundneunzig Prozent?

Damit hat sich erfüllt, was das »Feministische Interdisziplinäre Forschungsinstitut (fif)« empfahl: »... gilt es in den nächsten Jahren, die Problematik der sexuellen Belästigung am Arbeitsplatz weiter aufzudecken und entsprechend zu thematisieren. Hier müssen Frauen dementsprechend gestärkt und das diesbezügliche Verhalten der Männer kritisiert werden. Zu überlegen ist zudem, ob und wie gegen belästigende Männer gesetzliche Schritte eingeleitet werden können.«

Inzwischen hat diese Forderung juristische Konsequenzen nach sich gezogen. Der Katalog der Sünden im hessischen »Gesetz über die Gleichstellung von Frauen und Männern und zum Abbau der Diskriminierung von Frauen in der öffentlichen Verwaltung« liest sich wie die Auflistung, die in amerikanischen Unternehmen zur Pflichtlektüre gehört. »Unerwünschte sexuelle Annäherungsversuche und Körperkontakte sowie sexuell abfällige oder abwertende Bemerkungen, Gesten oder Darstellungen, die von der betroffenen Person als beleidigend, erniedrigend oder belästigend empfunden werden«, sind in Hessen ein Dienstvergehen. Das ist noch nicht viel, aber ein Anfang. Von den amerikanischen Schwestern lernen heißt siegen lernen.

Die Mannmännlichen

»Oh! daß es mir möglich wäre, auch nur einen Augenblick lang Euch in das innere unserer Seelen hineinzuversetzen, so daß Ihr empfändet, was wir empfinden, wenn wir die Blüthe eines jungen Mannes erblicken, wenn, wie Phyrnichus singt von des Troilus purpurnen Wangen, auf diesen das Licht des Eros glänzt. Dann würde es Euch gegenüber einer Rechtfertigung unserer Liebe ohne Zweifel nicht mehr bedürfen. Eurer begeisterten Sympathien wären wir gewiß.«

Der so schwärmte, hieß Karl Heinrich Ulrichs und war schwul. Den Großvater der Schwulenbewegung sehen manche in dem Mann, der selbst Homosexuelle noch Urninge nannte. Er wurde 1825 in Ostfriesland geboren. Ulrichs verheimlichte seine gleichgeschlechtliche Neigung nicht, sondern kämpfte zeitlebens um Anerkennung. Zwanzig Jahre vor seiner Geburt war die »Peinliche Gerichtsordnung« noch das einzige Strafgesetzbuch, das im gesamten Reich Gültigkeit besaß. Es stammte aus dem Jahr 1532 und richtete über Homosexualität so: »So ein Mensch mit einem Vieh, Mann mit Mann, Weib mit Weib Unkeuschheit treiben, haben sie das Leben verwirkt, und man soll sie der gemeinen Gewohnheit nach mit dem Feuer vom Leben zum Tode richten.« Das galt bis 1806. Das Verbot blieb und wurde 1872 im Paragraphen 175 festgeschrieben, acht Jahre nachdem Ulrichs seine Schrift »Vindex – Socialjuristische Studien über mannmännliche Geschlechtsliebe« herausgebracht hatte.

Später beurteilte er seinen Kampf: »Ja, ich bin stolz, daß ich die Kraft fand, der Hydra der öffentlichen Verachtung einen ersten Lanzenstoß in die Weichen zu versetzen.«

Alle Sympathie ist bei dem mannmännlichen Streiter. Er hat sich geoutet. Das war außerordentlich mutig. Doch die Hydra hat er nur gekitzelt.

Einhundert Jahre nach seinem Tod aber erblickte Ulrichs von seiner rosa Wolke aus in Hamburg große Plakatwände mit dem Verschen: »Ein kleines schwules Abenteuer ist ohne Gummi nicht geheuer.« Die Aufklärung ist mit Steuergeldern bezahlte Staatsdichtung. Auf dem ebenso finanzierten »Offenen Kanal« sieht und hört er die Sendungen von Schwuleninitiativen. In Frankfurt finden unter dem Titel »Gaylive« Kulturtage für Homosexuelle statt, mit einem ehemaligen Bürgermeister als Schirmherrn. Unter der Gedächtniskirche in Berlin schwingen

Männer die rosa Federboas und klimpern kokett mit den roten Wimpern. It's Christopher Street Day, unter Kundigen nur CSD genannt.

Neben den Mannmännlichen sähe Ulrichs auch etliche Fraufrauliche, die mit Trommeln die Tunten in rhythmischem Schwung halten. Die lesbischen Schwestern sind's, in schwarzem Lack und kernigem Leder. Zehntausend sind es wohl, die mit karnevalistischer Fröhlichkeit an jene Polizeirazzia erinnern, bei der 1969 eine Schwulenbar in New York gestürmt wurde. Seither gehen die Schwulen an diesem Tag auf die Straße. Ihr Outfit täuscht. Ernst ist es ihnen. Eine Demonstration für Menschenrechte soll ihr Umzug sein, ihrer Forderung nach einem »Antidiskriminierungsgesetz für Schwule und Lesben« Nachdruck verleihen. Die anwesende Senatorin für Jugend und Soziales versprach Unterstützung. Und Geld. Sechshundertachtzigtausend Mark als Jahresgabe für homo-, bi- und transsexuelle Projekte in Berlin.

Ulrichs auf seiner rosa Wolke könnte den Blick befriedigt nach München wenden. Ach, Bayerns Hauptstadt erscheint ihm rosarot wie seine rosa Wolke selbst, seit die Grünen die Stadt bedrängen, eine Straße nach Ulrichs zu benennen. Und CSD 1995 war ihm, »dem Großvater der Schwulenbewegung«, in München gewidmet. Und zur Kommunalwahl tritt die »schwullesbische Wählerinitiative Rosa Liste« auch an. Wofür? Gegen den »Heterosexismus«. Und für schwulengerechte Plätze in den Altersheimen. »Die Frage, was der Hetero von unserer Politik hat, interessiert uns nicht in erster Linie«, war von dem Spitzenkandidaten der Rosa Liste zu vernehmen. Recht so. Minderheiten nach vorn. Und wer sagt denn, daß sie auf immer Minderheiten bleiben müssen?

Die »Lesbischen Rächerinnen« in Berlin fordern bereits, »Lesbischsein als Asylgrund« anzuerkennen. »Die Rache ist lesbisch und laut«, verkünden sie. Wessen Rache? Die Rache der Unterdrückten. Der Diskriminierten. Der Opfer.

Der political correcten Opfer selbstverständlich. Die Opfer, das sind jene aggressiven jungen Frauen, die in Diskotheken – Hetero-Diskos, betonen sie – einfallen und Randale machen. Die Anleitung für solche lesbische Guerillataktik entnehmen sie dem Handbuch »Praktische Anleitung zur hausgemachten Revolution«. Das haben die Schwestern in New York verfaßt. Eben: Von Amerika lernen heißt siegen lernen. Von wo denn auch sonst, wenn im Osten nichts mehr ist, nur noch Mafia und Jelzin, und die einzige Ideologie Dollar heißt. Political Correctness schafft eine vollkommen neue Westbindung.

Die gleichgeschlechtlichen Allianzen sind von brüchiger Widersprüchlichkeit. Im Grunde streben sie entgegengesetzte Ziele an und finden ihre Übereinstimmung nur in der lautstarken Behauptung der Minderheit gegenüber der Mehrheit. Während die lesbischen Feministinnen getrieben werden vom Drang nach Rache, nach Abgrenzung, vom Willen, anders zu sein und links, möchten die Homosexuellen sein wie alle anderen auch, nur eben ein ganz bißchen anders. Nicht tuntige Schwuchtel, nicht schwarzer Lederboy, sondern bürgerlich.

Und dann sind da noch die sozialen Sicherheiten, bei denen gleichgeschlechtliche Partnerschaften ganz normal behandelt werden sollen, mit den gleichen Rechten wie Ehepaare im Mietvertrag, bei der Rente und bei der Erbschaft. Unterstützung erhalten sie dabei in political correctem und reichem Maß. Den Lesern der Lesben- und Schwulenzeitung »First« riet Heiner Geißler zur Geduld. Die Gleichstellung gleichgeschlechtlicher Partnerschaften mit heterosexuellen Gemeinschaften stoße in der Bevölkerung noch auf zuviel Widerstand. Die Veränderungen könnten nur schrittweise kommen. Und er versprach: »Wir müssen auch Anwälte derjenigen sein, die zur Minderheit gehören.«

Daran wird gearbeitet. Schrittweise und auf allen Ebenen. Die Bundeszentrale für gesundheitliche Aufklärung verteilte an junge Mädchen eine Aufklärungsbroschüre, die zum Thema Homosexualität verkündete: »Wenn du und deine Partnerin Vergnügen aneinander haben, ist es unwichtig, was andere davon halten. Eine homosexuelle Liebe ist eine Liebe wie andere auch. Nicht das Lesbisch- oder Schwulsein an sich macht Probleme, sondern eine Umwelt, die über homosexuelle Menschen Witze reißt und sie abwertet.«

Noch steht auf keinem Lehrplan einer deutschen Schule für Erstkläßler die Aufklärung über Homosexualität und darüber, daß eine Liebe wie die andere sei. Das blieb bisher Schulen in New York vorbehalten. Aber man kann ja lernen. Die Lehrstühle für Lesbischen Feminismus müssen schließlich ihre Auswirkung haben.

Spätestens, wenn nicht nur die Verleger einschlägiger Magazine und Hersteller spezieller Unterwäsche den Markt der Homosexuellen entdecken, ist der Weg zur Normalität beschritten. Er ist entdeckt. Und er gilt als ausgesprochen attraktiv. Mehr als zwei Millionen Homosexuelle gibt es in Deutschland, wird geschätzt. Homosexuelle Paare sind meistens Doppelverdiener. Und ohne Kinder!

Wohnhäuser für schwule und lesbische Paare entstehen, versprengte Heteros als Mitbewohner sind angenehm. Als »Lebensraum für die schwul-lesbische Gemeinschaft« werden diese Bauvorhaben gepriesen und sind nichts anderes als ein Ghetto.

Reiseveranstalter bieten zielgruppengenau ausgesuchte gayfreundliche Hotels und Pensionen an. Auf Wunsch auch Unterkünfte in reinen Männerhotels. Oder in Ferienclubs. Alles ist möglich. Und alles ganz normal? Der Katalog von RTS-mantours verspricht für Gran Canaria »knackige Kerle und hübsche Jungs aus ganz Europa«.

Gegenprobe: Wie würde die Ankündigung »knackige Frauen und hübsche Mädchen aus ganz Europa« in einem Hetero-Reisekatalog zu Recht abgeurteilt?

Die Seligkeit am anderen Ufer

»Es ist kein Wort von Jesus überliefert, mit dem er sich gegen die Homosexualität wandte. Wohl aber gab es einen Jünger, den er liebhatte und der sogar beim Abendmahl an seiner Brust gelegen hatte (Joh. 21, 10). Das zeigt, daß Jesus einem körperlichen Kontakt zu Männern nicht abgeneigt war.« Solch mannmännliche Schwärmerei veröffentlichte die »taz« als Reaktion auf ihren Bericht »Stöhn, Jesus kommt schon wieder«. Wem Homosexualität immer noch ein Greuel sei, der habe Jesus nicht verstanden. Habe doch der Jünger Johannes nach seinem Verweilen an der Brust Jesu geschrieben: »Wir wollen einander lieben, denn die Liebe kommt von Gott.«

Die Metropolitan Community Church (MCC) sammelt Schwule und Lesben am Tisch des Herrn. In Hamburg und Köln hat sie kleine Gemeinden, in Frankfurt will sie Fuß fassen. Aber die großen Kirchen, die evangelische besonders, wollen ihre Schäfchen nicht in die Abgrenzung ziehen lassen.

»Die Seligkeit liegt immer am anderen Ufer« belehrte das Kirchentagshandbuch zum Deutschen Evangelischen Kirchentag 1995. Wenig später stritt sich die Synode der Nordelbischen Kirche durch das Thema »Ehe, Familie und andere Lebensformen«. Heftig und gelegentlich gar nicht abgeklärt. Immer weiter rückt in der evangelischen Kirche die gleichgeschlechtliche Partnerschaft in die gleiche Position, die bisher Ehe und Familie zuerkannt wird.

Synodale, Pastoren, Grüne und die Political Correcten quer durch die Parteien teilen sich den Kampf in althergebrachter Weise. In der Kirche wird für den Segen der Seelengemeinschaft gearbeitet, an der politischen Front für den sozialen Segen.

»Auch für schwule und lesbische Paare müssen die Hochzeitsglocken läuten dürfen«, schleichen sich die Grünen an. Sie sagen Seele und meinen Soziales. Darum geht es. Wenn Gott die Partnerschaft anerkennt, wie soll der Sozialminister dann die Witwen/Witwerrente und die gayfreundliche Sozialwohnung verweigern? Der »Prix Égalité«, den die Fraktionspräsidentin im Europäischen Parlament, Claudia Roth, von den Schwulen und Lesben in Europa verliehen bekam, war Dank für den Einsatz zur staatlichen Anerkennung aller gleichgeschlechtlichen Lebensgemeinschaften, einschließlich des Rechts, ein Kind zu adoptieren.

In der evangelischen Kirche wird dann schon mal probiert. In der Dortmunder Schalom-Gemeinde segnete der Pastor Heinz Listermann ein Paar. Es sah aus wie eine Trauung und war auch so gedacht. Vor dem Altar standen zwei Männer, einer von ihnen in Frauenkleidung. Als die Sache an die Öffentlichkeit kam, begnügte sich die Landeskirche mit dem Hinweis, derzeit seien solche gottesdienstlichen Segnungen nicht konsensfähig und kirchenrechtlich nicht vorgesehen.

Derzeit nicht. Gearbeitet wird kräftig an der Änderung. Der Evangelische Kirchentag bot für Homosexuelle mehr Erbauung und Kurzweil als für Ehepaare und Familien. Es sei denn, auch solche Veranstaltungen werden zum Familienprogramm gerechnet: »Ist was dran am anderen Mann?« So wurde »zum Gespräch zwischen Schwulen und Heteros« eingeladen. Wer's denn mal probieren wollte, konnte sich beim »Tunten-Schminkkurs« an den Pinselchen und Töpfchen der »Freifrau von Sodom ohne Gomorrha« vorbereiten. »Test it« führt die Werbung in Versuchung.

Als der nordelbische Altbischof Ulrich Wilckens davor warnte, homosexuelle Lebensgemeinschaften der Ehe gleichzusetzen, machte er sich einer schweren Sünde schuldig. Der nicht unbedingt als konservativ ausgewiesene Theologe hatte nämlich bemerkt, »wirklich zwanghaft Homosexuelle« seien Menschen, »die mit einer Behinderung leben müssen«, die sie »wahrscheinlich nicht verändern können«.

Das nun widerspricht aller political correcten Darstellung von der selbstgewählten multisexuellen Lebensform. Öffentlich wurde ihm vorgeworfen, mit dem Wort »Behinderung« und mit der Diagnose »wirklich zwanghafte Homosexuelle« in längst überwundene Denkmuster verfallen zu sein, menschenverachtend zu reden und in übler Weise auszugrenzen. Denn den Homosexuellen, der mehr an seiner Neigung als an der Gesellschaft leidet, darf es nicht geben. Weggedacht wird er, weggewortet aus dem Vokabular der Political Correcten. Wer so denkt, gilt als homophob. Selber krank, mit krankhafter Abneigung gegen Homosexuelle.

Wenn Heuchler outen

Die Scheinheiligen und die Heuchler, warum mögen sie sich so gerne? Jene Homosexuellen, die Homosexuelle outen, angeblich, weil das die Befreiung bringe, handeln pervers. Ihr Verrat ist Einmischung in fremdes Leben. Sie zerstören die Persönlichkeitsrechte.

Ich habe nur sein Bestes gewollt, lautet immer die Floskel der Verlogenen. Ausgesprochen wird sie stets dann, wenn das Beste weder gewollt, geschweige denn erreicht wurde. Wessen Vorteil will der Denunziant? Seit wann verhilft Verrat zu gesellschaftlicher Anerkennung? Wie denn? Indem das Schwulsein als Schande benannt wird, wird es gesellschaftsfähig? Wäre es das, wer hörte dann auf den Verräter? Der weiß, worauf er spekuliert.

Von Amerika lernen ... Die Erpresser der Political Correctness outen. Die »Gay and Lesbian Alliance Against Defamation« outet in Hollywood gnadenlos jeden Produzenten, jeden Regisseur, der gegen die Regeln verstößt. Derweil jubelt die Szene: Das Bild des Schwulen im Film habe sich grundlegend gewandelt, ganz lieb, ganz rührend und so normal, daß es beinahe schon wieder langweilig sei.

Dagegen ist Holger Mischwitzky ein Einzeltäter. Er outete Alfred Biolek und »Hape« Kerkeling. Das ist allerdings weniger bekannt, weil Mischwitzky es nicht unter seinem Namen, sondern als Rosa von Praunheim tat. Natürlich für die gute Sache. Und gegen die Diskriminierung. Dafür ist jede Diskriminierung recht. Schließlich will der Verräter nur das Beste.

Monatelang haben die Menschenjäger in Österreich das Beste des Erzbischofs Hans Hermann Groer gewollt. Zu seinem Besten erinnerten Zeugen Jahre später: »Der Kardinal griff mir in die Hose.« – »Einmal hat er mir unterm Rock auf den Po gegriffen.« – »Da hat er mir durch die Hose an den Penis gegriffen.«

Die Lust kommt beim Outen. Als in Wien eine Schwulengruppe ankündigte, sie werde zu jedem Monatsersten einen prominenten Schwulen outen, und als fetten Appetithappen den Medien vier österreichische Bischöfe zum Fraß vorwarf, da geschah das selbstredend auch zum Besten. Wenn nicht der Kardinäle, so doch der Schwulen. Die political correcten Medien übertrafen sich in vorgetäuschter Abscheu vor dem Outen und gleichzeitigen Enthüllungen. Die gierige Unmoral der Sittenwächter wurde um so deutlicher, je mehr sie nach der Moral schrien.

Der sächsische Innenminister Heinz Eggert verweigerte sein Coming-out. Die schmutzige Affäre um ihn beendete er durch seinen Rücktritt. Männer hatten ihm sexuelle Belästigung vorgeworfen, versuchte mannmännliche Annäherung. Ein Fall für die von den Medien geschürten Gerüchte, die öffentlichen Spekulationen, der hechelnden Nachsage und der schlüpfrigen Anzüglichkeit ist Eggert geworden. Er erlag nicht dem zügelnden Versprechen: wenn er sich nur bekennte, sei alles zu verzeihen. Er fiel nicht auf die verlogene Moral herein, die erst das öffentliche Bekenntnis verlangt, ehe sie Absolution gewährt.

Political Correctness beansprucht die Alleinvertretung der Moral

Die Ethik des Vollwaschmittels

Das kommt davon! Political Correctness mißbraucht niemand ungestraft als Werbegag. Und handelt dann selbst gegen deren Gebote.

Das kommt davon, wenn der allmächtige Vorstand den Rechenkünsten der Controller mehr vertraut als den Ahnungen der sensiblen Kreativen aus der Werbeabteilung.

Das kommt davon, wenn einer ein Jahr zum »Jahr der Freundlichkeit« erklärt und dann ganz vergißt, daß nur wer artig ist, auch freundlich sein kann.

Wer die »Brent Spar« hat, muß auch den Spott entsorgen.

Dabei hatte Öl-Multi Shell doch die Zeichen der Zeit verstanden. Jedenfalls ein bißchen und soweit sie nützlich waren. Umweltschutz macht sympathisch. Vielleicht auch ein Unternehmen, dessen Produkte überwiegend als umweltschädlich gelten? Das hatte Shell gehofft und einen Umweltpreis gestiftet. Nicht sonderlich originell, aber publizistisch recht wirksam – für gewöhnlich. Darum stiften jetzt viele Unternehmen Umweltpreise. Je schlechter das Gewissen, desto spendabler. Die britische Shell mußte 1995 die geladenen Gäste wieder ausladen, ausgerechnet im Jubiläumsjahr der fünfundzwanzigsten Preisvergabe. Zwischen Nordsee und Atlantik tobte, wie auch sonst in der Wortwahl eher zurückhaltende Zeitungen meldeten, die »Seeschlacht um Brent Spar«.

Als die ausbrach, hatte sich die Deutsche Shell gerade mit einer dreißig Millionen Mark teuren Kampagne in den Chor der Tugendwächter einkaufen wollen. Unter dem Motto »Das wollen wir ändern« machte der Konzern gute Stimmung für Behinderte und schlechte gegen Plastikmüll. Schließlich weiß man, was die Political Correctness verlangt: »Es geht vor allem um Sie, um Ihre Kinder, Ihre Eltern, Ihre Umwelt«, texteten die PR-Strategen.

Wirklich, die Manager zeigten, daß sie verstanden hatten, worauf es ankommt. Und was ankommt: »Wer Großes bewegen will, muß im Kleinen anfangen ... In vielen Bereichen reicht es schon, wenn jeder einzelne Bürger selbst ein wenig mehr Verantwortung übernimmt und sich ein bißchen mehr engagiert.« Was wäre dagegen einzuwenden? Absolut gar nichts. Schön klingt es. So gut und so moralisch. Das liest jeder gern und meint, der andere werde mit der täglichen guten Tat beginnen. Die Chefs des Öl-Multis dachten offensichtlich auch so. Hätten sie sonst die »Brent Spar« auf den Schlepphaken nehmen lassen? Wie sollten sie wissen, was dabei herauskommt, wenn der einzelne Bürger sich etwas mehr engagiert, ganz so, wie sie ihm geraten hatten? Wie sollten sie darauf kommen, daß er sich gegen sie engagieren könnte?

Halsstarrig und bockig in der ersten Phase der Auflehnung gegen die Versenkung, entsprachen die Shell-Bosse so gar nicht dem Bild, das Cary Cooper, Professor für Organisationspsychologie an der Manchester School of Management, von ihnen und ihresgleichen so prächtig in der Theorie entwickelt hat: Manager seien überempfindlich für das Denken und die Wünsche anderer Menschen. Zudem seien sie stets bereit, sich den Normen einer Situation zu fügen.

Shell hat sich zuletzt gefügt. Der Weg dahin war dramatisch, die Situation lag außerhalb der Norm. Als sie klein beigaben, biederten sich reuige Manager per Anzeige an: »Wir werden uns ändern.« Sie taten Buße, kasteiten sich.

Der Gigant wälzte sich in demutsvoller Pose und übte Selbstkritik: »Uns ist auch bewußt geworden, daß wir auf Sie, unseren Kunden, mehr und genauer hören müssen.«

Soll und Haben rechnen sich in der Wirtschaft in political correcten Einheiten. Wer jetzt über die Runden kommen will, muß sehr genau aufpassen, nicht gegen die ungeschriebenen Vorschriften zu verstoßen. Die Erfahrung mit der »Brent Spar ... hat uns gezeigt, daß die Übereinstimmung einer Entscheidung mit Gesetzen und internationalen Bestimmungen allein nicht ausreicht. Hinzukommen muß die notwendige Akzeptanz der Gesellschaft«, erkannte Shell. Eigentlich sollte das selbstverständlich sein. Schließlich geben Produzenten ständig Millionen aus, um die Akzeptanz ihrer Produkte zu überprüfen und zu verbessern. Aber eben nur der Produkte. Der Verbraucher jedoch verlangt mehr. Er will wissen, wie das Produkt hergestellt wird, welche Belastungen der Umwelt damit verbunden sind, bei der Herstellung und bei der Entsorgung. Neu ist auch das nicht, nur begriffen wurde es zögerlich. Nach »Brent Spar« aber ist alles anders. Nun wird schneller begriffen.

So weit, so akzeptabel. Wäre da nicht noch etwas anderes in der Verzeih-mir-Anzeige der Shell. Es kündigt sich bereits in dieser Formulierung an, und es wird wenig später noch deutlicher ausgesprochen. »Damit haben wir auch gelernt, daß für bestimmte Entscheidungen Ihr Einverständnis genauso wichtig ist wie die Meinung von Experten oder die Genehmigung durch Behörden. ... Und wir sind daran erinnert worden, daß – wie bei uns rund um ›Brent Spar‹ geschehen – viele gute Leute aus ihrer Sicht das Vernünftigste und Beste tun können und daß dies dennoch zu einer Gesamtentscheidung führen kann, die die Gesellschaft nicht akzeptiert.«

Wissen ist Macht? Meinen ist Macht! Vorausgesetzt, es ist die political correcte Meinung.

Beide Parteien waren gleichermaßen überrascht über die

Emotionen, die der Seekampf um »Brent Spar« in Deutschland auslöste. Shell hatte bis dahin nur gelegentlichen Widerspruch gegen die lange bekannten Pläne zur Versenkung gehört, Greenpeace hatte lediglich zur Nordseeschutz-Konferenz ein Spektakel inszenieren wollen. Die ersten Berichte darüber unterschieden sich kaum von den üblichen Schornsteinbesetzungen oder Schlauchbootfahrten vor Walfängern.

Gutachten? Makulatur. Shell besaß Schubladen voller Makulatur. Aber wer wollte sie schon zur Kenntnis nehmen? Niemand.

Genehmigungen? Altpapier. Gerade noch gut genug fürs Recycling. Ich glaube, also ist es.

Rechte, Normen, Vorschriften, alles ohne Wert. All die meist etwas unbequemen, aber für Rechtssicherheit sorgenden Leitlinien des organisierten Gemeinwesens sind nur so lange von Bedeutung, wie ihre Einhaltung garantiert ist. Solange sie nicht von Gruppierungen ausgehebelt werden, die jenseits der demokratischen Regeln operieren. Demokratisch sind legitimierte Interessenvertretungen, die regelmäßig neu zu bestätigen oder zu definieren sind. Selbsternannte Interessengruppen sind es nicht, mögen sie auch noch so sehr auf einer populistischen Woge reiten. Sie stellen sich weder Kontrolle noch Verantwortung.

Berauscht an der populistischen Pulle

So nahm eine außerparlamentarische Opposition das Heft in die Hand. Es wird bei dem Einzelfall nicht bleiben, sondern wahrscheinlich immer häufiger geschehen. Pressure Groups, zu denen sich Greenpeace nach eigener Definition zählt, bestimmen dann an den gewählten Vertretern vorbei. Vorbei an denen, deren Mandat sie zur Einhaltung der selbstbestimmten Norm verpflichtet. Jene Politiker, die selbst Beifall haschend den Seehelden von Greenpeace applaudierten, bewiesen eine Kurzsichtigkeit, die nicht vom Augenarzt allein zu behandeln ist. Mit dessen Hilfe aber könnten sie dann den weiteren Text der Shell-Anzeige lesen: »Aus den Ergebnissen der letzten Tage werden wir mit Sicherheit Konsequenzen ziehen und nach Wegen suchen, unterschiedliche gesellschaftliche Strömungen und Entwicklungen über die Landesgrenzen hinaus wahrzunehmen und entsprechend zu berücksichtigen.«

Den Politikern, die da flugs in die grünen Latzhosen hüpften, wurde auch nicht bange, als der Protest das Etikett einer »neuen politischen Kultur« verliehen bekam. Endlich einmal Politik und Volk nörgelfrei Arm in Arm. Wann gibt es das schon? Das mußte doch genutzt werden. Das Magazin »Focus« ließ erfragen, ob die Bundesbürger auch künftig – wie bei Shell – mit einem Boykott gegen Umweltvergehen kämpfen würden. Ein freudiges Ja schallte den Meinungsforschern von vierundachtzig Prozent entgegen.

Der Schluck aus der populistischen Pulle berauschte. Wer fragt da schon nach dem Katzenjammer, der sich spätestens dann einstellt, wenn es nicht mehr um Populismus, sondern um umbequeme, aber notwendige Entscheidungen geht? Wer bestimmt in künftigen Auseinandersetzungen, was richtig und was falsch ist, was political correct ist und was gegen die Regeln verstößt? Boykottrunkene Politiker? Jene Minister und Parteifunktionäre der CSU, die den von Greenpeace inszenierten Boykott publikumswirksam bejubelten, die von Shell verlangten: »Stoppen Sie diesen Wahnsinn«? Jene Landtagsabgeordneten in Schwerin, die über einen Dringlichkeitsantrag der PDS die Landesregierung aufforderten, nicht mehr bei Shell und Esso zu tanken? Jener FDP-Generalsekretär, der die Dienstwagen der Partei von den Zapfsäulen der Shell fernhielt?

Wieso und warum sollten diese Volksvertreter und Parteipolitiker bei anderer Gelegenheit auf ihr Mandat pochen? Haben sie nicht das Heft des Handelns aus der Hand gegeben? Haben sie nicht eine illegitime Aktion sanktioniert? Sie haben das Recht zu vertreten, und sie haben sich Rechtsbrechern als Verbündete angedient.

Die politischen Stimmungsmacher waren in bemerkenswerter Gesellschaft. Die als Boykottaufruf formulierten Ergebenheitsadressen an alle Menschen, die political correcten Willens sind, an die heldenhaften Greenpeace-Aktivisten im Geschützdonner der Wasserkanonen insbesondere, schufen eine Allianz von links nach rechts, der Kirchentagspräsident neben dem Minister, der Parteichef neben dem Gewerkschaftsvorsitzenden, der Einzelhändler neben der Hebammenfunktionärin. Bräche über dieses Land der Notstand herein, die Einmütigkeit könnte nicht fester über alle Parteiungen hinweg zusammenschließen. Dabei stand alles andere als ein Notstand an. »Brent Spar« war ein Symbol. Noch nicht einmal ein besonders glaubwürdiges, akzeptiert man auch nur ein wenig von dem, was Naturwissenschaftler über die möglichen Schäden durch eine Versenkung sagten. Die Wissenschaftler können schließlich nicht alle von Shell gekauft oder restlos verblödet sein. Die Fakten? Die Wahrheit? Wahrheit war, was Greenpeace sagte, jedes Wort, jede Zahl. Was Shell dagegen stammelte, begleitete Hohn und Spott der Medien.

Randvoll sei die Tankboje noch, aufgefüllt mit Öl voller giftigster Rückstände, geschwängert von Tod, Pest und Teufel. Jedes Dementi des Öl-Multis machte das Gift nur noch giftiger. Wieder einmal war wahr, was political correct ist, und das sagte in diesem Fall Greenpeace.

Drei Monate nach der Versenkung der Shell erhielt der Konzern einen Brief von Greenpeace. Über den Inhalt informierte die Organisation ihre Verbündeten und andere Medien mit dürren Worten:

»Während der Kampagne gegen die ›Brent Spar‹ stützte sich Greenpeace auf Daten, die von Shell zur Verfügung gestellt worden waren. Diese Angaben ließen darauf schließen, daß sich etwa 100 Tonnen giftiger Schlamm und

30 Tonnen gering radioaktiver Rückstände an Bord befanden. Unabhängig davon entnahm Greenpeace Proben aus dreien von insgesamt sechs Vorratstanks. Der Grund dafür war das Versäumnis der Shell, ein vollständiges Verzeichnis dessen vorzulegen, was die Plattform enthielt. Wissenschaftler, die die Proben von Greenpeace analysierten, wurden mit falschen Angaben über die Herkunft der Proben versorgt. Sie wurden nicht aus den Vorratstanks gezogen, sondern den Leitungen entnommen, die zu den Tanks führten. Im Ergebnis stellte sich heraus, daß die geschätzte Menge von Ölrückständen auf der ›Brent Spar‹ wahrscheinlich falsch war.«

Greenpeace versah das mit dem Zusatz, die Organisation glaube nicht, »daß die Fehleinschätzung von großer Bedeutung ist«.

Wer fragt bei einem Symbol nach Fakten. Läßt man, wie geschehen, die Fakten mit der Überheblichkeit des political correct Besserwissenden gänzlich unberücksichtigt, dann war »Brent Spar« ein vorzügliches Symbol.

Mit dem Boykott ließ sich bequem Vergebung einhandeln für die täglich begangenen kleinen Umweltsünden. Die Muschel wurde zum Zeichen des Bösen, von Greenpeace-Grafikern schwarz bekleckert. Jeder Autofahrer ein Kreuzfahrer wider das Böse. Das tat dem geschundenen Gewissen gut. Und wurde gelobt. Auto fahren für die Umwelt – ohne Furcht und Tadel.

Der Kriegsruf »Shell to hell« wirkte in Deutschland: Die Pächter von zweihundert Tankstellen wurden bedroht, Bombenleger kündigten sich an, fünfzig Tankstellen wurden handgreiflich beschädigt, Brandsätze flogen, Schüsse fielen. Zwar appellierte Greenpeace an die wildgewordenen Parteigänger, bei den Protesten auf Gewalt zu verzichten, aber Empörung wollte sich nicht einstellen. Wieder einmal: Gewalt im Namen des Guten ist gute Gewalt. Oder? Warum schwiegen sie, die sonst nach geistigen Brandstiftern fahndeten? Sie hätten sich vielleicht selbst erkannt. »Brent Spar« stellte an die Seite der Besorgten viele Heuchler, Empörer und Zerstörer.

Als der Beginn der Demokratie des dritten Jahrtausends wurde das bejubelt. Eher war es ein Abschied von jener Politik, die für alle Bereiche des Zusammenlebens die Regeln schuf, die aber nicht mehr in der Lage ist, diese Regeln durchzusetzen, rechtlich und moralisch. Möglicherweise liegt das an den Regeln. Dann wäre es Aufgabe der Politik, sie zu ändern. Oder es liegt an den Politikern. Dann wären sie zu verändern. Ein Staat, dessen Repräsentanten anderen das Feld überlassen und sich als anfeuernde Zuschauer gefallen, tritt seinen Anspruch ab, weil er die Pflicht nicht mag.

»Der Tankstellen-Boykott demonstrierte die Macht von Millionen«, frohlockte das linksliberale Blatt »Die Woche« und titelte: »Greenpeace siegt – We Shell overcome«.

Das correcte Produkt

Nach »Brent Spar« bricht keine neue Zeitrechnung an. Aber wahrscheinlich gehen nun die Fackeln an den Bohrlöchern noch schneller aus, als die Branche ohnehin schon ahnte. Sie wird die Prognose ihrer Lebenserwartung herabsetzen müssen. Bisher gingen die Ölkonzerne intern von zwanzig Jahren aus. Maximal. Nun dürfte die Lebensspanne weiter verkürzt sein. Auseinandersetzungen wie die um »Brent Spar« gehen an die Substanz.

Nicht, daß den Öl-Multis der Lebenssaft ausginge. Derartige Berechnungen bestimmen die Diskussion seit einer Weile nicht mehr. Die Quellen vermehren sich auf wundersame Weise. So bald müßte niemand auf dem trockenen sitzen. Aber darüber will keine rechte Freude aufkommen. Das schwarze Gold ist in Verruf geraten. Öl und Ölprodukte werden schwerer verkäuflich. Wer Kraftstoff produziert, produziert schlechtes Gewissen. Jeder zweite

Deutsche hält Autoabgase für die größte Belastung der Umwelt.

Das political correcte Produkt ist ein ethisches Produkt. So die gängige Vokabel. Niemals zuvor sind Produkte in einem Maße geächtet worden wie gegenwärtig. Einstmals verschwanden Produkte vom Markt, weil es keinen Bedarf mehr gab. Oder weil etwas Besseres angeboten wurde. Oder etwas Bequemeres. Erst der unmittelbar erkennbare Vorteil verschaffte einem neuen Produkt den Durchbruch auf dem Markt.

Was unterscheidet die Limonade in der Glasflasche von jener in der Plastikflasche oder in der Dose? Sie schmeckt immer nach gleicher Künstlichkeit. Nach Wohlverhalten aber muß sie schmecken. Nur political correcter Genuß ist Genuß ohne Reue.

Akzeptanz verkauft sich über die Verpackung. Der Inhalt ist zweitrangig. Darum buhlen inzwischen die Verpackungshersteller um die Gunst des Verbrauchers, umgarnen ihn mit Anzeigen für Leichtpackflaschen und Blechclowns aus Getränkedosen, lassen Pappe »irgendwie clever« sein. Als ob nicht der Getränkehersteller, sondern der durstige Endverbraucher der Kunde sei. Der Erfolg solcher Anstrengungen ist gering. Mehrwegpackungen punkten höher als Pappe. Blech ist nicht ethisch. Der Ruf des Blechs ist so miserabel, daß allein seine Verbannung schon wieder werbewirksam ist. Die Nordsee-Insel Föhr schmückt sich damit, Blechdosen aus den Regalen des Einzelhandels entfernt zu haben.

Erziehungssteuern akzeptiert selbst der gepreßte deutsche Steuerzahler. Das macht die Verpackungssteuer für die stets klammen Kämmerer der Städte und Gemeinden so verlockend. Sie bringt Geld in die Kassen und bestraft den, der die falsche Verpackung wählte. Strafgeld auch für jedes Kunststoffbesteck und jeden Portionsbecher Kaffeesahne, wer sollte dagegen etwas einwenden können? Wenn die McDonalds' auf diese Weise nachdrücklich gezwungen werden, ihre Klopse in Pappe statt Plastik zu verpacken, stört das nur den Kämmerer, der an der Erziehungssteuer einträgliche Freude hätte.

Alles unter Kontrolle

»Wer die ethische Forderung nach dem Schutz unserer Umwelt ernst nimmt, sollte das möglichst immer und überall durch seine Handlung beweisen. Das bedeutet in letzter Konsequenz für jeden Verbraucher, auf den Kauf umweltschädigender Produkte zu verzichten.« Also sprach der Präsident der Arbeitsgemeinschaft der Verbraucher, Heiko Steffens. Besser noch, solche Produkte gelangten gar nicht erst in die Regale.

Der Preis für das Wohlverhalten ist beträchtlich. Auf drei Millionen Mark bezifferte Hertie den Verlust, der in den Kaufhäusern der Gruppe durch die Aktion »Sauberer Putzschrank« im ersten Jahr entstand. Nur noch ökologisch vertretbare Putz-, Wasch- und Reinigungsmittel blieben dabei in den Regalen. Alles, was einen vom Bund für Umwelt und Naturschutz Deutschland (BUND) aufgestellten Kriterienkatalog nicht erfüllte, flog raus. Weichspüler, WC-Steinreiniger und Sprühflaschen zuerst. Inhalt, Dosierung und Verpackung mußten einer strengen Überprüfung standhalten. Die Hersteller in der chemischen Industrie versuchten anfangs noch, Widerstand zu leisten, wollten die Formeln für das weißeste Weiß und die Frühlingsfrische nicht herausrücken. Aber das war nichts als hinhaltendes Taktieren, am Ende blieb den Managern nichts als die Offenbarung, wollten sie in den einst mühevoll erkämpften Regalen bleiben. Das schafften schließlich nur einhundert von zuvor dreihundert Pulvern und Seifen. Am Ende freute sich der BUND über »einen Meilenstein bei der systematischen Umstellung des Gesamtsortiments«.

Damit ist klar, wohin die Reise geht. Das Umweltprodukt nicht mehr als löbliche Alternative, sondern als Verpflichtung. Es muß ja nicht gleich das Kompostklo sein, bei dem eine Strohfüllung die Wasserspülung ersetzt. Das ist wirklich nur absoluten Öko-Puristen zuzumuten.

Nicht die Zulassung eines Produktes nach Normen und staatlicher Kontrolle entscheidet. Was zulässig ist, bestimmen die Ökos. Sie übernehmen das Sagen. Nicht die Verantwortung.

Die Gummibärchen und die Frauenquote

Umweltschutz wird zum Unternehmensschutz. Manager, die ein Gänseblümchen nicht von einer Stockrose unterscheiden können, installieren betriebliche Arbeitsgruppen für den Umweltschutz. In fünf Jahren werden Produkte ohne Umweltsiegel keine Chance mehr haben. Dann geht es nicht mehr um die altbekannten Mixturen und Verpackungen. Für die europäische Öko-Audit-Verordnung hat sich ein Heer von Gutachtern in die Betriebe aufgemacht, um zu prüfen, ob Energie verschwendet wird oder die Produkte mit sortenreinem Recycling entsorgt werden können, ob Flaschen auch mit weniger Wasser gespült und bei der Verpackung Pappe gespart werden kann, ob beim Färben der Textilien Schwermetalle in der Farbe sind und ob die Waren auf der Schiene transportiert werden. Die Zukunft gehört den Ökomanagern. Lohnend ist der Markt bereits. Fünfundfünfzig Milliarden Mark Jahresumsatz macht die Öko-Industrie. Siebenhunderttausend Arbeitsplätze gibt es derzeit, fünfhunderttausend kommen noch hinzu. Das Reinemachen liegt den Deutschen im Blut. Nun ist die Umwelt an der Reihe. Deutschlands Öko-Industrie ist Weltspitze.

Und das alles freiwillig. Noch muß niemand seinen Betrieb den Öko-Gutachtern öffnen. Doch die Pflicht wird nicht lange auf sich warten lassen.

Weltverbesserer warten nicht auf die Gutachter. Sie kaufen mit Gewissen ein. Der political correcte Kunde ist inzwischen darin geübt, Kosmetika zu erkennen, die in Tierversuchen erprobt wurden. Er meidet von Kindern geknüpfte Teppiche und verachtet jeden Pelz. Er hat verzichten gelernt, als mit jeder Frucht vom Kap die Apartheid unterstützt wurde, als die Trauben aus Chile nach Junta schmeckten und die Orangen aus Jaffa nach dem Leid im Gaza. Inzwischen dürften das auch Alternative wieder essen. Theoretisch. Aber nun schlägt das Gewissen wegen der Umweltbelastung, die der Fernflug der Früchte verursacht (dagegen gelten Fernflüge zum »Whale Watching«, das zum Millionengeschäft wurde, noch als absolut pc). Die Alles-Rechner haben errechnet, daß ein Sechstel der Treibhausgase in Deutschland durch den Transport von Fleisch und Milch entsteht.

Pc Shopping ist kompliziert. Sehr viel ist zu beachten und zu bedenken, will der Kunde ein ethischer Kunde sein, der auf sein ethisches Brot nur ethische Butter schmiert und darauf einen ethischen Käse legt. Dreiundsechzig Prozent der Deutschen streben nach einer Erhebung des Emnid-Instituts solche Mustergültigkeit an. Tendenz kräftig steigend. Ethik ist ein Wachstumsmarkt. Wer wird wohl etwas anderes sagen, wenn er weiß, was sich gehört? Zumindest die festen Stücke der ethischen Zungenwurst sollten aus biologisch-dynamischem Maul geschnitten sein.

Hilfe ist vorhanden für den sozial verantwortlichen Konsumenten. »Shopping for a better world« heißt ein Einkaufsführer für den correcten Kunden in den USA. Auf einen derartigen »Ratgeber für den verantwortlichen Einkauf« muß nun auch hierzulande niemand mehr verzichten. Das Buch »Der Unternehmenstester« bewahrt seine Leser vor Fehlgriffen im Regal. Ökologisch und sozial hat er deutsche Lebensmittelhersteller überprüft.

So erfährt der Leser, daß »die Molkerei Müller Produkte aus der Massentierhaltung verwendet«, Haribo seine Gummibärchen mit Zusatzstoffen einfärbt, »darunter auch solche, die von den deutschen Verbraucherorganisationen als problematisch angesehen werden«, bei Langnese »gezielte Personalentwicklungsplanung für Frauen existiert«, Pepsi »Aufträge an Behindertenwerkstätten nicht regelmäßig« vergibt, bei Eckes »Umweltverträglichkeit ein Kriterium beim Einkauf von Einrichtungsgegenständen und Materialien im Büro- und Personalbereich« ist, bei Hawesta »die Interessen der Arbeitnehmerinnen und Arbeitnehmer ... in eher durchschnittlicher Art und Weise berücksichtigt« werden, »Katjes ... erklärt, weder im In- noch im Ausland mit der Gentechnologie befaßt zu sein«.

Nach einer imug-Emnid-Untersuchung beeinflussen folgende Faktoren den Kauf positiv (in Klammern die jeweiligen Prozentzahlen): wenn die Unternehmen in besonderem Maße die Umwelt schützen (dreiundsechzig), auf Tierversuche verzichten (fünfundfünfzig), den Aufschwung der neuen Bundesläder vorantreiben (vierundvierzig), Verbraucherrechte schützen (vierzig), Arbeitnehmerinteressen berücksichtigen (vierzig), verantwortliche Entwicklung neuer Technologie betreiben (neununddreißig), Arbeitsplätze für Behinderte schaffen (siebenunddreißig), über Suchtgefahren (Alkohol, Tabak) aufklären (vierunddreißig), keine Rüstungsgüter herstellen (vierunddreißig), sich nicht in Ländern mit Menschenrechtsverletzungen engagieren (einunddreißig), gerechten Handel mit den Entwicklungsländern treiben (neunundzwanzig), sich für die Gleichstellung der Frau einsetzen (neunundzwanzig), Beiträge zur Integration von Ausländern leisten (zweiundzwanzig), Kunst und Kultur fördern (neun), Parteien durch Spenden unterstützen (vier).

Und ständig kommen neuen Kriterien hinzu. Jede neue Sünde der Wirtschaft setzt neue Forderungen nach Anstand, jeder neue Tugendwächter profiliert sich mit neuen

Forderungen. Was ein Unternehmen für die Bevölkerung des Gebietes leistet, in dem es ansässig ist, was es für die Stadt tut, für die Gemeinde, kann darüber entscheiden, ob ein Produkt gut oder schlecht ist. Denjenigen, die ihre Schneidereien und Tischlereien in den billigen Osten jenseits der Oder verlagerten, könnte diese Art von Sparsamkeit noch einmal leid tun. Ethik muß man sich etwas kosten lassen.

Wer noch mit dem Auto fährt, wenn er die Bahn nutzen könnte, gerät gesellschaftlich in eine Schieflage. Selbst Pendler, die nicht auf den eigenen Wagen verzichten, müssen böse Blicke ertragen. Fernreisen geraten in Verruf. Die Wegwerfgesellschaft wurde abgelöst von den Recycle-Freaks, die sich schon beim Kauf an der Vorstellung erfreuen, wie wiederverwendbar jedes Einzelteil des erstandenen Gerätes ist. Statt Plastik Stahl und Keramik, das ist das Verkaufsargument eines neuen Fernsehgerätes. Haltbar müssen die Geräte sein. Öfter mal was Neues gilt nicht mehr in der Nation der Plastiksammler.

Die Verantwortung des ethischen Verbrauchers endet nicht, wenn der Mensch selbst zum Entsorgungsfall wird. Er selbst ist relativ problemfrei, abgesehen von eventuellen Amalgamfüllungen und im Laufe des Lebens angesammelten Schadstoffen. Aber die Verpackung! Doch auch die wird zunehmend »biologisch voll abbaubar«, wie die Hersteller von Öko-Särgen aus Flachsabfällen versichern. Das gleiche gilt für Urnen aus Borke, für Totenhemden ohne giftige Rückstände. Dringend notwendig ist das, denn schon verweigern die ersten Friedhofsverwaltungen die Annahme der Verpackung aus schwer zersetzbarem oder schadstoffhaltigem Material.

Nicht groß, klein wird zum Statussymbol. Das kann dann auch ruhig etwas teurer sein. Was vor der ökologischen Aufklärung der Porsche war, ist jetzt eben das Fahrrad für achttausend Mark. Bescheidenheit muß ja nicht gleich Verzicht sein. Wer auf sich hält, paßt sich an. Die

Verbraucher und die Produzenten. Der ethische Verbraucher konsumiert nicht gegen die Gesellschaft.

Der stets aktuell correcte Kunde hat inzwischen allerdings ein weiteres Kriterium gefunden. Ist das nicht erfüllt, macht ihm der Einkauf keine Freude: der Preis direkt für den Erzeuger. Nicht für irgendeinen deutschen Bauern, der am Brüsseler Tropf hängt. Der ist so gleichgültig, daß er nicht wahrgenommen wird. Vom sozial verantwortlichen Einkauf hat der Dritt- oder Zweitwelt-Bauer gut. Vor allem dann, wenn er Kaffee oder Tee anbaut. »Fair trade« macht aus dem genußfreudigen Konsumenten einen Wohltäter. Er zahlt für den Kaffee oder Tee, der ausschließlich über Kooperativen von Kleinbauern der Dritten Welt zu Preisen über dem Weltmarktniveau eingekauft wurde, etwas mehr als gewöhnlich und handelt sich damit zu jedem Schluck zusätzliches Behagen ein. Verkauft wird längst nicht mehr nur über gerümpelige Dritte-Welt-Läden. Auch große Kaffeeröster machen das Geschäft mit dem Ethik-Kaffee. Die Zehn-Millionen-Pfund-Grenze im Jahr haben die Trans-Fair-Händler längst überschritten. Die Tendenz zum Lebensgefühl aus Tüten ist steigend.

So blicken wir mit grimmiger Genugtuung auf unsere Zeitung, gedruckt auf einem Papier mit einem Anteil von garantiert siebzig Prozent Altpapier, in das wir nun die Abfälle unseres im Jutesäckchen heimgetragenen Biogemüses auf einem Küchentisch mit Umweltsiegel schnibbeln. Wir wissen: Nicht nur Shell hat gelernt. Auf den Führungsetagen wimmelt es von lernbegierigen Managern, die sich bereits bei der täglichen Rasur fragen, was sie noch political corrigieren können. Dann legen sie den elektrischen Rasierer in den Schrank zurück und greifen zu Pinsel und Klinge.

Weil das aber noch nicht genügt, befragen sie die Trendforscher. Das ist eine neue, in den Verwirbelungen des Zeitgeistes emporgedrückte Gattung der Dienstleister. Sie beobachten – in dem allen Medizinmännern eigenen

Verschleierungsvokabular ausgedrückt – allgemeine sozio-kulturelle Entwicklungen, die ihre Wurzeln in sozio-graphischen Veränderungen, Wertewandelprozessen und technologischen Innovationen haben. Kurz: Was ist political correct? Dazu suchen sie das passende Produkt. Oder modeln das vorhandene um. Wie muß eine political correcte Schokolade sein? Und ist der Sarotti-Mohr wirklich nicht anstößig? Der Zeitgeist strömt und strömt und ist inzwischen auch in den Spreewälder Gurken angekommen. Deren Verzehr gehört in die ethische Kategorie »Aufschwung der neuen Bundesländer vorantreiben«. Denn merke: Mit dem richtigen Vollwaschmittel wird alles ethisch rein.

Besen, Nesen

Überall grüner Aufbruch. Der Umbau in die ökologische Gesellschaft, der viel geforderte, hat längst begonnen. Die Bekenner sind Heerscharen, und die Spätberufenen rennen eilig mit Transparenten vorweg, das Versäumte wiedergutzumachen. »Wir haben verstanden«, rufen die von Ford. »Aus Schadstoffen machen wir Wertstoffe«, versichern die von Henkel, denn »wir nutzen Abgase und erhalten reines Natriumsulfat.« Das ist keine Erklärung aus dem Chemiebuch, sondern die Botschaft einer doppelseitigen Anzeige in einer Tageszeitung. »Warum wir immer weniger Geld in die Abwasserreinigung stecken«, erklären die von Hoechst ganzseitig. »Und darauf sind wir auch noch stolz. Aber: Hätten Sie von uns nicht eher eine ganz andere Nachricht erwartet? Zum Beispiel, daß wir auch in diesem Jahr wieder fast eine Milliarde Mark für den Umweltschutz aufwenden? Wir wollen Produkte und Verfahren entwickeln, bei denen Umweltbelastungen gar nicht erst entstehen.«

Die Produktion muß ethisch sein. Das Produkt muß ethisch sein. Und dann muß das Unternehmen noch zugeben, daß nicht alles so glänzend ist, wie in den Broschüren gestern noch dargestellt. Wer seine Fehler bekennt und bereut, bevor er sie macht, bekommt zusätzliche Pluspunkte. Mit Reue zum Kunden, das fördert den Absatz.

So falsch ist das doch alles nicht. Richtig ist es. Wäre dann auch der Satz richtig: »Einmal kein Fortschritt, das wäre doch einer«? Der Wunsch hat viele heimliche Befürworter. Alles ein bißchen langsamer, weil wir sowieso längst nicht mehr mitkommen, aber dafür bitte etwas gründlicher; alles etwas weniger prächtig, aber dafür handlicher; alles ein wenig weniger technisch, dafür menschlicher. Wir verlangen nach Grenzziehung, um das atemlose Stürmen in die Zukunft etwas aufzuhalten, wir verlangen nach Geschwindigkeitsbegrenzung des Fortschritts, weil er ohne uns fortschreitet. Ach was, galoppiert.

Das Verlangen nach einer Drosselung des Tempos vereint die Konservativen und die Progressiven. Das Verharren wird zum Fortschritt, das Bewahren der Werte zur Zukunftsaufgabe. Wir sind an die Grenze dessen gelangt, was derzeit zu bewältigen ist. Wenn wir dann wieder aufgeholt haben, ist die Entwicklung erneut weit voraus.

Viele fühlen sich wie die Zauberlehrlinge, die den rasenden Besen nicht mehr beherrschen, die ihn mit Goethe anstammeln: »Stehe, stehe, denn wir haben / deiner Gaben voll gemessen. / Ach, ich merk es, wehe, wehe! / Hab ich doch das Wort vergessen. / Ach das Wort, worauf am Ende / er das wird, was er gewesen.«

Aber er wird nicht mehr zum handlichen Besen, er fügt sich nicht mehr in die Ecke. Und so jammert der Zauberlehrling der Gegenwart: »Einmal kein Fortschritt, das wär doch einer!« Doch »naß und nässer / wird's im Saal und auf den Stufen! / Welch entsetzliches Gewässer! / Herr und Meister, hör mich rufen! / Herr, die Not ist groß. / Die ich rief, die Geister, / werd ich nun nicht los!«

Kein Meister ist in Sicht, nur verschreckt fuchtelnde Lehrlinge. Niemand, der den Irrsinn bannt: »In die Ecke,

Besen, Nesen! / Seid's gewesen. Denn als Geister / ruft euch nur, zu seinem Zwecke / erst hervor der alte Meister.«

Kein Stau auf der Autobahn löst sich nach »Besen, Nesen!« auf. In keinem Büro erlöschen die Bildschirme »Besen, Nesen«, wenn die Augen ermüden und der Kopf zu schmerzen beginnt. Kein Arzt bespricht die wachsende Zahl der Allergiker mit »Besen, Nesen«. Die Zauberlehrlinge müssen selbst sehen, wie sie die Ungeister bannen. »Einmal kein Fortschritt, das wär doch einer.« Das ist grün und political correct. Und zutiefst konservativ ist es auch.

Der CDU-Politiker Kurt Biedenkopf formuliert den gleichen Tatbestand professoral so: Die westliche Industriegesellschaft muß »ihr gesellschaftliches und individuelles Handeln in einer Weise begrenzen, die enger ist als die Grenzen, welche ihr durch ihr technisch-ökonomisches Können gezogen sind«.

Das klingt gut und political vertraut. Das wäre wohl auch gut, wenn nicht der Wettbewerb wäre. Die selbstauferlegte Beschränkung verhilft der Konkurrenz zum Vorsprung. Selbst wenn nationale Vorgaben alle in gleicher Weise bremsten, bliebe das Handicap im internationalen Wettbewerb. Solange Manager vor jeder Tageskonferenz »Stillstand ist Rückschritt« hecheln, müssen ihnen Begrenzer vom Schlage Biedenkopfs verdächtig sein. Denn ihr Glaubensbekenntnis lautet: »Fortschritt ist zwar nicht alles, aber ohne Fortschritt ist alles nichts« und was dergleichen leergedroschene Worthülsen mehr sind. Fortschrittsgläubige glauben ja an sonst nichts. Hauptsache Veränderung. »Veränderung muß sein, sagte der Teufel und strich seinen Schwanz grün an.« Das ist weder ein grüner Spruch noch eine professorale Erkenntnis, sondern ein deutsches Sprichwort. Alles schon dagewesen, Besen, Nesen!

Äußerlich drückt sich das Verlangen nach gelegentlichem Stillstand, nach einem Zögern zum Atemholen ganz banal aus: Laura Ashleys Landhausstil in jeder guten Bürgerwohnung, und auf den Webdecken sitzen nach Feierabend die neoprimitiven Jungmannen mit Ring im Ohr neben dem Girlie mit Ring durch die Nase. Keine Revoluzzer, keine Aufmucker und auch keine Widerborstigen. Angepaßt bis ans Ohrläppchen bitten sie um nichts als ein bißchen Aufschub.

Die Mengenlehre des Aristoteles

Der ungeprüfte Glaube an den Fortschritt macht blind. Und vergeßlich. Warum sonst müßten Manager heute die ethischen Grundregeln erlernen? Gab es nicht den ehrbaren Kaufmann, der das Land schonte, mit dessen Produkten er handelte? Der seine Partner im Fernhandel stützte, weil das Vertrauen einer langen Partnerschaft mehr Früchte trägt? Der Verantwortung übernahm für die soziale Sicherheit seiner Handlungsgehilfen? Der als Stifter und Mäzen die Kirche schmückte? Der sich in die politische Verantwortung nehmen ließ und seine Geschäfte derweil anderen übertrug? Alles Punkte aus dem Prüfungskatalog des political correcten Käufers. Nur eben ein paar hundert Jahre alt.

Einmal zur Besinnung kommen, auch das wäre ein Fortschritt. Dann ließe sich vielleicht erkennen, daß die Widersprüchlichkeit von Wettbewerb und Solidarität, von Marktwirtschaft und Mildtätigkeit, von Gewinnmaximierung und Teilen zeitweilig aufzuheben ist, durchaus ein Einklang herzustellen ist, daß Ethik nicht nur vordergründig gut fürs Geschäft ist. Moral ist wieder gefragt. Erst die Moral sichert den Markt.

Gewiß aber nicht so, wie es Luciano Benetton verlogen praktizierte. Allzu auffällig bediente er sich des Leides, um sich geschäftlich ins Gespräch zu bringen. Benetton-Werbung war plakatierte Political Correctness. Abgebrüht setzte er auf Gefühle. Der Werbeetat des Unternehmens war deutlich geringer als der vergleichbarer Konkurrenten. Sie hatten die Werbung, Benetton war im Gespräch. Nichts anderes beabsichtigte der Textilhersteller: »Besser, wir werden kritisiert, als nicht beachtet.« Mit kühler Berechnung zeigte Benetton das Elend: die ölverschmierte Ente, das übervolle Flüchtlingsschiff, den Soldatenfriedhof, den Hintern mit dem Stempel »HIV positive«, die schuftenden Kinder der Dritten Welt. Das alles waren »United Colors of Benetton«. Anscheinend PC pur und doch zuviel. Der Bundesgerichtshof entschied im Sommer 1995 gegen das Unternehmen. Eine derartige Werbung sei sitten- und wettbewerbswidrig, weil das Unternehmen »mit der Darstellung des Leids der Kreatur das Gefühl des Verbrauchers anspricht, sich als gleichermaßen betroffen hinstellt und somit eine Solidarisierung der Einstellung solchermaßen berührter Verbraucher mit seinem Namen herbeiführt«. Es war eben nicht PC pur, sondern tat nur so. Benetton schlachtete Opfer aus. Das machte ihn schuldig für die Richter und die Käufer, die sich angewidert von den United Colors abwandten.

Ethik ist lernbar. Behaupten jedenfalls jene Prediger des Guten, die damit die im Konkurrenzkampf verhärteten Manager beglücken. Auf Seminaren wird die harte Schale weichgeknetet. Auf Ethik-Workshops geht es vordergründig einmal nicht um Marketing und Strategien, sondern um Aristoteles und Kant. Hintergründig aber geht es doch ums Geschäft. Das ist schon wegen der Absetzbarkeit der Kosten beim Finanzamt notwendig.

In den USA schickt bereits die Hälfte der Großunternehmen Mitarbeiter in den philosophischen Nachhilfe-Unterricht. Das Erlebnis, einmal am geistigen Höhenflug teilhaben zu können, ist unbegreiflich; unbegreiflich schön, selbstverständlich. Einmal aus den Niederungen des Erfolgsrasters geliftet zu werden, das vom Krawattenzwang befreite Herz zu öffnen für dieses Postulat der Ethik: »Ungerecht ist offenbar, wer die Gesetze übertritt, wer mehr haben will als andere und wer ein Feind der Gleichheit ist.« Das ist schön. Das ist anrührend. Und das ist Aristoteles.

Was wußte der vor zweitausend Jahren von Political Correctness? Alles hat er in diesem einen Satz zusammengefaßt.

Wer solche das Herz erweichende Botschaft auf einem Seminar vernimmt, fühlt seine verstaubte Seele gereinigt. Das beglückt und macht bereit, vorübergehend an die Selbstlosigkeit zu glauben. An die der Philosophen sowieso. An die eigene zweifelsfrei. Aristoteles wäre heute ein Philosophie-Coach, der die Seminaristen mit der Frage quälte, ob denn Gewinn und Absatz entscheiden dürften, was gut sei. Progressiv würden die Seminaristen die Fragen finden, unglaublich mutig, aber irgendwie political correct. Der Coach aber wüßte, daß die Frage schon mehr als zweitausend Jahre alt ist. Die Antwort auch.

»Management Development Programme« nennt ein sich zeitgeistig auf der Höhe der Zeit befindliches Unternehmen wie der in Hamburg ansässige Nivea- und Pflaster-Hersteller Beiersdorf seine Kaderschmiede für Manager. Sitte und Moral stehen mit auf dem Programm. »Wir wollen das ethische Grundbewußtsein und die Eigenverantwortung der Manager stärken«, zitierte das »manager magazin« den für die Personalentwicklung zuständigen Manager. Lob sei dem Manne. Gerade in einer Zeit, in der Sitte und Moral in der allgemeinen Werteskala eher negative Tendenzen zeigen. Aber nicht, wenn sie als Ethik daherkommen. Ethik ist schick. Ethik wird zum political correcten Wert an sich.

Die Moral der Manager wird auf einem solchen Seminar zerpflückt. Offenbarungsgeil, wie die gutdotierten Seminarleiter nun einmal sind, versuchen sie alle Teilnehmer anzustecken. Die Ethik-Seminaristen müssen ihre letzte moralisch fragwürdige Entscheidung aufdecken. Vor allen anderen. Jeder kennt die Spielregeln. Wenn der Seminator fragt, gilt für alle: Immer daran denken, niemals darüber sprechen.

Regel Nummer eins: Sei locker, gelöst. Du trägst Pullover. Das macht heiter. Wehe, wenn nicht!

Regel Nummer zwei: Der Seminarphilosoph will dich in eine Falle locken. Sei vorsichtig. Und denke daran: Die Kollegen tun nur so, als ob sie Pullover trügen. Zurück im Betrieb, legen sie wieder die Insignien des Chefs an.

Regel Nummer drei: Sag heute nichts, was dir morgen schaden kann. Eine strittige Entscheidung sollst du benennen? Eine, bei der du nicht ganz fair warst? Oder die nicht ganz legitim war? Mein Gott, dir wird schon etwas anderes einfallen als die Sache, an die du gerade denkst. Etwas, das so klingt wie das, was die anderen sagen. Etwas, bei dem alle erleichtert nicken dürfen: Ja, so sind wir.

Regel Nummer vier: Das Spiel heißt nicht »Sag die Wahrheit«. Die anderen spielen es auch nicht. Die Kollegen glauben dir alles, wenn du ihnen glaubst. Das macht dann das Seminar erfolgreich.

Wieder einmal getarnt und getäuscht.

Der Preis für ein Gewissen

Der Coach des schlechten Gewissens predigt auf einem Wachstumsmarkt. In den nächsten Jahren wird sich diese Dienstleistung in Amerika zu einem Eine-Milliarde-Dollar-Geschäft entwickeln, glaubt der Präsident der »Banks Brown«. Das mag Zweckoptimismus sein, denn sein Unternehmen in San Francisco hat sich auf »Diversity Consulting« spezialisiert, doch der Lockruf der Political Correctness hat viele Anstandslehrer erreicht. Selbst Philosophen und Ethnologen, die gemeinhin nicht zu den Einkommensstarken (auch so ein PC-Wort für Leute, die klotzig verdienen) gehören, finden hier eine satte Weide.

In Deutschland läuft das noch etwas betulich, aber je

mehr statt nach Qualität und Preis nach Frauenförderung und Umweltengagement beim Einkauf gefragt wird, desto besser füllen sich die Seminare, in denen Anstand als Ethik verkauft wird.

In den political correct gebeutelten Vereinigten Staaten bieten zwischen dreißig und fünfzig Prozent – die Angaben schwanken – der öffentlichen Körperschaften ihren Mitarbeitern ethische Schulungen an, die unter der Bezeichnung »Diversity Training« die Toleranz in der Belegschaft fördern sollen. Unternehmen lassen ihre Mitarbeiter zum »Besser miteinander« erwecken. Die Förderung des Verständnisses zwischen den Altersgruppen, Rassen und Geschlechtern wird zum ausdrücklichen Gemeinschaftsziel erklärt. Nur die Buchhaltung und die Spitze des Managements errechnen die Wertschöpfung heimlich noch anders. Das belastet die Bilanz. Stars unter den political correcten Predigern verlangen für den Tageskursus zehntausend Dollar. Günstiger und stark nachgefragt sind gedankliche Ausflüge der Diversity Consultants hin zu den Ursprüngen des Menschen. Diese Vorträge kosten, aufbereitet mit dem notwendigen Schuß Ethik, zwischen eintausendfünfhundert und dreitausend Dollar. Großangelegte Aufbaukurse werden dann auch schon mal mit zweihundertfünfundzwanzigtausend Dollar in Rechnung gestellt.

Mittlerweile verlassen die ersten Prediger des Guten den übervollen amerikanischen Markt und bieten ihre Hilfe den verstockten Deutschen an. Denn was ist von einem Land zu halten, in dem es war inzwischen Frauen- und Ausländerbeauftragte gibt, sich aber noch kein Unternehmen mit einem Direktor für Minderheiten oder für Pluralismus schmücken kann?

Ein Drittel der amerikanischen Großunternehmen hat Aristoteles ein Büro eingerichtet. In denen wirkt die betriebseigene Ethikkommission. Der moderne Ablaßhandel ist aufwendig und teuer. Und dennoch lohnend. Denn die Einrichtung einer Ethikkommission setzt den guten Willen gegen die mißliche Tat. Sie ist eine Versicherung des Leumundes. Wer die vorweisen kann, stimmt die Richter im Streitfall milde, so die Rechnung.

Der correcte Chef

Wenn sich die Unternehmen ändern müssen, müßten sich zuerst die Chefs ändern. Müßten. Der political correcte Chef ist eine Persönlichkeit mit sozialer Kompetenz, gesellschaftlich engagiert, fähig, im Team zu arbeiten, bereit, etwas für andere zu tun, sanft und verständnisvoll, einer, der keine Karriere macht, sondern sich selbst verwirklicht und damit das Unternehmen nach vorn bringt. Denn das soll er selbstverständlich auch. Wozu denn sonst das ganze soziale Engagement?

In der Summe ist der pc ideale Chef ein guter Mensch.

Als ob das zusammenginge. Als ob das nicht ein Widerspruch in sich wäre.

Alle zeitgefälligen Chefs sagen, sie wüßten, was von einem PC-gerechten Chef erwartet werde. Und die meisten Chefs sagen, sie seien ein PC-gerechter Chef. Bei einer Untersuchung des Geva-Instituts gaben neunundsiebzig Prozent der Vorgesetzten an, sie beteiligten ihre Mitarbeiter an Entscheidungen. Falsch, sagten die befragten Mitarbeiter, nur sieben Prozent fühlen sich beteiligt. Dreiundfünfzig Prozent der Chefs gaben an, die Sorgen und Probleme der Mitarbeiter seien ihnen bekannt. Falsch, sagten die Mitarbeiter, nur dreißig Prozent meinten, entsprechend behandelt worden zu sein. Fünfundsiebzig Prozent der Chefs glaubten, den Mitarbeitern die Aufgaben gut erläutert zu haben. Falsch, sagte die Hälfte der Mitarbeiter.

Die betriebliche Correctness verlangt Anpassung. Von oben nach unten, denn unten sitzen die Opfer, die Geknechteten, die Drangsalierten. Grundsätzlich. Solange es noch ein Oben und Unten gibt, sind die political correcten Ziele ohnehin nicht erreicht. Da Hierarchieebenen aber wirtschaftlich nicht durch den Aufbau von unten nach oben abzubauen sind, ist von oben nach unten abzubauen.

Dazu läßt man erst mal die Vorgesetzten und Weisungs-befugten verschwinden. Real via Lean Management – das ist kostendämpfend, verbal sowieso, das ist kostenneutral. Die Arbeiter und Angestellten werden zeitgleich zu Mitarbeite-rinnen und Mitarbeitern aufgewertet. Die bekommen alle einen Kittel von der gleichen Farbe, die Rangordnung vom niederen Blau über das tüchtigere Grau bis zum erhabenen Weiß ist nicht mehr zeitgemäß.

Die Chefs zelebrieren ihre Konferenzen PC-sicher am runden Tisch. Niemand mehr, der den Vorsitz durch den extra gepolsterten Stuhl an der Spitze des Tisches demon-striert. Zum auflockernden Auftakt zieht der Chef-Chef die Jacke aus, und alle tun es ihm nach. Es gehört sich an-geblich nicht, wenn einer zeigt, wie viele Sterne er auf der Schulter hat. Als ob das am Jackett zu sehen wäre. Einen guten Herrenausstatter können sich die Herren schließlich alle leisten. Wieviel Sterne einer hat, zeigt sich PC-geschult daran, wer zuerst die Jacke auszieht. Wenn alle Herren dann korrekt im Hemd sitzen, kommt die Sekretärin mit dem Kaffee.

Themen dieser Konferenz: die zeitgemäßen notwendi-gen personalpolitischen Anpassungen (ohne PC-Schminke: Stellenstreichung aufgrund neuer Rationalisierungsmög-lichkeiten), die zu Freisetzungen (nur von PC-Muffeln noch Kündigung oder gar Rausschmiß genannt) der Mit-arbeiterInnen führen, denen die Möglichkeit zu einer Neu-orientierung gegeben wird (PC-frei: problematische bis aussichtslose Suche nach einem neuen Job), in einigen Fällen kann die Betriebsleitung erfreulicherweise den Weg in den Vorruhestand ebnen (Klartext: Abwälzung der be-trieblichen Kosten auf die Allgemeinheit).

Der correcte Mitarbeiter

Die Anpassung von unten nach oben ist zwar nicht im Sinne der political correcten Aufklärung, aber auch sie gibt es. Sie ist sogar gängige Praxis, ohne daß darüber groß gesprochen würde. Angeblich will das niemand, aber nützlich ist es doch. Duckmäuser leben länger. Ja-Sager ebenfalls. Ja-Sagen ist eben auch political correct.

Albert Einstein hat das auf die Formel gebracht: »Wenn A für Erfolg steht, gilt die Formel A = X + Y + Z. X ist Arbeit, Y ist Muße und Z heißt Mundhalten.«

Weniger vergnüglich klingt das in einer Untersuchung, die Winfried Pause, Professor für Betriebswirtschaft und Personalführung in Köln, vorlegte: Danach befürchten fünfundachtzig Prozent aller leitenden Angestellten und Führungskräfte für sich negative Konsequenzen aus einer abweichenden Meinungsäußerung. Besonders die Marktstrategen müssen außerordentlich schlechte Erfahrungen gemacht haben oder überaus ängstlich sein. Nicht einer, absolut nicht einer von ihnen glaubte, offen seine Meinung sagen zu können.

Der hochgelobte Abbau von Hierarchien, der vorgeblich überall die Wirtschaft positiv verändert, fördert das Kreuzundquerdenken keineswegs. Kann es auch gar nicht, stellte der Mikro-Ökonom Canice Prendergast fest. Die größere Nähe zwischen Chef und Mitarbeiter schafft kein größeres Vertrauen. Weil der Untergebene weiß – und durch längere Zusammenarbeit immer genauer weiß –, was sein Chef hören möchte, macht er ihm die Freude. So kommt dann die erhoffte Harmonie in den Stall voller Ja-Sager.

Nein-Sagen ist toll. Vor allem toll schädlich. In einer Zeit, in der die Organisation des Lean Management für Massenauszug aus den Chefetagen sorgt, in der ganze Zimmerfluchten verwaisen, kommt das Widerwort Harakiri gleich. Die Offenheit ist in den vergangenen Jahren nicht gefördert worden. Im Gegenteil. Wenn die Schweiger den Ton angeben, ist nichts zu hören. Viele Manager haben erfahren, daß Offenheit im Beruf nicht mehr möglich ist. Offenheit kann als Schwäche ausgelegt werden. Mehr und mehr schirmen sich die Manager voneinander ab, um keine Schwächen erkennen zu lassen.

Der bedarfsgerechte Ex-und-hopp-Manager hat Zukunft. Firmentreue, langjährige Betriebszugehörigkeit haben gegenwärtig keinen hohen Stellenwert. Eher ist so etwas schädlich. Treue ist langweilig. Pflege und langjähriger Aufbau des Nachwuchses? Gewiß gibt es noch Unternehmen, die sich dieser Mühe unterziehen. Aber sind die noch von heute? Die Unternehmen suchen den fertigen Manager, der kommt, funktioniert und entsorgt wird, wenn er nicht mehr benötigt wird. Aus dem gleichen Grund büßt die betriebliche Fortbildung an Stellenwert ein. Unternehmensleitungen vertreten zunehmend die Ansicht, der gutdotierte Mitarbeiter müsse alle Kenntnisse bereits mitbringen oder, falls es irgendwo mangeln sollte, selbst für den Ausgleich des Defizits sorgen. Wenn nicht, wird ausgewechselt.

Was Wunder, wenn die Anbieter von Seminaren auf Ethik wechseln müssen. Und dem Weichei gehört demnach die Zukunft? Gewiß, sagen die Hartgesottenen lächelnd. Sie besuchen gar nicht erst die Seminare, sondern machen derweil Karriere. Das ist dann nicht pc, aber erfolgreich. So schnell läßt sich Darwin nicht widerlegen.

Die Leitfiguren der Wirtschaft sprechen PC-gerecht von globaler Verantwortung in der Dritten Welt und meinen ihre globale Absatzstrategie, von sozialen Notwendigkeiten und meinen Kosteneffizienz, vom unbeschränkten Gestaltungsraum und meinen jene Flexibilität, die die Lohn- und Gehaltsempfänger in multifunktionalen Teams beliebig verschieben läßt. Es heißt immer anders und bedeutet immer das gleiche: Gewinnmaximierung. Je mehr Mitarbeiter eine Aktiengesellschaft entließ, desto höher kletterten die Kurse. Die zu erwartenden Gewinne errechneten sich nicht aus einem besseren Geschäft, sondern aus fallengelassenen Menschen.

Wer will sich da ernsthaft darüber beklagen, wenn Mitarbeiter, das Jonglieren mit Begriffen erkennend, den gleichen Egoismus dagegensetzen? Wenn sie ihre vertraglich gesicherten Rechte ausreizen bis über jede Grenze des Anstandes und Schmerzes hinaus? Zwei Drittel aller Personalverantwortlichen beklagen den zunehmenden Egoismus.

»Du mußt ein Schwein sein in dieser Welt«, trällert die Popgruppe »Die Prinzen«, denn nur wer Schwein ist, bringt es zu etwas, grunzt sich durch.

Political Correctness leitet jedes Recht aus dem Anspruch des Opfers ab

Sehnsucht nach der Ökotatur

Der Bauer steht vor seinem Feld
und zieht die Stirne kraus in Falten:
»Ich hab' den Acker wohl bestellt,
auf reine Aussaat stets gehalten,
nun seh' mir eins das Unkraut an!
Das hat der böse Feind getan.«

Da kommt sein Knabe hochbeglückt,
mit bunten Blüten reich beladen,
im Felde hat er sie gepflückt,
Kornblumen sind es, Mohn und Raden,
er jauchzt: »Sieh, Vater, nur diese Pracht!
Die hat der liebe Gott gemacht.«

Es war einmal eine Zeit, da meinten Großväter, ihren Enkeln etwas auf den Lebensweg mitgeben zu sollen. Sie dachten dabei nicht an ein gutgefülltes Bankkonto nebst einigen Eigentumswohnungen für die Generation der Erben, sondern an Lebensweisheiten. Damals glaubten Großväter noch, die Summe der Lebenserfahrungen könne nützlich sein. So haben sie sich mitgeteilt, in Gesprächen, Briefen oder Gedichten. Dieses hat mein Großvater für mich aufgeschrieben. Er war kein Ökofreak. Zu seiner Zeit war selbst aller Ökos Ziehvater Baldur Springmann noch ein Springinsfeld.

Nicht Unkräuter, Wildkräuter sind's political correct.

Für Großvater hatten sie Namen: »Kornblumen, Mohn und Raden ... Die hat der liebe Gott gemacht.« Aus der schlichten und fröhlichen Bewunderung der Natur wurde eine neue Religion. Gläubige sind selten tolerant. Je fundamentalistischer sie glauben, desto drastischer drohen sie mit ewiger Finsternis nach der Apokalypse, geißeln sie die Sündhaftigkeit. Die Lust an der Schuld öffnet den Bußpredigern die Herzen und Sinne bereitwillig.

Die Deutschen, ein Volk reuiger Umweltfrevler? Das nun nicht unbedingt. Sünder sind immer die anderen Deutschen, niemals der einzelne. Dessen Sünden sind läßlich. Jeder ist ein barmherziger Samariter für die Umwelt, der die Opfer selbst schafft, denen er Linderung bringen kann. Fünf Millionen Menschen spürten etwas von der »Leichtigkeit des Seins« angesichts des von Christo verhüllten Reichstags. Was verspürten sie von der Leichtigkeit des Kohlendioxids? Wie kam denn die heitere Masse nach Berlin, um das Haus in Plane zu sehen? Zu Fuß, mit dem Rad? Oder mit dem Auto, dem Bus, dem Motorrad, mit Bahn oder Flugzeug?

Die Deutschen haben Angst vor der Umweltverschmutzung. Vor allem vor der Luftverschmutzung und vor dem größer werdenden Ozonloch. Und dann vor dem Waldsterben und vor den wachsenden Müllhalden. Zudem fürchten sie jedes bisher unbekannte Problem, mit denen die Medien eine problemorientierte Gesellschaft unterhalten. Die Seelenmesse für die Schreckensgläubigen lesen Grüne, BUND, Robin Wood, Greenpeace.

Ihre Predigten sind immer notwendig.

Häufig stimmt vieles.

Niemals sind Zweifel erlaubt.

Zurück zur Natur

Willkommen Wildnis. Das political correcte Glück liegt auf der Brache, in der schütter zurückkehrenden Wildnis. Das karge Kraut der Industriebrache, die Disteln extensivierter Äcker, der Windbruch in dem sich selbst überlassenen Wald lassen die Herzen höher schlagen. Das ist gut so. Viel zu lange galten nur die Ordnungsprinzipien der Kultur, nun geht es zurück zu den Ordnungsprinzipien der Natur. Mit allgemeinem Einverständnis. Nicht Unkraut kennen wir länger, nur noch Kornblumen, Mohn und Raden: »Die hat der liebe Gott gemacht.«

Willkommen Wildnis. Auch im häuslichen Garten. Die Giftspritze bleibt verschlossen. Statt einmal ein dauerhaft wirkendes Herbizid zu spritzen, werden die Fugen zwischen den Steinen auf dem Gartenweg mit dem Küchenmesser freigekratzt. Keine chemische Keule mehr gegen Schädlinge, die wir political correct Lästlinge nennen, bevor wir sie ebenfalls political correct mit Brennesselsud von ihrem Lieblingsplatz vertreiben.

Willkommen Wildnis. Können wir nicht stolz sein, in diesem Land bereits elf Nationalparks geschaffen zu haben? Macht es nicht glücklich, zu wissen, daß in so einem Nationalpark zweihundertachtundsechzig Pflanzenarten und zweihundertsechsundzwanzig Vogelarten beheimatet sind? Auch wenn wir schon bei der Unterscheidung von Bachstelze und Grünfink ins Grübeln geraten, weil die Bachstelze vielleicht doch eine Schwanzmeise und der Grünfink eine Goldammer sein könnte?

Und sind wir denn nicht bereit, weite Brachen versteppen zu lassen, damit die Trappen wieder über sie rennen können? Und warten wir nicht in Brandenburg und Vorpommern auf die über die Oder wechselnden Wölfe mit dem Versprechen, ihnen nicht sehr böse zu sein, falls sie nicht vegetarisch leben sollten? Und schlägt unser Herz nicht für die Biber im Donaumoos und zürnt den Bauern, die den Nagern an den Kragen wollen, nur weil ihr Trecker mal in einen Gang einbricht und erst nach Stunden wieder flott ist? Schickten wir nicht schmerzvolle Kondolenzen auf die Sandbänke der Nordsee zu den an einer Seuche erkrankten Seehunden, weil auch dort der Mensch wieder schuldig gesprochen wurde? Ist nun unser Glück zu beschreiben, weil die Seehunde sich vermehren wie nie zuvor? Und letztendlich: Sind wir nicht etwas neidisch auf die Österreicher, die wieder Bären in den Wildalpen haben? Abwarten!

Nein, das alles ist erfreulich und gut. Nicht der Gegenstand macht die Political Correctness, sondern die Methode. Jene Intoleranz, mit der alle Bedenken, alle anderen Interessen ausgeschlossen werden. Der Anspruch auf die alleinige Wahrheit, die grundsätzliche Zuordnung des Opferstatus für die Natur und die daraus abgeleitete Rechtfertigung von Rechtsbrüchen machen aus der Wildnis einen Garten der Political Correcten.

Nur rettungslos Verstockten und PC-Selbstmördern fallen Widerworte – haltlose sowieso – ein. Vielleicht, weil ein Kulturland seit ein paar hundert Jahren kein Steppenland mehr ist, allenfalls für kurze Zeit nach der Pest oder dem Dreißigjährigen Krieg. (Pc wäre hier die Frage: Können wir das nicht auch wieder haben, wenn es nützt?) Oder weil die Wölfe zwischen Autobahn und Magnetbahn wenig Jagdbahn finden (pc wäre hier die Wiederholung der alten Forderung, weder die Autobahn noch die Magnetbahn zu bauen, und falls beides schon vorhanden sein sollte, beider Trasse zur Industriebrache versteppen zu lassen, als Rennstrecke für die Trappen).

Das Potential der Angst

Die technische Entwicklung legt weiter Tempo zu. In den nächsten fünf Jahren zeigt sich, was jetzt digital reift und gebrauchsfertig ist. Je befremdlicher und unheimlicher die technischen Möglichkeiten erscheinen, desto mehr stirbt der Glaube an den Fortschritt. Den Rückzug in das Verständliche, in die verstehbaren Größen und Zusammenhänge leiteten Konservative ein. Die ersten Grünen waren Leute mit bewahrender Grundhaltung, so wie Baldur Springmann und der CDU-Abgeordnete Herbert Gruhl. Doch die Mahner und Warner vor der Selbstzerstörung erhielten nicht lange Gehör. Linke Gruppen, Kommunisten, Maoisten und Alternative erkannten instinktsicher das Protestpotential, das sich hier bündelte. Sie beherrschten die Agitation, über das schlechte Gewissen die ferne Morgenröte aufscheinen zu lassen. Ihr neues Proletariat sind die in den Abgasen keuchenden Massen, die von der Großindustrie schutzlos in die verbrennende Sonne gesprayten Malocher, die in vom sauren Regen zerfressenen Wäldern Geborgenheit suchenden Seelen, die Unterklasse in den von der Autobahn zubetonierten Schrebergärten, die von der Startbahn West von der Erde Verdrängten, die in Brokdorf Atomisierten. Die am Zustand der Welt Verelendeten.

Zwar haben die Angstvollen kaum jemals etwas gespürt von erhöhten Ozonwerten, sich auch im Stau bei laufendem Motor ganz wohl gefühlt und selten einen kranken Wald erkannt, doch das mindert nicht die Furcht. Im Gegenteil. Zu wissen, es ist da und nicht zu erkennen, das erzeugt Urangst.

Lange bevor sich Fundis und Realos Duelle der politischen Niedertracht um die Vorherrschaft lieferten, wurden die konservativen Stammväter aus der grünen Bewegung gebissen. Der grüne Fundamentalismus diffamierte sie als Herren der braunen Scholle, bezeichnete sie als Faschisten, Karrieristen, getarnte Lobbyisten. Das political correcte schlechte Gewissen darf nur links schlagen. Allen anderen wird unterstellt, sie täten nur so. So vollkommen ist das gelungen, daß inzwischen die alleinige Umweltkompetenz bei den Grünen und Artverwandten gesehen wird, daß zu den Standardbemerkungen in allen gesellschaftlichen Schichten der Satz gehört: »Aber bewegt haben die Grünen doch etwas. Ohne sie wäre vieles nicht passiert.« Stimmt. Denn eine Massenbewegung innerhalb der Konservativen wären die grünen Konservativen so bald nicht – oder wahrscheinlich niemals – geworden.

Inzwischen sind alle Parteien etwas grüner, aus Überzeugung und der Correctness wegen. Die Grünen hingegen sind etwas bürgerlicher geworden. Sie haben nicht Rolle rückwärts gemacht. Aber sie scheinen ein bißchen in die Jahre gekommen. Das verändert. Die Gesellschaft ist auch ein bißchen grüner geworden. So kommt man sich näher.

Antje Vollmer darf vor bürgerlichen Zuhörern in Kirchen nach Lebenswerten suchen. Joschka Fischer, der mittlerweile so aussieht, wie er einst das etablierte politische Schlitzohr karikierte, ist jedermanns Darling, forever in Turnschuhen.

In Hamburg-Eppendorf und München-Schwabing, wo man sich jung fühlt und das Wohnen unanständig teuer ist, sind die Grünen in Mode gekommen. Wer mit siebenundzwanzig Jahren schon alles hat, gönnt sich ja sonst nichts.

Qual für vier Pfennig

Recht. Unrecht. Wer entscheidet das? Wie kann Unrecht zu Recht werden? Und Recht zu Unrecht?

Jeder Eierfabrikant hat das nach europäischer Norm festgelegte Recht, seine Legehennen für die Frist ihres einjährigen Lebens zu dauerhaftem Kerker zu verurteilen. An der Norm ist so wenig zu drehen und zu wenden, wie sich die Henne drehen kann. Jedes Hähnchen am Grill führt ein bewegtes Leben im Vergleich zur ausgesexten Henne, der nach einem Urteil des Bundesgerichtshofes eine Käfigfläche von zwanzig mal fünfundzwanzig Zentimetern als ausreichend zusteht. Das ist weniger, als ein DIN-A4-Blatt mißt. Die Dauerschmerzen der Legesklaven machen sich bezahlt.

Vier Pfennige kostet ein von ihnen erpreßtes Ei weniger in der Herstellung. Schon sucht ein Produzent nach jenem Richter, der eine noch geringere Grundfläche für ausreichend erklärt. Warum nicht gleich das auf das Format eines Eierbechers gestauchte Huhn? Vierzig Millionen Hennen legen für Deutschland. Neunzig Prozent davon beanspruchen immer noch das DIN-A4-Blatt zum Aussitzen.

Leiden für vier Pfennig sind ein Wettbewerbsvorteil, argumentierte ein Hühnerhalter mit Gewissen, aber ohne Erfolg vor den Bundesrichtern. Er wollte seinem Konkurrenten untersagen lassen, die Tiere so zu halten. Weil Legebatterien nicht gegen die EG-Richtlinien verstoßen, verstößt der Halter auch nicht gegen das Wettbewerbsrecht. Schließlich stehe es dem Kläger frei, seine Hühner ebenso zu vergewaltigen. Dazu sind Hühner der EG-Norm da.

Sonst hat niemand das Recht, die gequälte Kreatur von ihren Leiden zu befreien, kein »Bundesverband der TierbefreierInnen«, keine »Tierbefreiungsfront«.

Wirklich nicht? Was ist Recht? Und was ist Unrecht? Wer moralisch im Recht ist, muß es nicht vor dem Gesetz sein. Den Streitern für die gequälte Kreatur kann niemand das moralische Recht streitig machen. Auch wenn sie Gesetze brechen, bleibt die Sympathie bei ihnen.

Der Notstand der Umwelt ist deklariert. Political Correctness nutzt das schlechte Gewissen im Einzelfall zur Durchsetzung der Forderungen in jedem Fall. Lobbyismus für die Natur ist in Deutschland pc schlechthin.

Die grüne Seele der Romantik verschließt sich gegen Argumente der Industrie, der Wirtschaft. Sie will sie nicht hören. Sie will nicht zur Kenntnis nehmen, was die Lobbyisten der Konzerne mitzuteilen versuchen. Sie sind erkannt, die Parteigänger wider die Natur, die bezahlten. Nichts will die grüne Seele hören von den Knechten des Deutschen Industrie- und Handelstages, des Bundesverbandes der Deutschen Industrie, nichts vom Standort Deutschland und nichts von verlorenen Arbeitsplätzen. Nichts will sie hören von gekauften Wissenschaftlern, die von Fortschritten in der Medizin und einem angenehmeren Leben sprechen. Leben wir nicht ohnehin schon zu lange? Und beuten wir nicht ohnehin die Umwelt wegen der kleinsten Annehmlichkeiten aus?

Wenn die Lobbyisten der Chemie, der Öl-Multis, der Atomindustrie so weit demaskiert wurden, daß von ihnen nur noch Schändlichkeiten bleiben, dann erstrahlen die grünen Lobbyisten als die Propheten des Wahren. Dann erst haben sie ganze Arbeit geleistet.

Seele plus Internet machen die Öffentlichkeitsarbeit der Umweltschützer so enorm erfolgreich. Ihre Gemütsstrategen agieren doppelgleisig: Öko-Stuntmen für die Optik medienwirksam auf dem Schornstein, Herren in Doppelreihern und mit Seidenkrawatten auf internationalem Parkett. Für manchen Umwelt-Lobbyisten sind die immergrünen Benjaminowälder auf den endlosen Fluren der Bürodschungel das einzige Grün. Die Non Governmental Organizations, die Nichtregierungsorganisationen, sind auf allen wichtigen Konferenzen akkreditiert, haben ihre Büros bei der UNO, vermitteln zwischen Regierungen, informieren und manipulieren.

Ist das öffentliche Bewußtsein erst so beeinflußt, daß die Politik nur noch nachfolgen kann, wenn Helmut Kohl sich mit seinem ganzen Gewicht auf die Seite von Greenpeace schlägt, dann ist der Kampf im Grunde gewonnen. Selbstverständlich wird das niemand zugeben. Jede neue Auseinandersetzung wird zur Abwehrschlacht Davids gegen Goliath deklariert. Dabei ist David längst Goliath, nur nicht so finster und ungeschickt. Weil David aber weiß, daß kein Panzer so wirksam schützt wie die Verletzlichkeit des Opfers, wird er keine Siegesfanfaren blasen. Die Schlappe vor Mururoa war für Greenpeace wichtiger als der Sieg bei der »Brent Spar«. In der Südsee gewannen die Umweltkrieger ihre in der Nordsee verlorene Verletzlichkeit zurück, erneuerten sie ihren einträglichen Opferstatus.

Der Klima-GAU

So bewegt sich der große Zirkus der internationalen Konferenzen hin zu den von der Lobby der Umweltschützer vorgegebenen Zielen. Selbst wenn das Ziel nicht erreicht wird, ist doch die Richtung niemals zweifelhaft. Wer wollte schon an dem Nutzen der Maßnahmen zweifeln, mit denen der Ausstoß des Kohlendioxids bis zur Jahrtausendwende, also sofort, zumindest auf jene Menge zu reduzieren ist, die noch vor zehn Jahren von der Erde aufstieg? Schließlich sind Klima und Katastrophe zu zwillingshaften Begriffen zusammengewachsen.

Mit jedem Jahr toben die Stürme rund um den Planeten heftiger, steigen die Fluten höher. Der Klima-GAU gibt der Sintflut einen neuen Namen. Wenn die Welt untergeht, dann wird sie auch ersaufen. In den vergangenen zehn Jahren hat sich die Zahl der Naturkatastrophen gegenüber den sechziger Jahren vervierfacht.

Die gegen alle Fährnisse versicherten Deutschen können den allmählichen Untergang der Welt aus der Statistik der Versicherer interpretieren. Versechsfacht haben sich die volkswirtschaftlichen Schäden in den vergangenen zehn Jahren. Und die versicherten Schäden haben sich vervierzehnfacht. Mag ja sein, daß die fleißigen Heerscharen der Versicherungsvertreter seitdem auch ein paar zusätzliche Abschlüsse getätigt haben und ein paar unterversicherte Risiken in alten Verträgen entdeckten, aber mit so einem billigen Argument läßt sich niemand den Weltuntergang nehmen. Die vereinten Klimakatastrophiker liefern die in aufgeklärter Zeit akzeptable Begründung, an die auch jeder glauben darf, der an nichts mehr glaubt.

Andererseits: Versicherungstechnisch scheint die Katastrophe nicht unmittelbar bevorzustehen. Wenn eine Zusatzversicherung in Deutschland gegen Elementarschäden, die Erdbeben, Überschwemmungen, Lawinen, Erdrutsche und Erdsenkungen umfaßt, für ein komplettes Einfamilienhaus im Wert von vierhunderttausend Mark lediglich einhundert Mark im Jahr bei fünfhundert Mark Selbstbehalt kostet, dann rechnen die in der Regel sehr kleinlichen Versicherungsmathematiker eine noch einigermaßen erträgliche Chance zum Überdauern aus. Vorerst bleiben die Füße trocken.

Den Bußpredigern in den Medien genügen die vorhandenen Zeichen für die ständige Wiederholung ihrer Schlagzeilen: »Die Erde ist in Gefahr«, »Es ist fünf Minuten vor zwölf«, »Der Klimawandel hat schon eingesetzt«, »Mit Vollgas in die Klimakatastrophe«, »Ende des nächsten Jahrhunderts wird die Erde um drei Grad wärmer sein als heute«.

Jeder weiß, was political correct zu wissen ist. Korrekt wären gelegentliche Zweifel.

Seit einhundertdreißig Jahren werden exakte Aufzeichnungen über das Klima gemacht. Vielen Wissenschaftlern genügen die vorhandenen Daten nicht, um langfristige Klimaschwankungen festzustellen. Was sagt es aus, daß die Erde innerhalb von zweihundertfünfzigtausend Jahren mehrere Warm- und Eiszeiten durchgemacht hat? Sicherlich dies: Es bedarf der Sünden des Menschen nicht, um den Planeten anzuheizen und wieder abzukühlen. Und was bedeutet es in Verbindung mit diesen zweihundertfünfzigtausend Jahren, daß von den zehn heißesten Sommern, die seit einhundertdreißig Jahren gemessen wurden, sieben in den vergangenen zehn Jahren uns schwitzen ließen? Für zahlreiche Klimaforscher ist der Beweis noch nicht erbracht, daß der Mensch der Erde in den vergangenen einhundert Jahren einheizte, bis die globale Erwärmung um einen halben Grad anstieg. Sie argwöhnen, dieser registrierte Anstieg könne durch die natürliche Klimaschwankung verursacht sein. Zweifel wären korrekt, sind aber so wenig konkret wie das vorgebliche Wissen. Noch weiß niemand, ob bei jedem Anlassen eines Autos und bei jedem Rülpsen eines Rindviehs die Klimakatastrophe ein Stück näher rückt. Wissenschaftlich korrekt ist die Prognose der sich anbahnenden

Katastrophe für viele Fachleute nicht. Da sind ziemlich viel Kaffeesatzleserei und Computersimulation im Spiel. Da wird getan als ob, gerechnet als wie und das Ergebnis ist als ob schon wie ...

Doch Zweifel sind political nicht correct. Wer die Unsicherheit zur sicheren Erkenntnis erklärt, hat ein schlagendes Argument auf seiner Seite: Wenn wir abwarten, bis wir alles sicher wissen, wird es zu spät sein. Schon ist der Meeresspiegel in einhundert Jahren um zwanzig Zentimeter gestiegen. Schon jetzt ist der Kohlendioxidgehalt in der Luft um mehr als ein Viertel höher als vor einhundert Jahren.

Vielleicht steht uns das Wasser in zwanzig Jahren bis zum Hals. Wozu eine Arche bauen, wenn wir trockene Füße behalten können? Also lieber etwas vielleicht Überflüssiges, aber nichts Schädliches tun, als unabwendbaren Schaden auf uns zukommen zu lassen. Ob die Treibhaustheorie stimmt, wird man vielleicht in zwanzig Jahren wissen. Oder früher. Oder später. Vorsicht ist bei solchen Voraussagen allemal geboten. Bis jetzt hatte der Weltuntergang immer Verspätung.

Die »unbestreitbare Wahrheit« ist allerdings kaum noch umstritten. Nicht gesicherter Erkenntnisse wegen. Die sind nicht vorhanden. Sondern weil Öffentlichkeit und Politik der Lippenbekenntnisse nicht genug bekommen können in Deutschland. Die professionellen Propheten des Untergangs haben das Wort. Wissenschaftler, die sich vorsichtig ausdrücken, die den Konjunktiv pflegen – die unter Umständen bei gewissen Voraussetzungen vermuten oder für wahrscheinlich halten könnten –, sie erhalten für ihre Botschaft kaum einmal eine Kurzmeldung in der Zeitung. Wer den Untergang bezweifelt, nicht in der Bordkapelle der »Titanic« mitspielt, der erlebt seinen persönlichen Untergang.

Meteorologen neigen dazu, jede Wetterlage als vollkommen normal zu bezeichnen. Schlägt der Dauerregen auf die

288

Gemüter, ist eine halbjährige Regenzeit in diesen Breiten normal; dörrt wochenlanger Sonnenschein den Rasen, ist das auch normal. Das war so, bevor die Klimakatastrophe zum Schrecken aller Schrecken avancierte, und das ist auch heute noch so. Während alle nur noch vom Klima und nicht mehr vom Wetter reden, bleiben die Meteorologen beim Wetter. Nicht alle, aber in der Mehrheit. Sechzehn europäische Wetterdienste legten zur Klimakonferenz 1995 in Berlin einen gemeinsamen Bericht vor. Der wurde zwar zitiert, aber die Beachtung hielt sich in Grenzen. Ihre Erkenntnis war nicht political correct. Sie mußten passen beim Katastrophenszenarium: Für den Treibhauseffekt, so gaben sie an, hätten sie keine Belege. Vom Direktor des Zentrums für Klimaforschung und Vorhersage in Großbritannien, David Carson, war schon zuvor zu vernehmen gewesen: »Die Klimaveränderung wird wahrscheinlich sehr gering ausfallen, sehr langsam vor sich gehen und von natürlichen Schwankungen nur sehr schwer zu unterscheiden sein.«

So sind sie eben, die Wetterfrösche. Wenn alle unken, dann quaken sie nicht mit. Und wundern sich, wenn niemand ihnen zuhört.

Das Alfred-Wegener-Institut für Polar- und Meeresforschung in Bremerhaven erwies sich ebenfalls als Spielverderber. Argentinische Antarktisforscher hatten kilometerlange Risse im Eis am Südpol entdeckt. Sie wurden als neuerliches Alarmzeichen interpretiert: Die Erde erwärme sich, das Eis breche auseinander, die Flut werde steigen. Bedurfte es noch eines anderen Nachweises? Die Geophysiker und Eisforscher in Bremerhaven berichtigten: Solche Risse durch das Eis seien ganz normal. Das Eis fließt ab. Dabei entstehen derartige Risse. Der von den Argentiniern entdeckte gewaltige Riß durch das Larsen-Eis-Schelf sei seit Jahren bekannt. Nicht einmal die Rieseneisberge, die als schwimmende Menetekel der Klimaerwärmung durch das Meer treiben, befanden die deutschen Polarforscher als beweisfähig. Achtundsiebzig mal siebenunddreißig Kilometer maß ein von britischen Wissenschaftlern im Februar 1995 entdeckter Eisberg. Auch seine Geburt wurde mit den ansteigenden Temperaturen erklärt. Die Kollegen in Bremerhaven fanden auch das nicht sonderlich aufregend, denn 1986 sei ein Eisberg mit einer fünfmal größeren Fläche abgebrochen. Und schließlich fanden sich an untersuchten Eiskernen aus stabilen Regionen am Südpol keine Anzeichen für eine Klimaerwärmung während der vergangenen einhundert Jahre.

Die große Konfusion

Nicht wissen ist noch lange kein Grund, es nicht besser zu wissen. Im Gegenteil, Kentnnisse könnten für das Besserwissen hinderlich sein. Was passiert, wenn die Besserwisser in Aktion treten, zeigte sich bei der großen Ozonkonfusion.

Die war gründlich und langfristig vorbereitet. Eine gute Konfusion bekommt man nicht von heute auf morgen hin. Sie fällt auch nicht aus heiterem Ozonloch. Als viele noch umwelttüffelig glaubten, Ozon sei eine neue Duftnote, und als die hitzige Auseinandersetzung über Verträglichkeiten und Höchstbelastungen noch nicht einmal begonnen hatte, da hielten die Ozonwerte Einzug in den Wetterbericht des Hörfunks. Das war zwar nicht sonderlich informativ, weil jeglicher Bezug fehlte, klang aber bedrohlich. Und darauf kam es an. Fortan waren auch die heiteren Tage düster. Wer mochte sich noch über Sonnenschein freuen? Wer unbeschwerten Herzens die ersten Sonnenstrahlen genießen? Das alljährliche Frühlingsfoto in den Zeitungen, auf dem von Mänteln und Jacken befreite Mädchen sich im ersten wärmenden Sonnenschein räkeln, begann fragwürdig auszusehen. Und die Britischen Inseln konnten sich als Ferienregion für Sonnenflüchtlinge empfehlen.

Ozon ist ein Gas. Und eine politische Größe. Die Schädlichkeit hängt von Einsatz und Konzentration ab. Aber von welcher Konzentration an das der Fall ist, das vermag niemand mit Sicherheit zu sagen. Ab einhundertachtzig Mikrogramm? Oder bei zweihundertsiebzig? Oder bei eintausend? Wie gut, daß die großen Ozonkatastrophen an uns vorübergingen, ohne daß wir sie gewahr wurden. Was waren schon die zweihundertfünfundsiebzig Mikrogramm 1995 in Königstein im Taunus oder die 1994 in Neuss gemessenen dreihundertachtzehn gegen jene fünfhundertsechsundvierzig, die Köln 1981 registrieren mußte, oder gar die 1976 in Mannheim gemessenen sechshundertvierundsechzig Mikrogramm? Nichts gemerkt oder schon vergessen?

Bisher gibt es keine Nachweise für Dauerschäden durch Ozon. Unter Wissenschaftlern bestehen Zweifel, daß Ozon Krankheiten auslöst. Bei Reihenuntersuchungen zu »Ozon und Lungenfunktion in München« machten Mitarbeiter des Instituts für Arbeitsmedizin in einem Altersheim eine verblüffende Feststellung: Die Senioren atmeten an Tagen mit erhöhter Ozonkonzentration besser als an den Kontrolltagen, klagten weniger über Beschwerden. Im Biathlon-Bundesleistungszentrum wurden Sportler während des Trainings am Nachmittag untersucht, gerade zu einer Zeit, in der die Ozonwerte steigen. Das war keine eingebaute Schikane, sondern üblicherweise wird dort trainiert, wenn die Sonne sinkt. Auch bei hoher Ozonkonzentration ging den Sportlern nicht die Puste aus. Die Lungen arbeiteten bei Hitze sogar besser.

Wie lautet der Sommersatz im Ritual der Ozonwarnungen? »Körperliche Anstrengungen im Freien sollten vermieden oder in die Abendstunden verlegt werden.« Richtig, denn dann ist die Luft ozongesättigt. Sollten Zweifel aufkommen: Zu Risiken und Nebenwirkungen fragen Sie Ihren Abgeordneten.

Ärzte machen in ihren Wartezimmern eine neue Spezies

aus: die Ökochonder. Die wissen: Ozon macht Atemnot, Atemnot macht Angst. Sie haben die Warnungen vernommen, und sie haben Angst. Die Ärzte führen inzwischen Statistiken über sie. Danach treibt es den Durchschnitts-Ökochonder zwanzigmal im Jahr in die Praxis. Grund genug für die Ärzte, diesem Patiententyp komplette Kongresse zu widmen.

Ganz offensichtlich sind Grüne besonders ozonanfällig. Die fordern ab einhundertachtzig Mikrogramm das Recht auf Arbeitsniederlegung. Zunächst solle das nur für Arbeiten im Freien gelten, aber das »zunächst« ist zu beachten. Vor allem um die Werktätigen in der Land-, Forst- und Bauwirtschaft sorgen sich die Grünen. Der Aufenthalt im schattigen Wald ist an ozonreichen Tagen nicht empfehlenswert. Waldarbeiter hatten bereits bei Konzentrationen von einhundertdreiundzwanzig bis einhundertvierundfünfzig Mikrogramm Probleme.

Der Aufenthalt in geschlossenen Räumen ist offenbar auch nicht empfehlenswert, obgleich dazu immer wieder geraten wird. Bei den Münchner Untersuchungen wurde in Büroräumen zwar nur die Hälfte der Ozonbelastung gemessen, aber die Lungenfunktion der Angestellten verschlechterte sich um zwanzig Prozent. Möglicherweise, so vermuten die Wissenschaftler, verbindet sich das Ozon in den Räumen mit Ausdünstungen aus den Möbeln. Jedenfalls ist bei solcher sommerlichen Wetterlage von einem Aufenthalt im Büro abzuraten (was ja ein vernünftiger Mensch schon immer vermutete). Und die Grünen werden ihr Recht auf Arbeitsniederlegung erweitern müssen: Der ganzen Nation ozonfrei.

Je düsterer die Predigt, desto heftiger das Verlangen nach Opfern. Vieles wird im Namen der Umwelt gefordert, was mit anderen Begründungen nicht zu bekommen ist. Da liegt auf dem grünen Altar neben dem gesetzlichen Recht auf Arbeitsniederlegung noch ein ganzjähriges Tempolimit, ein autofreier Sonntag in jedem Monat von Mai bis Oktober, eine Erhöhung der Mineralölsteuer, endlich über die Schmerzgrenze hinaus.

Nicht alles ist falsch. Es wird zuviel gefahren, es wird zu schnell gefahren. Vor allem von den anderen. Das Auto am Sonntag nicht zu starten ist kein Opfer, sondern Gewinn. Als Helmut Schmidt Bundeskanzler war, ließ er in einem Seufzer alle Distanz zu den Irdischen fahren und wünschte sich einen fernsehfreien Tag in der Woche. Heute wünschen wir uns einen Tag, an dem es sich lohnen könnte, den Fernseher einzuschalten. So vieles regelt die Zeit, aber nicht immer gnädig.

Warum also sollen wir den autofreien Sonntag nicht in Anspruch nehmen? Aber freiwillig, bitte. Nicht als political correctes Zwangsglück, geregelt nach Autokennzeichen oder Kennziffer einer künftigen Weltbenutzerordnung.

In den Charts der Dummsprüche, die Wände von Büros und Werkstätten zieren, behauptet seit langem dieser einen Spitzenplatz: »Wir wissen zwar nicht, worum es geht, aber wir kümmern uns darum.« Bravo! Ohne solche Maxime gelänge eine große Konfusion auch nicht. Der Streit um Höchstbelastungen wogt um so höher, je weniger er von Fakten beschwert ist. Mangels handfester Daten ist das Maß der erträglichen Ozonmenge parteiabhängig.

Wenn Glaube durch Wissen ersetzt werden soll, können die dazu notwendigen Daten in Versuchen gewonnen werden. Weil aber die Parteien sich nicht einigen konnten, ob zwei Großversuche (SPD) notwendig oder einer ausreichend (CDU) sein würde, verzichtete man ganz und entschied nach den gültigen Glaubenssätzen, als aus der großen Konfusion der Sommersmog-Erlaß quoll. Wenn die Großversuche wichtig gewesen wären, wäre dieser Kompromiß verantwortungslos. Wäre der Versuch nur zur Beschwichtigung im ideologischen Streit gedacht gewesen, wäre er verantwortungslos.

Aber wahrscheinlich können alle unmittelbar Beteiligten trotz Kampfgeschrei mit dem Verzicht auskömmlich leben.

Denn der Versuche gab es bereits etliche, und keiner brachte das erwartete Resultat.

»Nur marginale Effekte« erkannten zwei Institute in einer wissenschaftlichen Auswertung des dreimaligen Ozonalarms 1994 in Hessen. Die dreihundertzwanzigtausend Mark teuren Studien trugen nichts zur Erhellung bei, da positive Effekte des Tempolimits »nicht ausgeschlossen, aber letztendlich auch nicht nachgewiesen« werden konnten. Der Preis ist sicherlich nicht zu hoch, wenn man hinterher so schlau sein darf wie vorher. Oder um es correcter auszudrücken: von den Gutachtern nicht Nachteiliges über das hören muß, was man schon immer gewußt hat. Ebenso bleibt richtig: Kräht der Hahn am Morgen auf dem Mist, ändert sich das Wetter oder bleibt so, wie es ist.

Die Gutachter waren auch deshalb ihr Geld wert, weil sie immerhin einen spürbaren Rückgang der Ozonvorläuferstufen maßen. Allerdings waren die Werte zu gering, um Auswirkungen zu haben. Die grüne Umweltministerin des Landes zog aus der für sie klaren Eindeutigkeit die Konsequenz: Tempolimit für Pkw sowieso und für Lkw auf immer. Und auf ewig. Denn nach dem Alarm sollten »die Beschränkungen aufrechterhalten werden können, wenn sich trotz gesunkener Ozonkonzentration ein erneutes Ansteigen der Werte bereits abzeichnet«. Willkür? Political correct. Dennoch sprach, wer an seine Karriere dachte, fortan in Hessen nicht mehr über die Studien. Zumal Wissenschaftler im nordrhein-westfälischen Landesamt für Umweltschutz sogar den Verdacht äußerten, daß bei einem Fahrverbot »der gewünschte Effekt nicht eintritt, sondern das Gegenteil«.

Die Vergeblichkeit der Einschränkung des Straßenverkehrs und der Drosselung des Tempos ist im Grunde seit dem medienwirksam angekündigten »weltweit ersten Modellversuch gegen Ozon« in Heilbronn und Neckarsulm bekannt. Nur noch Autos mit geregeltem Dreiwege-Katalysator durften unterwegs sein. Auf die Ozonwerte hatte das so gut wie keinen Einfluß. Gekostet hat diese Erkenntnis 2,8 Millionen Mark.

Solche Lappalien fechten einen unerschrockenen Streiter wider den Individualverkehr nicht an. Wen schert es, wenn Wissenschaftler dem Streben nach Stillstand jegliche wissenschaftliche Grundlage absprechen? In welcher Welt leben die Wissenschaftler des Forschungszentrums Jülich, die sich mit der Aussage in die Öffentlichkeit trauten, ein Tempolimit könne sogar die Ozonproduktion steigern, höhere Geschwindigkeit sie drosseln? Was sind das für Wissenschaftler im Forschungszentrum Karlsruhe, die behaupten, an den Wochenenden würden zwar bis zu fünfzig Prozent weniger Kohlenwasserstoffe und Stickstoffoxide ausgestoßen, aber der Sommersmog sei an den Wochenenden nicht anders als von Montag bis Freitag? Und schließlich: Welcher Teufel reitet solche Wissenschaftler, wenn sie die aberwitzige Auffassung vertreten, die Heilmittel der Politiker taugten alle nichts?

Als um die Ozonverordnung gerangelt wurde, bockten in rot und rot-grün regierten Ländern die UmweltministerInnen. Aus dem Stand verhängten sie Tempolimits, drohten Fahrverbote an. Ohne jede rechtliche Grundlage. Morgens ausgesprochen und öffentlich verkündet, abends bereits wieder zurückgezogen. Damit sollte Druck auf die Verhandlungen in Bonn gemacht werden. Welchen Stellenwert haben für solche Politiker eigentlich Gesetze? Wie lax ist der Umgang mit Verordnungen, die bedenkenlos in die Welt gesetzt und zurückgenommen werden? Als Muster ohne Wert, als Sprechblase. Es kommt eben nicht so darauf an. April, April! Seit wann ist Verläßlichkeit eine ministrable Tugend?

Wer wird denn pingelig sein, wenn es um die Gesundheit der Ökochonder geht? Nur wer das Volk in Schrecken versetzt, kann als Retter die Erlösung verheißen.

Eine gute Konfusion bekommt man wirklich nicht von

heute auf morgen. Dazu bedarf es schon sehr viel herzlicher Verwirrung, einer Mogelpackung geschürter Angst und des Glücks des Jammerns. Davon haben wir genug.

Was ausblieb im Jahr der großen Ozonkonfusion war dann das Ozon. Trotz Sommer der Superlative blieben die Werte niedriger als in den Vorjahren. Aber an solchen Details sollte sich nun wirklich niemand stören.

Die Autorität des Gefühls

Deutschland verliert die Sachlichkeit. Im Land der Dichter und Denker wird wieder einmal mehr auf die Dichter gesetzt. Es ergibt sich mit Herz und mit Hand. Und vergibt seinen Verstand. Die akzeptierten Autoritäten duseln mit Gefühlen.

Autorität ist am Ende des zwanzigsten Jahrhunderts anders definiert worden. Nicht wer was weiß und wer was kann, sondern wer rüberkommt, ist Autorität. Wer im Stafettenlauf der Meinungsführerschaft mithalten will, sollte sich nicht mit Wissen belasten.

Wenn Kenntnisse nicht mehr Voraussetzung, sondern Bremse sind, dann hat Political Correctness alle Ebenen durchdrungen. Wo diffuse Ängste pfleglicher behandelt werden als belegte Tatsachen, wo das Märchen die Realität und die Fiktion das Fragen ersetzt, hat die Wissenschaft ausgedient. In diesem Land hängen zwar alle davon ab, was erfunden, entwickelt und erprobt wird, aber der Forschung werden durch Gesetze und Bestimmungen Grenzen gesetzt, die ihresgleichen suchen. Nirgends sind die Restriktionen größer. Junge Wissenschaftler wandern ab, auf Innovationen angewiesene Betriebe verlagern ihre Forschung ins Ausland.

Der Präsident der Max-Planck-Gesellschaft in München, Hans F. Zacher, beklagt die »Ausbürgerung« der Forschung aus einem Land, das keine hinreichende Forschung zuläßt, das den Freiraum derart beschneidet, daß eine innovative Forschung nicht mehr möglich ist: »Ausbürgerungen beginnen mit gesellschaftlichen und politischen Widerständen – mit Kampagnen, welche die öffentliche Meinung bewegen, mit Diskriminierungen von Forschern und gar Angriffen auf Forschungseinrichtungen und mit dem Aufbau negativer Werturteile. Und sie setzen sich in rechtlichen und administrativen Behinderungen, im Rückgang finanzieller Mittel, aber auch im Schwund der Nachfrage nach Studienplätzen und im nachlassenden Interesse des wissenschaftlichen Nachwuchses fort.« Chemiker und Physiker haben in Deutschland kein besonders hohes Ansehen mehr. Sie gehören zu den besonders Verdächtigen in der Verdachtskultur. Die Nachfrage nach Studienplätzen verkümmert. Zacher: »Manche Fakultäten melden pro Jahr nur noch zehn Neuanmeldungen.«

In Deutschland heißt die Genforschung Genmanipulation. Damit ist die Sache klar. Jeder Genforscher ein Frankenstein. Die geklonten Monster hecheln blutgierig aus dem Reagenzglas. Gegen die Schreckensvision hilft es nichts, wenn der Bundespräsident demonstrativ einen Saatzuchtbetrieb besucht, der sich in der Genforschung engagiert.

Die Chance für die Zukunft haben andere längst ergriffen. Nicht jener Dr. Marbuse, der den Handel mit Genen von Hollywood-Stars in seinem Unternehmen in San Francisco erprobt. Aber die Landwirtschaft, die Pharmaindustrie werden das sein. Bereits jetzt kommen in den USA aus den Entwicklungslaboratorien der Gentechniker doppelt so viele neue Wirkstoffe wie aus denen der forschenden Kollegen der Chemie, gegenwärtig etwa dreihundert pro Jahr. Und beinahe um die Hälfte kürzer sind die für die Entwicklung benötigten Zeitspannen auch. Eintausenddreihundert neue Unternehmen sind bisher in den USA auf dem Markt der Gene gegründet worden. Sie beschäftigen siebenundneunzigtausend Mitarbeiter.

Und in Deutschland? Da pfuscht jeder Genforscher der Schöpfung ins Handwerk. Da beginnt der angebliche Frankenstein jeden Arbeitstag seiner 37,5-Stunden-Woche plus genehmigten Überstunden mit der eidesstattlichen Erklärung: Ich bin gegen Veränderungen am Erbgut. (Obwohl: Die eine Multikulti-Welt, die alle gleich macht, so gut, so besser, so gleich-gleich, wie ließe sie sich sanfter erreichen als durch den millionenfach geklonten Political Correcten. Aber »unendlich gut« gibt es nur in der Werbung.)

Es wimmelt in Deutschland von Mitgliedern dieser monströsen Sippe Frankenstein. Sie haben sich zum neuen Totentanz bei der Hand gefaßt und scheppern knöchern mit ihren Castor-Behältern voll atomarem Schrott über ihre Bahntrassen, ihre Autobahnen und Kanäle. Und sie zwingen ihre Opfer, den Atomstrom zu zapfen, in den Inter-City zu steigen und über die Autobahn in die Ferien zu reisen.

Deutschland, deine Zeigefinger! Höher und höher recken sie sich zur Belehrung der Welt. Am deutschen Wesen soll die Welt genesen? Nicht pc! Dabei machen doch alle anderen alles falsch! Oder? Und: Deutschland, Deutschland über alles? Überhaupt nicht pc!

Aber als Opfer? Das geht. Als Opfer sind wir nicht zu übertreffen! So ist auch Deutschland über alles political correct. Und weil wir als Opfer all der Castors, DBs und BABs, als Zwangsbenutzer des aufgezwungenen Komforts täglich erfahren, wie nahe das Ende ist, müssen wir den Zeigefinger, den deutschen, heben. Wer tut es denn sonst, wenn nicht wir? Die Engländer, die Bohrinseln versenken wollten? Die Amerikaner, die nicht daran denken, weniger Kohlendioxid unter die Wolken zu blasen? Die Franzosen gar, die Kernwaffen testen? Die Italiener, die die Adria vollscheißen? (Das meiste davon deutsche Fäkalien? Egal!) Die Spanier, die mit Vergnügen Stiere morden? Die Polen, bei denen jeder Fluß müde fließt, weil er die Last der Schweineställe und Eisenhütten, schleppt? Die Russen auf ihrer in Rohöl ersoffenen Taiga und dem Aralsee, dem sie das Wasser abgruben?

So reckt sich der deutsche Zeigefinger über alles. Gewiß doch. Wir wissen es besser. Wer sich selbst unermüdlich tadelt, darf auch andere tadeln. Er sollte sich dabei kein Problem mit der Sachlichkeit machen. Denn die ist erstens, wie festgestellt, nicht gefragt, und zweitens ist Sachlichkeit automatisch gegeben, wenn es um die gute Sache geht.

Beispiel Regenwald. Bei dem Stichwort schießt der Zeigefinger zusätzlich um eine volle Armesläge nach oben. Einer der modernen apokalyptischen Reiter schwenkt eine Brandfackel. Die läßt den Regenwald in Flammen aufgehen. In den letzten dreißig Jahren weltweit die Hälfte der einst neununddreißig Millionen Quadratkilometer.

Das »Hamburger Abendblatt« kündigte einen Beitrag über das Abfackeln des brasilianischen Regenwaldes im Zweiten Deutschen Fernsehen so an: »Jedes Jahr verschwindet eine Waldfläche von der Größe Deutschlands. Am schlimmsten sind die Abholzungen im brasilianischen Amazonasgebiet. Dort entstehen auf den freigewordenen Flächen Rinderfarmen, die angebliche Engpässe bei der Hamburger-Versorgung in Nordamerika schließen sollen. Das wertvolle Tropenholz wird teilweise für Türen, Klobrillen oder Särge verschwendet. Die nicht verwertbaren Reste der abgeholzten Bäume werden zum größten Teil vor Ort verbrannt. Die gigantischen Rauchschwaden, die noch in einer Höhe von 830 Kilometern von Satelliten aus zu sehen sind, verbinden sich mit dem Luftsauerstoff zu Kohlendioxid und verursachen den Treibhauseffekt. Die Klimakatastrophe steht kurz bevor.«

Unsere tägliche Polemik gib uns heute. Ein kleines, feines Kabinettstückchen ist dieser Text: Tatsachen mit viel übel aufstoßender Garnierung, garantiert negativ: Die abgeholzte Heimat der Amazonas-Indianer, die reichen Amis, die sich durch die Edelholz-Klobrille entsorgen von den Fast-food-Hamburgern aus dem Regenwald. Ist die Information auch nicht richtig, so ist sie doch political correct.

Angst sanktioniert Gewalt

Das deutsche Herz schlägt für die Öko-Krieger. Das Gemüt stimmt bei einigen selbst dann noch zu, wenn sich schwarzvermummte Autonome in die Reihen schieben. Im Kampf für die Umwelt schlägt sich der Bürger gemeinsam mit dem Bürgerschreck. Als der Bürgerkrieg über das Wendland hereinbrach, als die Castor-Behälter rollten, da mochten sich noch so viele der eingesetzten siebentausendsechshundert Polizisten ein Löwenzahnblümchen an die schwarze Lederjacke heften, die Rollen blieben festgeschrieben: Die Übermacht des Staates ließ den Atomschrott ins Endlager rollen. Die friedfertigen unter den Demonstranten zündeten auf den Schienen Kerzen an. Die anderen in den schwarzen Kapuzenjacken schleuderten Schottersteine gegen den Scheißstaat, sägten Schienen durch, rissen Oberleitungen herab.

Gab es Empörung im Land? Protest? Oder zumindest deutliche Bedenken gegen die Gewalt? Gegen diese brutale Minderheit, die demokratische und rechtliche Entscheidungen aushebelte? Einige nur fanden kritische Worte. Aber klammheimliche Zustimmung war häufiger spürbar. Und moralische Rechtfertigung der Gewalttäter. Die SPD bezeichnete den Transport als »böse Provokation«. Die Grünen warfen der Regierung vor, sie wolle »mit dem Kopf durch die Wand«. Als dann die Oberleitungen in Fetzen hingen, schlug Niedersachsens Ministerpräsident Gerhard Schröder hämisch vor, die Kosten für den Castor-Transport sollten die privaten Betreiber der Kernkraftwerke bezahlen.

Bruder Tier

Jäger reden von Hege und Pflege. Wenn sie davon sprechen, dann leuchten ihre Augen, sie sehen sich im Einklang mit der Natur und Hermann Löns. Aber sie meinen Abschüsse. Abschießen macht Freude. Wer gäbe sonst ein Vermögen aus, um in den Karpaten einen Bären zu erlegen, einen Wolf in Sibirien oder auf der eingezäunten Jagdfarm in Namibia eine Elen-Antilope zu schießen? Und warum sonst posieren sie für ein Foto neben dem erlegten Opfer? Und warum sonst lassen sie Kopf oder Balg vom Präparator ausstopfen? Aus Hege und Pflege oder aus Lustgewinn?

Jagen ist inzwischen ein heimliches Vergnügen. Von der Jagd sprechen vorsichtige Waidmänner nur untereinander. Niemand muß die Jagd oder die Jäger mögen. Aber gegen Unrecht gesetztes Unrecht wird nicht zu Recht. Wer mit dem Ruf »Jagt die Jäger aus dem Wald« zur Hatz auf die Waidmänner antreibt, Hochstände ansägt und damit zu lebensgefährlichen Fallen macht, Autos der Jäger demoliert, Jäger telefonisch terrorisiert mit der Drohung: »Wenn du die Jagd nicht abbläst, machen wir deine Familie fertig«, bekämpft ein bestehendes Recht mit Unrecht. Gesetz und Moral müssen nicht übereinstimmen. Und Moral verkommt zu Unmoral, wenn sie sich das Recht zur Gewalt nimmt.

Warum soll die Pflanze nicht Schwester sein und das Tier nicht Bruder? Warum soll Bruder Tier vor dem Gesetz länger Sache sein, jedermanns Willkür ausgeliefert? Jeder hat das Recht zur Demut, zu einer neu erkannten Bescheidenheit gegenüber der Schöpfung. Warum soll eine Initiative wie das »Great Ape Project« nicht die Menschenrechte für die Menschenaffen fordern? Der Gedanke entspricht so ganz der Gemütslage der Zeit. Die Affen und wir, gleich und gleich. In ihrer »Deklaration über die Großen Menschenaffen« verlangt die Initiative: »Wir fordern, daß die Gemeinschaft der Gleichen so erweitert wird, daß sie alle Großen Menschenaffen mit einschließt: Menschen, Schimpansen,

Gorillas und Orang-Utans. Die Gemeinschaft der Gleichen ist die moralische Gemeinschaft, innerhalb derer wir ... Rechte anerkennen, ... die gerichtlich einklagbar sind.«

Wieso nur die großen Affen? Und die kleinen? Franz Kafka hat beschrieben, wozu große Affen fähig sind: Sie berichten an die Akademie. Schließlich, so argumentieren die Freunde der Affen, stimmen die Gene zwischen Mensch und Schimpanse zu 98,4 Prozent überein. Doch Vorsicht. Der kleine Unterschied kann ganz wesentlich sein. Die Gene zwischen Homo erectus und Homo erecta stimmen zu noch mehr Prozent überein, und doch gibt es genug Unverträglichkeit zwischen beiden (doch das ist ein gesondertes Kapitel).

Von solchen Kleinlichkeiten lassen sich political correcte Gleichmacher nicht irritieren. Sie geben heute schon ihr Ziel an: Aufnahme ihrer Deklaration durch die Vereinten Nationen. Schaffung von Treuhandgebieten. Menschliche Verwandte der »moralisch Gleichen« haben schließlich auch ihr Reservat. Warum soll, was für einen Indianer recht, für einen Orang-Utan nicht billig sein? Schließlich bedeutet sein Name nichts anderes als »Mensch des Waldes«.

Und am Ende steht dann die Konferenz der Tiere mit einem Tribunal über den Menschen? Oder ein strenger Untersuchungsausschuß? Ach, das wäre schön bei so vielen selbsternannten Gerechten.

Die pc Meldung der Deutschen Presseagentur lautete am 14. März 1995: »Der Borstenwurm ›Sabellaria spinulosa‹ hat im niedersächsischen Hooksiel an der Jade ein Bauvorhaben zu Fall gebracht. Die Bezirksregierung Weser-Ems verzichtet auf den Bau einer 250 Meter langen Hafenmole, um eine Ansiedlung des Wurmes zu schonen, die letzte in Niedersachsen.«

Mehr Diktatur wagen

Wurm sein in Deutschland! Noch dazu einer, der im schlickigen Watt ab- und auftaucht. Das ist wie ein ewiger Liebesschwur gegen alle Wechsel der Gezeiten. Für die Umwelt ist alles möglich und nichts tabu.

Der stärkere Schmerz hebt den anderen auf. Wenn es um die Umwelt geht, werden Dinge denkbar und sagbar, deren Aussprache gewöhnlich unter Strafe steht.

Nie wieder Diktatur? Nie wieder! Ausgenommen eine grüne? Die könnte notwendig sein. Die sei sogar dringend notwendig, meinte der Molekularbiologe Jens Reich in einem Gespräch mit dem »Spiegel«: »Die Ökologen brauchen den Zugriff auf die Steuermechanismen der Gesellschaft.« Das sagte Reich fünf Jahre, nachdem er sich aus der roten Diktatur befreit hatte. Auf die Frage des »Spiegel«: »Der ehemalige Bürgerrechtler Jens Reich, ermüdet vom Kleinklein der Parteiendemokratie, liebäugelt mit der Ökodiktatur?« antwortete er: »Nur weil die Parteien sich nicht auf einen Konsens einigen können, weil irgendwelche Lobbys blockierende Stöcke in die Räder stecken, können wir nicht Jahrhunderte warten. Es muß möglich sein, der Legislative in den Hintern zu treten. Wirkliche Veränderung ist nicht möglich, wenn ständige Wahlkämpfe alles blockieren.«

Welcher Diktator argumentierte nicht so auf dem Weg an die Macht? Wer verspricht nicht, Schaden abzuwenden und das bereits Beschädigte schnellstens wieder in Ordnung zu bringen? Reichs Vorschlag: »Wir brauchen neben dem Deutschen Bundestag einen Ökologischen Rat, der Verfassungsrang besitzt ... Er müßte ein Vetorecht besitzen und auch in der Lage sein, Gebote und Verbote auszusprechen.« Selbstverständlich möchte Reich einen solchen Rat wählen lassen – für zehn oder fünfzehn Jahre. So lange sollte die grüne Ermächtigung schon halten. Der Bürgerrechtler von 1989 formulierte keine Korrektur, als die »Spiegel«-Redakteure in dem Gespräch feststellten: »Ihr Motto lautet offenbar: ›Mehr Diktatur wagen.‹« Reich hatte keine Einwände, keine Bedenken, sondern nur ein schlichtes »Ja«. Das begründete er so: »Es gibt Dinge, die muß man mit einem Klaps auf den Hinterkopf durchsetzen. Das ist aber ein Klaps, den sich die Gesellschaft selber geben muß. Natürlich kann der Ökologie-Rat nicht die Diktatur gegen die Bevölkerung und die politische Klasse durchsetzen. Damit würde er scheitern. Es gehört schon dazu, daß sich die Gesellschaft selbst in Bewegung setzt.«

Auch so werden alle Diktaturen begründet. Weil das Volk sie will. Weil die Vernunft sie will. Auch das sagte Jens Reich: »(Die Politik) muß dafür sorgen, daß gewisse Bewegungen eine kritische Masse bekommen. Kritische Masse ist das, was vor 1989 in der DDR zusammenkam. Damals ging es um die Beendigung eines anerkannt unerträglichen Zustands. Heute brauchen wir die kritische Masse, um die ökologische Wende hinzubekommen.«

Über die Vorzüge der Diktatur darf wieder laut nachgedacht werden. Nicht nur von einem originellen (?) Querkopf. Jugendliche, nach deren Empfinden der Staat noch viel zu sehr reglementierend in ihr Leben eingreift, fänden einen Big Brother vollkommen in Ordnung. Vorausgesetzt, er denkt grün. Dann ist auch die Öko-Diktatur political correct. Jens Reich war von den Grünen für das Amt des Bundespräsidenten nominiert worden. Das hat nicht geklappt. Vielleicht bekommt der Mann eine zweite Chance als Ökotator?

Political Correctness diskutiert nicht, sie diffamiert

Wir basteln uns einen Nazi

Mit dem Pimmel mimen – na und? Senf aus Mösen tunken – na ja? Das passierte ja nur verbal in Elfriede Jelineks »Raststätte«, aufgeführt im Deutschen Schauspielhaus Hamburg. Vielleicht probiert es der Regisseur Hans Castorf in seiner nächsten Inszenierung wirklich einmal aus, statt nur einen Hardcore-Porno über den Bühnen-Bildschirm laufen zu lassen? Einmal so als Versuch gegen die »kleinbürgerliche, abgestorbene und selbstgefällige« Langeweile, die ihn anekelt? Penis mit Senf wäre wohl das falsche Objekt. Das obszöne Theater schreckt doch niemanden mehr. Es ist langweilig geworden. Wo alles bumst, verliert der Pimmel des Mimen seine Ausdruckskraft. Die Erektion an einem Deutschen Schauspielhaus heißt political correct »phallischer Gestus«. Nur wenn sich jemand darüber erregt, regt das noch auf. Ansonsten: tote Hose. Es sind keine Tabus mehr zu brechen, wenn das Obszöne zur anständigen Kunst erklärt wird. Die Tabus sind abgeräumt.

Wenn sich alles einig ist, gibt es keine Verstöße. Allenfalls narzißtische Demontagen als Regelverstoß. Theater über Theater, die Zerstörung im Spiegelbild. Aber selbst wenn der Stückeschreiber Johann Kresnik sich am Deutschen Schauspielhaus Hamburg mit homoerotischem Gestus über Gustaf Gründgens hermacht, reicht es gerade für ein bißchen Ärgernis. Nicht einmal in Hamburg, wo Gründgens zum Mythos wurde, genügte das für den beabsichtigten Skandal. Es ist schließlich nicht mehr so originell, sich einen Nazi zu basteln. Die Requisitenkammern deutscher Theater sind vollgestopft damit. Auch da ist kein Tabu mehr zu brechen. Nicht einmal ein Mythos zu zerstören. Gustaf Gründgens wurde vieles nachgesagt, aber niemals, daß er Widerstand gegen die Nationalsozialisten leistete. Kresnik verspekulierte sich mit der Wirkung seiner Aussage, Gründgens »gehört zu der Clique der Riefenstahls, Brekers und Karajans – diesen Überläufern, die immer obenauf schwimmen und denen es nach 1945 genauso gut, wenn nicht besser ging als vorher. Jeder Deutsche mit einem klaren Kopf hätte gegen den Nationalsozialismus kämpfen müssen.« Das wissen wir schon.

Kunst braucht Widerspruch so notwendig wie Anerkennung. Woher aber soll der Widerspruch kommen, wenn alles Gesagte nur noch einmal anders gesagt wird? Die eingeübte Political Correctness wird hausbacken. Wenn die Provokation gesellschaftsfähig ist, ist sie keine mehr. Abgestandenes bleibt Abgestandenes. Damit ist nicht mehr zu erschrecken, weil ja doch jeder weiß, was kommt.

Kasperle ist gut, der Räuber ist böse, und der Feind steht immer rechts. Das wissen wir schon. Der Feind ist ein Nazi. Das wissen wir schon. Und wenn Kasperle ein Nazi wäre? Das wissen wir noch nicht!

Der Regisseur Peter Zadek ist ein begnadeter Theatermacher. Er kennt die Wirkung seiner Inszenierungen. Sie sind einfallsreich. Wenn sich andere damit herumplagen, zu erzählen, was doch alle schon wissen, brilliert er mit immer neuen Einfällen. Er päppelt auch abgestandene Tabus wieder auf (und andere geben ihren Senf dazu). Zadek hat erklärt, Kasperle lasse eine »faschistische Tendenz« auf seinem »Brutalo-Theater« zu, betreibe den »neudeutschen Nationalismus«. Schlimmer noch, an Kasperles Theater unterstützten »Regisseure … mit ihrer Art der Arbeit rechtsradikale Tendenzen durch Überrollen von Menschen durch

Geschrei, Getrampel« und lieferten »Faschismus-Scheiße« ab. Wer sollte sich da noch wundern, daß Peter Zadek Kasperles Theater fluchtartig den Rücken kehrte.

So inszenierte Peter Zadek Zadeks Abgang vom Berliner Ensemble. Und fand die Aufmerksamkeit, die er benötigt. Kasperle hatte den unverfänglichen Namen Müller und hieß nach Ende der Vorstellung Heiner. Bis er zum Nazi deklariert wurde, galt er die längste Zeit seines bis dahin langen Lebens als Marxist.

Zwei große Namen aus der Theaterwelt: Heiner Müller, der gefeierte Autor des Ostens, Peter Zadek, der gefeierte Regisseur des Westens, zusammen wollten sie in Berlin-Mitte Theater machen. Das Drama entwickelte sich zu Szenen einer Ehe. Heiner Müller erklärte das Scheitern nüchtern: »Je besser man sich kennenlernte, desto weniger wollte man voneinander wissen.« Und dann trat er mit einem Zitat des nicht correcten Friedrich Nietzsche nach: »Die zynischsten Praktiker haben die idealsten Theorien.«

Eine liberale Gesellschaft macht es der Kunst schwer, sich an ihr zu reiben. Wo die vernehmbare Resonanz nur zustimmend ist, fehlt die Herausforderung. Die Tabus wurden im Bündnis aller Correcten so erfolgreich gebrochen und anschließend geschliffen, daß nach dem Kahlschlag nichts mehr zu tun bleibt. Zustimmung statt Widerspruch schafft intellektuelle Ödnis. Statt Aufruhr nur die behagliche Übereinstimmung aller Wohlmeinenden. Der kritische Geist aber will Widerspruch.

Widerspruch und Aufruhr sind nur noch im Sperrgebiet der Political Correctness zu finden, in der übergroßen Tabuzone, deren Grenze zu überschreiten mit Feme bestraft wird, mit dem Ausschluß aus der Gemeinschaft, mit der Verurteilung zur Sprachlosigkeit. Wer über diese Grenze geht, wird zum Zombie, zum lebenden Toten in dieser Republik.

Der Theaterautor Heiner Müller, der die »Faszination« des Nationalsozialismus begreifen wollte, der Theaterre-

gisseur Frank Castorf, der sich »manchmal halt das Stahlgewitter« wünscht »oder daß die Hunnen zu uns kommen
oder der Amazonas über uns hereinbricht, also eine Apokalypse ...«, sie sind Grenzverletzer. Wer hätte geglaubt,
daß DDR-Erfahrung solche Unbekümmertheit hervor-
bringen würde!

Beide haben ihre Lebenserfahrung im Osten Deutsch-
lands gemacht. Die DDR sah sich nicht als Staat der Schuld.
Sie gab sich aus als Nachfolger des Widerstandes gegen den
Nationalsozialismus. Darum meinte sie, nicht Büßer sein
zu müssen. Das gab ihr ein anderes Selbstbewußtsein.
Überwundene Gegner darf man gelegentlich auch wie
Müller »faszinierend« finden, sie bleiben doch Gegner (der
westliche Teil des Landes erzittert bereits, wenn der sieb-
zehnjährige Schwimmstar Franziska van Almsieck in einem
Interview sagt, das Phänomen Hitler interessiere sie).

Die Aufmüpfigen haben DDR-Erfahrung, haben den
doppel-deutschen Lebenslauf. Sie wollen den erstrittenen
Freiraum nach dem Ende der DDR-Diktatur auch als geistigen Freiraum. Nichts wäre verändert, wäre nur die muf-
fige Diktatur der alten Männer gegen eine westliche Gesin-
nungsdiktatur gewechselt worden. Weggedrückte Probleme haben sie schon in der Vergangenheit genug gehabt.
Daran, sagt Castorf, »ist die DDR letztlich zugrunde gegangen«.

Das war gestern. Die Gegenwart verlangt Political
Correctness. Die benötigt keine Staatssicherheit. Ihre Kontrolle ist allgegenwärtiger. Hans Castorf empfindet seine
neuen Erfahrungen mit den Hütern der Political Correctness so: »Die konzentrieren ihre Kraft darauf, sich auf jeden
zu stürzen, der mal was aus ihrer Sicht Falsches sagt.«

Castorf sagt, er habe keine Sehnsucht nach der DDR. Verständlich. Er sagt aber auch, mit dem neuen System habe er
sich noch nicht identifizieren können, es sei eine Mischung
aus »Warenhaus, Rentenversicherung und Schmerztablet-
te«. Akzeptiert. Wenn dann so einer sich erinnert, wie er in

Karl-Marx-Stadt (Chemnitz hieß damals noch so) in der Kantine saß und dachte: »Gegen die Dekadenz der DDR, die Nichtbewegung, brauchen wir wieder ein neues Stahlgewitter, also faschistoide oder vielleicht nur vitale Gedankengänge, oder die, daß man sich nach etwas sehnt, was Bewegung heißt«, und wenn er dann im vereinten Deutschland sagt, so etwas wünsche er sich nun manchmal wieder, überschreibt die »Frankfurter Rundschau« den Bericht darüber: »Ein Irrer – Frank Castorf bekennt sich«.

Der »Irre« hatte sich der Begriffe aus dem Zentrum des Bösen bedient. Ernst Jüngers verfemtes »Stahlgewitter« war ihm offenbar nicht aufrührerisch genug. Er gab noch ein »faschistoid« in den Cocktail des Bösen, ehe er ihn aufschüttelte. Der Kick blieb dem Provokateur nicht versagt.

Auf dem Schlachtfeld der Kultur wird von Feingeistern und Eitlen mit Keulen und Morgensternen jenes Terrain erstritten, das anschließend die Politik mit List und Intrige besetzt.

Der Bastelbogen

»Von Nazis umzingelt?« fragte die Wochenzeitung »Die Woche« und listete auf mehreren Seiten auf, welchen Künstlern und Autoren vorgeworfen wird, »totalitäres, nationalistisches und rassistisches Gedankengut zu verbreiten. Nicht jeder«, setzte das Blatt hinzu, »auf den dieser Kampfbegriff angewandt wird, verdient ihn auch.« Abgesehen davon, daß »rechtsradikal« hier nicht Zuordnung, sondern »Kampfbegriff« ist (linksradikal wäre es dann auch?), war diese Relativierung nur vorgetäuscht. Ein willkürliches Konglomerat wurde an den Pranger mit der Aufschrift »Wenn Böcke singen« gestellt: in die rechte Nachdenklichkeit entschwundene ehemalige Linke, Aufsässige wider die Political Correctness, linke Machos, die sich als rechtsradikaler Bürgerschreck aufgespielt hatten, Verbal-Rowdys.

Mehrheitlich standen da keine Rechten, sondern Linke, denen im eigenen Lager die Tabus ausgegangen waren. Mehr noch aber waren es Leute, denen übel nachgeredet wurde, gebastelte Nazis.

Zur Begutachtung

• vorgeführt wurde der Verbal-Rambo und Bildhauer Alfred Hrdlicka, nach Selbsteinschätzung »bekennender Euro-Stalinist« (was als nicht so schlimm gilt, weil unter seinesgleichen der Schlächter Stalin beinahe pc ist). Hrdlicka hatte sich über Angriffe des Liedermachers Wolf Biermann gegen die PDS-Bundestagsabgeordneten Stefan Heym und Gregor Gysi geärgert. Im ehemaligen SED-Blatt »Neues Deutschland« beschimpfte er den aus der DDR rausgeworfenen Liedermacher: »Deine Anbiederei an die Mächtigen, an die Herrschenden ist zum Kotzen! Das Schicksal Deiner und meiner Angehörigen wollen wir einmal weglassen. Wichtigtuerei mit etwas, was man selbst nicht erlitten hat, ist nicht am Platz. Du willst mit keinen Gesetzen leben, die Gysi beschließt?! Ich wünsche Dir die Nürnberger Rassengesetze an den Hals, Du angepaßter Trottel!«

Ignatz Bubis nannte Hrdlicka dafür einen »rotlackierten Faschisten«, Henryk M. Broder verdeutlichte, was damit gemeint ist: »Hrdlicka ist ein Nazi, weil er sich zu der Rassenpolitik der Nazis, dem Herzstück der nationalsozialistischen Philosophie, bekennt, und er ist ein linker Nazi, weil er sich selbst für einen Linken hält.«

Ein gebastelter Nazi ist Hrdlicka. Er muß runter vom Pranger. Stalinistische Nazis stehen nicht deshalb rechts, weil sie ihr Vokabular aus dem »Stürmer« klauben.

• Vorgeführt wurde der Dramatiker Peter Hacks, zweimal ausgezeichnet mit dem Nationalpreis der DDR, versehen mit dem Prädikat »Parteidichter«. Der hatte zu einer intriganten Figur in seinem Drama »Genovefa« bemerkt, wer sie sehe, »denkt sofort an den Journalisten Broder ...«. Anlaß genug für den »Spiegel«, zu dessen Autoren Broder zählt, zurückzukeilen: »Antisemitische Spitzen gegen jüdische Publizisten, ob nun gegen Henryk M. Broder oder gegen Marcel Reich-Ranicki, klingen stets mit dem Fascho-Sound.«

Auch nur gebastelt. Oder wird automatisch zum Rechten, wer sich über einen Publizisten jüdischer Herkunft ärgert? Und der »Spiegel« bestimmt, wer Antisemit ist?

• Vorgeführt wurde der Schriftsteller Peter Handke. Der hatte in einem Interview über Marcel Reich-Ranicki geklagt, der seine Bücher regelmäßig »zerfledderte«. Er krittelte auch an der »FAZ« herum, weil sie Reich-Ranicki gewähren lasse, während er dem Kritiker »nichts übelnehmen kann, weil der selber ein Grundübel ist«. Die »FAZ« belehrte den Schriftsteller: »Die nationalsozialistische Kampfpresse benutzte das Wort beständig. ›Der Jude ist das Grundübel der Welt.‹«

Noch ein Gebastelter, aber schlecht. Diese Konstruktion trägt noch nicht einmal die üble Nachrede, mit der der Schriftsteller ganz nach rechts geschoben werden soll.

• Vorgeführt wurde der Theaterregisseur Einar Schleff; er kam in den siebziger Jahren aus der DDR, inszenierte Hochhuths »Wessis in Weimar« am Berliner Ensemble. Peter Zadek urteilte: »Faschismus-Scheiße«.

Auch ganz schlecht gebastelt. Der üblen Nachrede andere Variante. Oder genügt ein Wort von Zadek, um jemanden an den rechten Pranger zu stellen?

• Vorgeführt wurde selbstverständlich auch Heiner Müller. Mit den bekannten Begründungen. Ergänzt durch das aus dem Zusammenhang gerissene Zitat: »Ohne Kontakt stirbt der Mensch im Menschen. In Konsequenz bedeutet das, daß der Krieg das letzte Refugium des sogenannten Humanen ist.« Der »Spiegel« hatte dies zitiert als Beleg für die intellektuelle Sehnsucht nach Krieg. Dann folgte Zadek mit dem Vorwurf, der Mann »bimmele den neudeutschen Nationalismus« ein.

Wieder von Zadek gebastelt. Wieder nur ein Wort, wieder kein Beleg.

• Vorgeführt wurde der Regisseur Frank Castorf. Mit den bekannten Begründungen. Der hatte nun selbst schuld. Seine Zuordnung in die rechte Ecke ist das Ergebnis einer Selbstinszenierung aus Eitelkeit. Revolutionäre Blähungen in der Langeweile einer Kantine taugen nicht zum Bürgerschreck. Castorfs wirkliche Überzeugung heißt Castorf.

• Vorgeführt wurde der Historiker Ernst Nolte, weil er den »Historikerstreit entzündete«, die These vertrat, »Hitlers Nationalsozialismus sei nur eine Reaktion auf Stalins ›asiatischen Bolschewismus‹ gewesen«. Weil er in der »FAZ« schrieb: »War nicht der ›Archipel Gulag‹ ursprünglicher als Auschwitz? War nicht der ›Klassenmord‹ das logische und faktische Prius des ›Rassenmords‹ des Nationalsozialismus?« Weil er in einem Interview mit dem »Spiegel« erklärte, heute verdienten »die rechtsradikalen Geistesströmungen eher Unterstützung als die linksradikalen«. Weil er »nicht ausschließen (kann), daß die meisten Opfer (des Holocaust, d. A.) nicht in den Gaskammern gestorben sind, sondern die Zahl derer vergleichsweise größer ist, die durch Seuchen zugrunde gingen oder durch schlechte Behandlung und Massenerschießungen«. Damit zeigte er »gar Verständnis für Holocaust-Leugner«.

Der erste ausgewiesene Rechte an diesem Pranger der Rechtsabweichler.

• Vorgeführt wurde der Schriftsteller Botho Strauß: »Strauß ist neben Nolte eine der Hauptfiguren in der Reihe derer, die in letzter Zeit als ›intellektuelle Brandstifter‹ gehandelt werden«, klassifizierte »Die Woche«. Aus der Fülle des Zitierungswürdigen werden diese Aussagen als Beleg der Schuld angeführt: »Daß ein Volk sein Sittengesetz gegen andere behaupten will und dafür bereit ist, Blutopfer zu bringen, das verstehen wir nicht mehr und halten es in unserer liberal-libertären Selbstbezogenheit für falsch und verwerflich« (aus dem 1993 im »Spiegel« erschienenen Essay »Anschwellender Bocksgesang«). Strauß beklagte »die

Hypokrisie der öffentlichen Moral, die jederzeit tolerierte (wo nicht betrieb): die Verhöhnung des Eros, die Verhöhnung der Soldaten, die Verhöhnung von Kirche, Tradition und Autorität, sie darf sich nicht wundern, wenn ihre Worte in der Not kein Gewicht mehr haben«.

Noch ein Rechter. Die Zuordnung erfolgte durch Botho Strauß selbst, als er auf die Aufforderung, sich von dem Sammelband »Anschwellender Bocksgesang« zu distanzieren, antwortete: »Ich erhebe Anspruch darauf, den Bildungswandel einer freien Person zu durchleben, und wenn dies zum Rechten hinführt, so erhebe ich wiederum Anspruch darauf, daß auch dem Rechten intellektuelle Gerechtigkeit widerfahre und nicht etwa nur Nachgiebigkeit, die alles Linke über Jahrzehnte ganz selbstverständlich genoß.«

• Vorgeführt wurde der Schriftsteller Martin Walser, einst Sympathisant der DKP (und als solcher wohlgelitten). Er hat sich zu verantworten für solche Sätze: »Die Nation ist im Menschenmaß das mächtigste geschichtliche Vorkommen, bis jetzt.« Das schrieb er 1988. 1994 verlangte er, der »vierzigjährigen Ausgrenzung des Wortes Nation« ein Ende zu bereiten. Im »Spiegel« schrieb er: »Ich glaube, die Entwicklung rechtsextremer Gruppierungen ist eine Antwort auf die Vernachlässigung des Nationalen durch uns alle.« Und er formulierte: »Jetzt machen wir Rechtsradikale aus Jugendlichen, die ihren Protest so kraß wie möglich kostümieren.« Statt Nachdenken löste er damit die gewöhnliche Verurteilung aus. Als Richter wurden zitiert der ARD-»Kulturreport« – »... zynische Verharmlosung von Mord und Totschlag ...« –, Johannes Mario Simmel – »... mich macht diese neudeutsche Steilhangfahrt nach rechts ... bei manchen aus meiner Zunft ganz schwindelig vor Ekel« –, Peter Härtling, für den Walser nach rechts »um die Ecke« verschwand.

Abermals ein Gebastelter. Wo alle das gleiche denken, haben auch alle die gleichen Einfälle zur Diffamierung.

Seit Martin Walser 1988 seine internationalistischen Freunde mit seinem nationalen Bekenntnis schockierte, erlebt er das Abdrängen, das er an einem Teil der Jugend beobachtet.

Das also sind sie, die Rädelsführer, die von der Zeitung an den Pranger der singenden Böcke gestellt wurden. Niemand von ihnen gehört dorthin. Grundsätzlich auf diesen nicht und auch nicht auf einen anderen. Wer anprangert, will sich nicht auseinandersetzen. Das Urteil ist gesprochen, ehe eine Frage gestellt wurde. Aber Political Correctness glaubt, nicht fragen zu müssen, weil sie weiß. Die Inflation des Begriffs Nazi wird ausgerechnet von denen betrieben, die jeden Vergleich zwischen Hitler und Stalin der Relativierung verdächtigen. Sie bemerken nicht, daß sie dabei sind, das Böse zu relativieren. Das übelste Schimpfwort nutzt sich ab, je häufiger es ausgesprochen wird.

Wer einmal das Etikett des rechten Abweichlers verpaßt bekam, an dem bleibt es haften. Sein Name wandert von Aufzählung zu Aufzählung. Die Beschuldigten sind in der Mehrzahl Opfer der üblen Nachrede, abgestempelt aus Mißgunst oder Neid, wegen einer möglicherweise nichtreflektierten Bemerkung.

»Den Bereich des Sagbaren ein wenig zu erweitern«, wünschte sich Martin Walser, als er über »Gewissen und Öffentlichkeit« reflektierte und sehr bald an Grenzen stieß: »Es ist immer die Nichtübereinstimmung mit etwas Herrschendem, was dich zwingt, aus deinem Gesamtbestand das Mögliche auszuwählen. Jeder Teilnehmer am jeweiligen Diskurs lernt ganz von selbst, was gerade und wie es gesagt werden darf. Der Diskurs ist der andauernde TÜV, der das Zugelassene etikettiert und den Rest tabuisiert ... Ich hätte in jedem Jahr Gründe finden können, warum ich mich nicht der freien Rede anvertrauen kann, obwohl ich nichts lieber möchte als das. Zur Zeit also ist es der Tugendterror der Political Correctness, der freie Rede zum halsbrecherischen Risiko macht.«

Political Correctness marschiert auf den Plätzen des Himmlischen Friedens auf

Vorwurf, immer und ewig

Es gibt Zeichen ...! Der Professor duzt nicht mehr. Das »Du« steht zur Disposition. Das kürzeste Wort der Political Correctness hat sich als untauglich erwiesen. Es konnte die Kluft zwischen dem Professor und dem Studenten nicht überbrücken. Nun hält der Professor mit dem »Sie« wieder auf Distanz. Das »Sie« ist korrekter als das correcte »Du«.

Der Professor, der den Studenten die duzende Anbiederung verweigert, heißt Gerhard Amendt. Er lehrt an der Universität Bremen und ist multikompetent. Sein Fachgebiet ist die Generationen- und Geschlechterbeziehung. Wie es sich für einen ordentlichen Hochschullehrer gehört, hat er eine Studie erarbeitet, bevor er seine Erkenntnis verkündete. Und er ist ein Konvertit. Er wechselte vom »Du« zum »Sie«.

Selbstverständlich war sein Anliegen nicht, eine Anleitung für die korrekte Ansprache zu empfehlen. Für den richtigen Umgang in der Beziehungskiste sind Tanzschullehrer zuständig. Den Professor treibt der Tabubruch. Er korrigiert sich mit seiner Post-achtundsechziger-Revolte selbst. Amendt gehörte einmal zu denen, die den »Muff von tausend Jahren unter den Talaren« witterten. Zu denen, die alles besser, menschlicher machen wollten, wenn sie erst einmal den langen Marsch durch die Instanzen erfolgreich bewältigt hätten. Mit dem »Du« sollte die Distanz überwunden, sollten Brücken gebaut werden. Doch die Nähe erwies sich nur als vorgetäuscht. Amendt erkannte: In Wahrheit werden damit die Probleme unter den Teppich gekehrt und »andere an die Kette gelegt«. Darum duzt der Professor nicht mehr und schrieb ein Buch darüber. Unter seinen noch correcten Kollegen machte er sich damit keineswegs nur Freunde.

Eine Schwalbe macht noch keinen Sommer und ein Abtrünniger das Denken nicht PC-frei. Aber immerhin: Die Kunde kommt aus der außerordentlich correcten Universität Bremen. Es gibt Zeichen ...!

Doch Vorsicht: Ein Zeichen zum Aufatmen ist das noch lange nicht. Eher ein Beitrag zur Verwirrung. Political Correctness bleibt, was es von Anbeginn ist: ein ständiger Prozeß, dessen Ziele sich der Eindeutigkeit entziehen. Neben den tabuisierten Essentialien wuchert auf weitem Feld das gelegentlich Gute, das modisch Gute, das Hier-und-heute-Gute. Und morgen ist es nicht mehr ganz so gut, siehst »du«. Beziehungen ändern sich. Auch thematische. Auch das unwiderruflich Gute erweist sich häufig doch nur als gut auf Widerruf. Gestern war noch alles neu, und heute ist wieder alles beim alten. Gestern vergnügte noch die Lust an der bekennenden Unmoral, und heute haben Moralisten wieder Zulauf. Und morgen?

Nicht die Ziele, die guten und die schlechten, die berechtigten und die verwerflichen, machen Political Correctness gefährlich. Es ist die Methode, mit der die Diskussion ausgeschaltet wird. Es ist der Prozeß, mit dem die Diktatur einer Gesinnung über andere gestülpt wird. Es ist das rücksichtslose Einfordern der jeweils gerade für gültig erklärten Verhaltensnormen. Die Methode bleibt unverändert, nicht der Gegenstand.

Wer erinnert sich denn noch an die hysterischen Abwehrschlachten gegen die Volkszählung 1987, an diesen

Datenwahn, als der »gläserne Mensch« in all seiner Schrecklichkeit in Szene gesetzt wurde? Inzwischen hat nahezu jeder die Brieftasche gespickt voll mit Chipkarten, die jeden Schritt nachvollziehbar machen.

Der political correcte Alltag ist voller Widersprüche. Auch Frauenrechtler lachen über Blondinenwitze. So keimfrei gut kann niemand sein; es überträfe das Menschenmögliche, sollten alle gerade gültigen Tugenden eingehalten werden.

Das wissen wir. Niemand hat ein so schlechtes Bild von den Deutschen wie die Deutschen. Andere Nationen sehen das Volk zwischen Rhein und Oder auch nicht gerade als besonders freundlich an, erfuhren die Demoskopen bei einer Umfrage für den »Stern« an den wichtigsten Urlaubszielen, aber die Deutschen halten die Deutschen für noch unfreundlicher. Sie übertreffen mit dieser negativen Einschätzung sogar noch die Österreicher in ihrem Urteil über den nördlichen Nachbarn – und das will etwas heißen. Das miese Selbstbildnis, sagen Deutsche den Deutschen nach, sei ihre Lust an der Schuld. Nachgesagt wird es ihnen von den gleichen Leuten, die nicht müde werden, die Schuld in sie hineinzureden, hineinzuschreiben, die Reue einfordern und sich anschließend über die Reuigen lustig machen. Die Deutschen sind mit weicher Seele empfänglich dafür. Sie halten sich für unfreundlicher, für weniger kultiviert, für weniger tolerant, für kleinlicher, für angeberischer, für kinderfeindlicher als alle anderen.

Wäre dann wenigstens diese übergroße Fähigkeit zur Selbstkritik lobenswert? Keineswegs. Oder der unablässige Versuch, es nun besser zu machen, der Umwelt zuliebe, dem Menschen zuliebe, allem zuliebe, allen anderen zuliebe? Vergebliche Liebesmüh bleibt es. Die Mahner spotten, wenn ihr Appell an das Gewissen die angestrebte Selbstzerknirschung zur Folge hat. Immer und ewig bleibt Vorwurf – und wenn das Schlechte nicht zu beklagen ist, dann doch das Gute. Weil nun Übergüte Deutschland über alles heben solle. Vorwurf bleibt, immer und ewig.

Und was bewirkt er? Noch mehr schämen? Die Scham über das Schämen? Die Bekehrung des letzten Verstockten in dem kinder-, ausländer-, umweltfeindlichen Volk?

Der ewige Vorwurf stimuliert die Bußprediger des Alltags. Die versuchen aus der eigenen Erleuchtung das Kompostklo in die Herzen und Hirne zu reden oder Postkarten gegen Atomtests zu verschicken, zwingen Tofu auf die Speisekarte und das Schweinenackensteak herunter, streiten für Salat statt Currywurst, schaffen Wohngebiete, in denen Autos unerwünscht sind, verschaffen endlich auch nicht-verheirateten Paaren die gleichen Rechte wie denen, die dumm genug waren, sich auf die Pflichten und Bindungen einer Ehe einzulassen.

Die Raucher hat es schon erwischt. Eher ist es möglich, ein Recht auf Rausch als ein Recht auf Rauch zu fordern. Wer das Rauchen ächtet, hat den Beifall aller, die guten Willens und besser als andere sind, auf seiner Seite. 28,6 Prozent der Erwachsenen rauchen trotzdem noch. Noch. Sie gehen harten Zeiten entgegen. Von Amerika lernen heißt siegen lernen. Das Kommunalgesetz Nr. 05 von New York verbietet das Rauchen in Restaurants, in Massachusetts ist das Rauchen am Strand verboten. Ein Gericht in New Orleans erklärte eine Kollektivklage von fünf Leuten für zulässig, die gemeinsam die Tabakkonzerne beschuldigen, sie süchtig gemacht zu haben. Das ist kein überdrehter juristischer Kunstgriff, sondern Logik der Political Correctness. Auch Raucher sind Opfer, eben der Industrie.

Die Verantwortung liegt immer bei anderen. Opfer müssen keine Verantwortung übernehmen, denn schließlich haben sie nicht gehandelt, ihnen ist etwas widerfahren. Die Kultur der faulen Ausrede, die stets anderen in die Schuhe schiebt, was selbst verursacht wurde, ist so menschlich wie alt. Neu ist sie als gesellschaftsfähiges Massenphänomen. Wer träumend gegen einen Laternenpfahl rennt, verklagt die Stadt, weil sie die Laterne in seinen Weg stellte. Wer sich an einem heißen Sommertag von einem nabeltiefen Ausschnitt Kühlung erhofft, verklagt den, der hineinstiert. Nicht der erwischte Autofahrer, der zuviel getrunken hat, ist schuldig, sondern der Wirt, der ihn nicht daran hinderte, zuviel zu trinken; nicht der Wirt ist schuldig, sondern der Gesetzgeber, der noch keine Bestimmung erlassen hat, die den Wirt verpflichtet, vor dem Erreichen der Promillegrenze den Zapfhahn zu schließen. Unsinnig klingt dies nur dem immer noch nicht Political Correcten. Wer den Anspruch auf Toleranz, die Anerkennung der Wahrheit und die Durchsetzung der Ansprüche vom Opferstatus abhängig macht, schafft Opfer. Immer neue, immer mehr.

Den Opferstatus erhält nur, wer political correct in die Schutzzone erhoben wurde. Nur auf PC geprüfte Opfer sind gut.

Ein Beispiel, es ist das letzte: Der Bundesbeauftragte für die Behinderten, Otto Regenspurger, beanstandete eine Sendung des WDR. In dem Magazin »ZAK« hatte der Moderator Friedrich Küppersbusch in political correcter Rücksichtslosigkeit einen Beitrag mit der Bemerkung kommentiert: »Lambsdorff will das demnächst mit Schäuble beim Jogging durchsprechen.« Otto Graf Lambsdorff verlor sein Bein als Soldat im Krieg. Wolfgang Schäuble wurde als Politiker Opfer eines Attentats. Opferschutz vor Diskriminierung? Gewiß, aber nicht für diese von Küppersbusch aussortierten. In der Zeit der Schönlügner und der gegängelten Wahrheit bestimmen die selbstgerechten Gouvernanten, was und wer gut ist.

Die Politkommissare gestern, die Gesinnungspolizisten heute, ihre Methoden der Auslese und die Mittel der Diffamierung gleichen sich. Political Correctness ist die neue

Schlachtordnung all derer, die ihr Millionenheer der blauen Ameisen verloren, der postmaoistischen Gleichmacher. Die Schönlügner marschieren auf ihren Plätzen des Himmlischen Friedens auf.